大中小学思政课一体化建设概论

DA-ZHONG-XIAO XUE SIZHENG KE YITIHUA JIANSHE GAILUN

『教育部大中小学思政课一体化共同体』、安徽财经大学教学质量工程重大教改『大中小学思政课一体化制度建设与实践机制创新研究』（编号：acjy2023008zd）和一流教材项目（编号：acyljc2023006）资助

刘新跃◎主编

安徽师范大学出版社
ANHUI NORMAL UNIVERSITY PRESS
·芜湖·

图书在版编目(CIP)数据

大中小学思政课一体化建设概论 / 刘新跃主编．—芜湖：安徽师范大学出版社，2024.1

ISBN 978-7-5676-6407-4

Ⅰ.①大… Ⅱ.①刘… Ⅲ.①思想政治教育—教学研究—中国 Ⅳ.①G641

中国国家版本馆CIP数据核字(2023)第193458号

大中小学思政课一体化建设概论 刘新跃◎主编

责任编辑：陈 艳 李晴晴　　责任校对：刘 翠
装帧设计：王晴晴 冯君君　　责任印制：桑国磊
出版发行：安徽师范大学出版社
芜湖市北京中路2号安徽师范大学赭山校区　　邮政编码：241000
网 址：http://www.ahnupress.com/
发 行 部：0553-3883578 5910327 5910310(传真)
印 刷：安徽联众印刷有限公司
版 次：2024年1月第1版
印 次：2024年1月第1次印刷
规 格：700 mm×1000 mm 1/16
印 张：17.25
字 数：243千字
书 号：ISBN 978-7-5676-6407-4
定 价：56.00元

序

党的十八大以来，以习近平同志为核心的党中央高度重视学校思想政治理论课（以下简称“思政课”）建设。习近平总书记只要到学校或到与教育有关的地方，必提到思政课。他强调：“要把统筹推进大中小学思政课一体化建设作为一项重要工程，坚持问题导向和目标导向相结合，坚持守正和创新相统一，推动思政课建设内涵式发展。”[①]同时他还指出：“在大中小学循序渐进、螺旋上升地开设思政课非常必要，是培养一代又一代社会主义建设者和接班人的重要保障。”[②]“重要工程”“重要保障”凸显了大中小学思政课一体化建设的重要性、必要性和紧迫性。为此，中宣部、教育部于2020年12月18日专门印发《新时代学校思想政治理论课改革创新实施方案》（教材〔2020〕6号，以下简称“6号文件”），对大中小学思政课一体化建设提出了明确具体要求。2022年7月25日，教育部、中宣部、网信办等十部门联合印发《全面推进“大思政课”建设的工作方案》，强

---

① 习近平：《思政课是落实立德树人根本任务的关键课程》，人民出版社2020年版，第27页。

② 习近平：《思政课是落实立德树人根本任务的关键课程》，人民出版社2020年版，第6页。

调深入推进大中小学思政课一体化建设，要求各地建立大中小学师资培育、听课评课、教研交流、集体备课等常态化工作机制。中共安徽省委教育工委也于2021年4月20日下发了《中共安徽省委教育工委关于成立安徽省大中小学思政课一体化建设指导委员会的通知》（皖教工委函〔2021〕129号），组建了由时任安徽工业大学党委书记刘新跃教授为专家指导组组长，安徽财经大学马克思主义学院院长张斌、马鞍山师范高等专科学校党委书记喻长志、合肥市教育科学研究院中学思政课教研员侯新旺和阜阳市教育科学研究所所长吴奇4人为副组长的安徽省大中小学思政课一体化建设专家指导组（成员共34人）。专家指导组成立后立即开展相关工作：第一，在安徽财经大学设立专家指导组秘书处（在其马克思主义学院），制定了秘书处的工作制度和职责范围；第二，将全省分成三个片区，组建江南片区、皖中片区和淮北片区大中小学思政课一体化建设创新联合体；第三，不定期编发简报介绍报道本省和外省在大中小学思政课一体化建设方面的经验做法；第四，指导三个片区的学校不定期开展大中小学思政课一体化建设主题研讨、交流会和集体备课；第五，利用寒暑假举办全省学校思政课教师大中小学思政课一体化建设培训班；第六，制作安徽省大中小学思政课建设一体化网页；第七，组建安徽省大中小学思政课一体化建设资料库；等等。除此之外，为了满足大中小学思政课教师和相关行政人员对思政课一体化建设相关知识和政策把握的需要，安徽省大中小学思政课一体化建设专家指导组决定编写这本《大中小学思政课一体化建设概论》。

要做好大中小学思政课一体化建设工作，首先要搞清楚其内涵，即何为“一体化”。我们认为：“一”既是指上下一致统一，又是指把立德树人作为每一所学校的根本任务。“体”是指课程目标体系（6号文件指出：小学阶段重在培养学生的道德情感，初中阶段重在打牢学生的思想基础，高中阶段重在提升学生的政治素养，大学阶段重在增强学生的使命担当)、课程体系、课程内容(6号文件指出：小学课程以学生生活为基础；初中课程以学生体验为基础；高中课程以学生认知为基础；本科专科生根据不同类型学校和不同层次人才培养要求，进一步增强教学针对性和实效性)、教材体系建设、组织领导等都应该是一个整体。“化”是指大中小学思政课既要各有侧重，又要是一个衔接通畅、融会贯通的整体，这个“化”既是过程(循序渐进、不断深化融合的过程)，也是结果(实现大中小学思政课建设科学化)。大中小学思政课一体化建设不光要求各所学校要各自为学(学习)、各自为教(教学)、各自为研(教研)、各自为践(实践)，还要求要瞻前顾后、左顾右看，像跑四百米接力赛那样一棒接着一棒跑，直到跑到终点，实现思政课的培养目标；小学讲趣，初中讲情，高中讲据，大学讲理。所以，大中小学思政课一体化建设的内涵十分丰富，从全程贯通角度看，包含德智体美劳五育并举，全员、全过程、全方位育人格局整体构建等；从学段贯通角度看，包含各学段思政课教育目标、形式内容、方法途径等统一规划，层次性、差异性、关联性教育有效衔接，课程标准制定、教材编写、课堂教学、考试评价协调推进等。大中小学思政课一体化建设还内含“课程思政”的育人要求，必须充分挖掘各类各门课程中的思政教育元素，推进各类课程与思政课程形成协同效应，发挥好每门课的育人功能。也就是说，大中小学思政课一体化建设主要包括思政课不同学段教学目标一体化、教学内容一体化、课程建设协同发展一体化、教学评价衔接一体化等核心内涵。可以看出，这是个宏大的系统工程，既不可能靠哪一个学段单独完成，也不可能短期内一蹴而就。从教育管理部门来说，第一，省级教育行政部门顶层设计全力推进是关键。为了解决分级办学分级管理的问题，切实做到大中小学思政课贯通和融合，可以把大中小学思政课一体化建设纳入省“十四五”发展规划(或是省教育发展规划)之中，纳入各级领导干部的年度考核指标中。第二，加大宣传和提高各市县区教育行政部门和大中小学校领导及思政课教师的一体化意识和理念是前提。第三，建立大中小学思政课教师培训基地是基础。抓好大中小学思政课教师的集体备课是切入点。每年组织开展大中小学思政课教师全员培训（也可分片区进行）、专题研修，确保实现全覆盖，围绕教材使用，分课程、跨课程、跨学段组织大中小学思政课教师集体备课，每年至少一次。第四，大中小学思政课一体化教材建设是根本。第五，省政府教育教学评价和督导是保障。需要省政府教育督导办制定出台评价督导指标体系，加强对各级教育行政部门和学校的考核力度及奖惩力度。第六，在每个市或分片区设立项目课题，开展一体化建设研究和实验。鼓励有条件的高校和中小学组建思政课一体化教学改革创新联合体。充分挖掘各学科专业课程蕴含的思想政治教育资源，推进各类课程与思政课同向同行。针对教材重点内容和难点问题，结合教学实践，组织大中小学思政课教师开展交流研讨，共同探讨思政课一体化教学规律。

从另外一个角度讲，要实现上述工作要求和目标，关键还在于每位思政课教师，关键在课堂。要统筹推进大中小学思政课一体化建设，必须把质量作为生命线，将课堂教学革命贯穿始终，在课程内容上把握层次衔接，在教学方法上突出亲和有效，发挥教师的关键作用，激发学生自主学习意识，实现思政课内涵式发展。第一，教师要有一体化的思维方式和意识，应当以一体化思维为统领，强化战略思维、整体思维和精准思维，在大中小学阶段共同发力，形成多位一体、协同推进的思政课一体化建设路径。第二，在课程内容上要做到纵向贯通，实现上下融合和螺旋上升。推动课程标准层面一体化建设，围绕大中小学思政课一体化建设推进教学革命，牢牢把握不同学段的课程标准所体现的学科素养，同时还要推进课程设置层面一体化建设。与此相适应，思政课的课程设置也应在保持思政课必修课程设置相对稳定的基础上，结合大中小学各个学段特点，构建形成必修课加选修课的课程体系。第三，在教学方法上注重学段衔接，突出亲和力和学段针对性。要以习近平总书记在学校思想政治理论课教师座谈会上所阐述的“八个相统一”为根本遵循，加快思政课在不同学段间实现教学的有效衔接，努力打造四个课堂：与教学研究相结合的深度课堂，与社会实践相结合的广度课堂，与网络信息技术相结合的黏度课堂，与学生情感交流互动的温度课堂。第四，在发挥教师关键作用上，提升其积极性、主动性和创造性。思政课教师首先需要确立以学生为中心的教学观念，根据学生的接受能力和实际需要进行授课，要主动关心学生，关注和尊重他们的情感、知识经验和学习兴趣，做到了解学生、关爱学生、服务学生。同时，在教学内容把握上，要做到“瞻前顾后”，不仅要研究本学段思政课教学内容，还要考虑上一学段学生的学习基础和下一学段学生即将学习的内容，使教学行为由“供给侧”主导转换为“需求侧”主导，依据学生的学习需要开展教学。探索高校和中小学教师交流互动的长效机制。第五，在激活学生主体意识上，提高学生学习自主性和获得感。推进大中小学思政课一体化建设课堂教学革命，要以提升学生的获得感为终极价值追求，注重启发式教学，让学生成为课堂的主角。对于大学生可通过角色扮演和情景剧的方式，引导大学生在亲身体验中深化理解、巩固认识、升华感情、获得成长。对于中小学生来说，可以以其兴趣为导向，唤醒他们的自主学习意识。因此，大中小学思政课一体化建设责任重大，使命光荣，任重道远，需要政府、社会、家庭、学校和思政课教师共同努力。

本书具有如下特点：一是重在建设。即遵照习近平总书记关于大中小学思政课一体化建设的相关指示精神和6号文件要求，加强大中小学思政课程建设、教师队伍建设、教育教学管理制度建设、资料库专家库建设、学科建设以及组织领导建设等，重在夯实大中小学思政课一体化建设的理论基础。二是立足发展。即正视大中小学思政课一体化建设中存在的困难和问题，以发展求出路，以发展探新路，努力从增强大中小学思政课教师和管理部门人员的一体化意识入手，以提高教师队伍素质和水平为切入点，以提高上下融合度和横向贯通度为主导，积极推进大中小学思政课教育教学各个方面和各个环节的新发展。三是锐意创新。即根据6号文件要求，努力在大中小学思政课的教学理念创新上，在思政课教学内容和教学方法的创新上，以及在对大中小学思政课一体化建设的督导评价的创新上，取得突出成效。

大中小学思政课一体化建设是一项理论性、实践性很强的工作，也是一项全新的宏大的系统工程，涉及社会、学校、家庭等方方面面。本书编写者大都是高校思政课教师，尽管我们全力谋划和努力探索，但由于目前可供学习借鉴的资料有限，加之水平能力有限，时间紧张，书中肯定有不少疏漏和遗憾，恳请各位领导专家同仁批评指正。

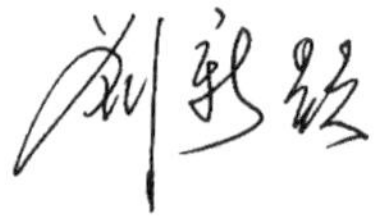

2023年7月19日

目　录

绪 论

新中国成立以来，我国高度重视教育事业在国民经济发展中的重要作用，关于如何发展社会主义教育，我们进行了多年的探索和实践。在推进教育发展的过程中，我国始终重视思想政治教育的极端重要性，在新中国成立前夕通过的《中国人民政治协商会议共同纲领》就强调："给青年知识分子以革命的政治教育，以适应革命工作和国家建设工作的广泛需要。"[①]由此开启了我国思想政治教育之路。改革开放之后，随着我国各项事业的改革创新，思想政治教育也迎来了新的春天。党的十八大以来，在新的历史定位上，思想政治教育也进入大中小学一体化建设的崭新阶段，我国的思想政治教育由之前大中小学各学段的"各自为政"进入系统的顶层设计。

① 全国普通高校"两课"教育教学调研工作领导小组组编：《普通高校思想政治教育课程文献选编（1949—2003）》，中国人民大学出版社2003年版，第1页。

第一节 改革开放以来学校思政课的政策延续与守正创新

党的十一届三中全会拉开了改革开放的序幕，我国进入了一个崭新的历史时期。以恢复高考为标志，我国在教育事业方面开始了大刀阔斧的改革，学校思政课的发展逐渐步入正轨，并且呈现出逐步探索、整体推进的特点。

一、改革开放和社会主义现代化建设新时期学校思政课的政策延续

思政课贯穿于我国学校教育的所有阶段，但是在不同阶段、不同层次，思政课的内容设置侧重点有所差别。在基础教育阶段，思政课的名称并不统一，甚至不同省份、不同学校、不同教材都有自己的称谓，如思想品德课、思想道德课、道德法律课、德育课等。思政课内容设置主要涉及生活常识、社会道德、法律常识、政治常识等，从低年级到高年级，逐步由感性认知上升至理论引导。高等教育阶段，从本科生到研究生，均是必修课程，只是在不同阶段或层次上侧重点不同，思政课更加注重国家意识形态的理论培育与养成，注重马克思主义基本原理教育、革命历史教育、三观教育、方法论教育、国际形势及党和国家政策教育，理论性更强，帮助大学生更好地认识世界、改造世界。党和国家高度重视思政课建设，根据时代变化和国际形势演变，积极推动思政课改革实践，深入探索思政课建设的具体路径，在课程设置、内容建设、目标建设、师资队伍建设等方面进行了长期的探索和改进，取得了一系列重要成果。

改革开放和社会主义现代化建设新时期，思政课建设面向现代化、面向世界、面向未来，紧跟时代需要，为我国社会主义现代化事

业培育了一批批合格的建设者和可靠的接班人。思政课自身的改革创新也根据时代需要深入推进。

十一届三中全会以后，我国进入一个全新的发展时期，在与世界的互动中，各种社会思潮开始活跃起来，思想政治教育工作面临新的环境，这也对大中小学思政课一体化建设提出了新的要求。

新时代，思政课成为“巩固马克思主义在高校意识形态领域指导地位、坚持社会主义办学方向的重要阵地，是全面贯彻党的教育方针、落实立德树人根本任务的主干渠道和核心课程”[①]。这为新时代高校思政课建设的守正创新确立了目标方向，也在指导思想、目标定位上为大中小学思政课一体化建设提供了一以贯之的基本遵循。

（一）中小学思政课建设

1978年1月，教育部颁发《全日制十年制中小学教学计划（试行草案）》，对中小学政治课学习内容进行规定，将历史课纳入政治课，要求四年级、五年级课程要初步涉及共产主义基本知识和国家生活政治常识。根据文件精神，教育部编撰并出版了全国通用的全日制十年制小学生政治课教材，教材在内容设计上以讲述革命英雄事迹、灌输革命道理为主。中学早在1977年下半年就开设了科学社会主义、社会发展简史、辩证唯物主义常识、政治经济学常识四门政治课程。

十一届三中全会以后，中小学思政课建设步伐与改革开放的进程同步，步伐明显加快。20世纪80年代，我国相继出台了数个相关政策文件，这些文件及时回应改革开放后思政课建设提出的新问题，为后续课程发展奠定了基础。例如：《全日制五年制小学教学计划（修订草案）》（1981年）、《全日制五年制小学思想品德课教学大纲（试行草案）》（1982年）、《全日制小学思想品德课教学大纲》（1986年）

① 教育部：《关于印发〈新时代高校思想政治理论课教学工作基本要求〉的通知》，2018年4月12日。

等。颁发这些文件主要是为了规范小学生革命传统教育的教学大纲、内容建设标准和内容呈现方式等，重新界定历史、语文等课程与思政课之间的界限，指出思政课建设应该借鉴语文等课程的成熟经验。其中，1981年3月教育部印发的《全日制五年制小学教学计划（修订草案）》，对之前四年级、五年级思政课的内容建设和教学效果等存在的问题进行经验总结和反思，指出教材设计脱离社会现实和学生实际，效果欠佳。为了提升效果，加强对青少年的思想引领，教育部提出将政治课改为思想品德课，以生动活泼的形式向青少年灌输初步的共产主义思想，引导学生准确认识国际国内形势。1986年颁布的《全日制小学思想品德课教学大纲》是我国正式颁发的第一个小学思想品德课教学大纲，是新中国成立以后小学思政课程系统化、规范化的开始。

中学思政课建设主要体现为1980年9月教育部发布的《关于改进和加强中学政治课的意见》。该意见最大的特点是，对中学不同年级的内容建设做了顶层设计：明确政治课的地位和任务，并提出了中学政治课课程设置方案，从初一到高二，相继开设青少年修养、政治常识、社会发展简史、政治经济学常识和辩证唯物主义常识课，分别制定了相应的教学大纲，内容设置体现出循序渐进的原则，尊重认识发展规律，以年龄增长为序，从感性认识到理性认识，从简单到抽象。意见还提出了教师队伍建设与教学质量提升等相关要求。

随着改革开放的深入推进，中小学思政课建设的配套要求也在不断出台，通过各科教学、校级班级工作和各种教育活动、少先队教育、家长工作和校外工作等途径形成共建的趋势。确认思想品德课是向学生比较系统地直接进行思想品德教育的一门重要课程，其他各科教学对培养学生良好的思想品德素质具有重要作用，旨在形成各科教学、校级班级工作和各种教育活动、少先队教育、家长工作和校外工作等途径共同发力的建设格局。1988年8月，国家教育委员会颁发

《小学德育纲要（试行）》与《中学德育大纲（试行）》，这两个文件为进一步加强中小学德育教育奠定了基础。经过几年的实践，国家教育委员会继续修订与完善相关政策，于1992年制定了《全日制中学思想政治课教学大纲（试用稿）》，结合这个试用稿，分别出台不同年级的执行意见，一直延续到20世纪末。同期，国家教育委员会下发的文件还有《九年义务教育全日制小学思想品德课教学大纲》（1992年）、《九年义务教育全日制初级中学思想政治课教学大纲（试用）》（1992年）、《小学德育纲要》（1993年）、《中学德育大纲》（1995年），分别对中小学思政课建设提出一系列的意见与要求，为21世纪中小学思政课建设奠定了丰富的经验基础。

在上述中小学思政课建设快速推进的过程中，1985年8月，中共中央印发《关于改革学校思想品德和政治理论课程教学的通知》。通知在改革开放后的思政课建设中具有显著的顶层设计的功能，对从小学到大学的思政课建设做了系统性规划和要求，对大中小学思政课内容建设提出了指导性意见。

通知要求小学思政课要配合语文、历史、艺术课和课外活动的内容，配合以“五讲四美”和“五爱”为中心的社会常识和社会公德教育，逐步培养小学生自己管理自己的生活并帮助家人、公众的能力，指出家庭教育和社会教育都要与小学教育密切配合。

通知把中学政治课改为思想政治课，要求在初中阶段进行道德、民主和法制、纪律教育，进行社会生活和社会发展规律以及社会主义建设常识的教育。“在高中阶段，要进行初步的经济学和其他社会科学的教育，初步学习运用马克思主义的观点、方法分析和观察社会现象，逐步树立为建立高度民主、高度文明的社会主义现代化国家和实现共产主义事业而奋斗的远大理想。中学的语文课、历史课、艺术课和课外活动，要按照各自的特点继续注意同思政课互相密切配合。”[①]

改革开放之初，高等教育的比例尚小，大部分同学初中毕业或高中毕业后便面临就业问题。通知还对中学毕业后如何面对就业等中学生关心的领域进行思想政治引导，要求在初中和高中的最后一年都要安排必要的时间对全体学生讲授职业生活知识、职业道德、劳动纪律、劳动安全等内容，使学生有机会直接参加各类职业生活的体验。

通知对教学方法做了变更，指出要“改变注入式的教学方法，尽量实行启发式的教学方法”[②]，强调在不同阶段采取不同的教学方法，培养学生发现、提出和解决理论问题及实际问题的能力，理解经典著作的能力等。在师资队伍建设方面，要求建设一支“坚持党的路线、有马克思主义觉悟和理论修养、有比较丰富的社会科学文史知识和必要的自然科学知识、热心于青少年思想理论教育工作的师资队伍”[③]。中共中央下发的这个通知成为改革开放后中学思政课改革中一份重要的纲领性文件。

1994年8月，中共中央下发《关于进一步加强和改进学校德育工作的若干意见》，客观分析了改革开放以后我国经济社会的发展变化和现代化建设新形势、新要求，提出要以邓小平同志建设有中国特色社会主义理论为指导，全面贯彻党的教育方针，坚持社会主义办学方向，“建立社会主义市场经济体制，仍需要倡导集体主义”，“增强适应时代发展、社会进步，以及建立社会主义市场经济体制的新要求和迫切需要的素质教育”。

1985年和1994年的中央文件作出的顶层设计，指导着思政课建设

① 全国普通高校“两课”教育教学调研工作领导小组组编:《普通高校思想政治教育课程文献选编(1949—2003)》,中国人民大学出版社2003年版,第106页。

② 全国普通高校“两课”教育教学调研工作领导小组组编:《普通高校思想政治教育课程文献选编(1949—2003)》,中国人民大学出版社2003年版,第107页。

③ 全国普通高校“两课”教育教学调研工作领导小组组编:《普通高校思想政治教育课程文献选编(1949—2003)》,中国人民大学出版社2003年版,第108页。

不断进行总结提升。为落实江泽民同志在第三次全国教育工作会议上所作出的“思想政治素质是最重要的素质”的重要指示，2000年12月，中共中央、国务院下发《关于适应新形势进一步加强和改进中小学德育工作的意见》，强调要加强中小学德育课程建设，指出中小学思想品德、思想政治课和职业学校德育课的教育教学活动是学校德育工作的主导渠道，要求从实际出发修订小学思想品德课和中学思想政治课课程标准，调整职业学校德育课程设置，进一步改革和完善教育教学内容，努力构建适应21世纪发展需要的中小学德育课程体系，要求课程教学要与实践教学相结合提升培养效果，加强对中学生时事政策教育。意见还指出，德育要寓于各学科教学之中，贯穿于教育教学的各个环节。

为了落实2000年底出台的意见，2001年10月，教育部印发了《九年义务教育小学思想品德课和初中思想政治课课程标准（修订）》，该标准增加了“三个代表”重要思想的基本内容，增加了用于活动和社会实践的课时，增强了中小学思政课建设的针对性、时效性和主动性，目的是进一步加强思想品德课和思想政治课建设，转变教育观念，提高德育工作的针对性和实效性，使其更好地发挥在学校德育工作中的主渠道作用，重点解决“繁、难、偏、旧”和偏重书本知识的现状，增强时代感，淡化学科体系，强化实践环节。

为了落实《九年义务教育小学思想品德课和初中思想政治课课程标准（修订）》的要求，教育部相继发布了中小学思政课课程标准实验稿，《全日制义务教育品德与生活课程标准（实验稿）》（2002年）、《全日制义务教育品德与社会课程标准（实验稿）》（2002年）、《全日制义务教育初中思想品德课程标准（实验稿）》（2003年）、《普通高中思想政治课程标准（实验）》（2004年），对中小学所有阶段的课程做了梳理：小学1—2年级开设品德与生活课，3—6年级开设品德与社会课，初中开设思想品德课，高中设置思想政治课。在课程内容方面，引导学生在“我”与外部世界的关系中认识自我，认识世界。例如小学部分有“儿童与自我”“儿童与社会”“儿童与自然”三个部分；初中部分有“我在成长”“我与家庭”“我与学校”“我与家乡”等，以实现国家认同；高中部分主要在于引导学生了解国家与社会的经济生活、政治生活、文化生活，在此基础上引导学生对生活与哲学的思考①。

21世纪以后，思政课建设在原有基础上呈现出日益细化、深化、系统化的趋势，现实感和时代感也明显增强，为思政课的日常开展提供了更为具体、更为明确的遵循。21世纪以后的思政课建设还有一个重要的特点，就是推动马克思主义中国化最新理论成果进教材。教育部2003年3月发布了《中学思想政治课贯彻党的十六大精神的指导意见》，2007年11月发布了《初中思想品德课、高中思想政治课贯彻党的十七大精神的指导意见》，推动党的代表大会精神及时进教材、进课堂、进头脑。

2011年，教育部对上一版课程标准的课程目标和内容做了适当调整，发布了《义务教育品德与生活课程标准（2011年版）》《义务教育思想品德课程标准（2011年版）》《全日制普通高中思想政治新课程标准（2011年版）》三个文件，指导基础教育课程改革的进一步推进，不断提升教育质量。

由此可见，改革开放以后，经过长期探索和不断深化，我国逐步形成了以中央文件为顶层设计，以教育部颁发的思政课课程标准、德育工作实施意见等为指导的思政课建设基本格局，在具体实施过程中，注重教材建设、师资队伍建设、学生主体性激发、校内校外联动等一体推进的尝试，奠定了我国中小学思政课建设的基本格局，为新时代大中小学思政课一体化建设积累了丰富的经验，奠定了坚实的基础。

① 参见教育部:《关于印发〈普通高中思想政治课程标准(实验)〉的通知》,2004年3月2日。

（二）高校思政课建设

1977年恢复高考以后，高等教育中的思想政治教育工作被提上日程。1978年4月22日，邓小平在全国教育工作会议开幕式上就教育工作的方针、政策提出具体意见，要求“提高科学文化的教学水平，更好地为社会主义建设服务”，“学校要大力加强革命秩序和革命纪律，造就具有社会主义觉悟的一代新人，促进整个社会风气的革命化”。他指出，“我们要大力在青少年中提倡勤奋学习、遵守纪律、热爱劳动、助人为乐、艰苦奋斗、英勇对敌的革命风尚，把青少年培养成为忠于社会主义祖国、忠于无产阶级革命事业、忠于马克思列宁主义毛泽东思想的优秀人才，将来走上工作岗位，成为有很高的政治责任心和集体主义精神，有坚定的革命思想和实事求是、群众路线的工作作风，严守纪律，专心致志地为人民积极工作的劳动者”①。会议还发布了《关于加强高等学校马列主义理论教育的意见》，强调要重视马克思主义教育，明确马克思主义理论是各类高等学校的必修课。意见规定：“高校须开设辩证唯物主义与历史唯物主义、政治经济学、中国共产党党史、国际共产主义运动史四门课程，并且要选读一些必要的经典著作。”②同年6月，教育部组织专家编写了四门理论课程的教学大纲，要求学生进行马克思主义经典著作的学习。

改革开放后，高校思想政治教育工作进入全面恢复时期。1980年7月，教育部印发《改进和加强高等学校马列主义课的试行办法》，将马列主义课作为所有专业学生的必修课，并规定不得选修或免修，凸显出高校思政课的强制性。该办法将本科高校马列主义课程调整为三门（哲学、政治经济学、中共党史），文科专业增设国际共产主义运

---

①《邓小平文选》第二卷，人民出版社1994年版，第10页、105页、106页。

② 全国普通高校“两课”教育教学调研工作领导小组组编：《普通高校思想政治教育课程文献选编（1949—2003）》，中国人民大学出版社2003年版，第70页。

动史或试开科学社会主义。1980年，在中央工作会议上，邓小平强调要加强高校大学生的政治教育、形势教育和思想教育。

1982年10月，为贯彻落实党的十二大精神，教育部下发《关于在高等学校逐步开设共产主义思想品德课程的通知》，将共产主义思想品德课程纳入高校思政课教学体系。为此，教育部专门制定了《共产主义思想品德教学大纲（试用版）》，详细规定了教学目标，对本课程的教学重难点作出说明。

1984年9月，中宣部、教育部发布《关于加强和改进高等院校马列主义理论教育的若干规定》，指出把马列主义理论课作为必修课，是社会主义大学区别于资本主义大学的重要标志，所有的大学生都必须认真学好这门课程。文件严格规定了马列主义公共理论课的教学时数："文科四年制本科（含艺术院校的理论、创作、编导专业）一般占总学时的20%左右，每门课最低不少于105学时；四年制外语专业按文科开设马列主义的各门课程，每门课最低不少于80学时；理工农医等四年制本科和艺术院校的技巧、表演专业占总学时的10%左右，每门课最低不少于70学时；五年制和六年制本科，要相应地增加学时。任何学校和个人都不能任意减少和侵占马列主义理论课的时间。"[①]文件还对教学的各个环节、教学方法、教学法研究、教师队伍建设等方面提出了具体要求，最后强调要加强对高等院校马列主义理论教育工作的领导，要求学校党委和校长要把抓好马列主义理论教学和师资队伍建设作为自己的重要职责。

在前期一系列恢复和探索的基础上，1985年8月，中共中央站在国家顶层设计的高度颁发《关于改革学校思想品德和政治理论课程教学的通知》，对改革开放后的高校思政课的重建作出了系统的规定和要求，有力地推动了高校思政课的恢复重建工作。在具体建设内容

① 全国普通高校"两课"教育教学调研工作领导小组组编：《普通高校思想政治教育课程文献选编（1949—2003）》，中国人民大学出版社2003年版，第94页。

上，要求大学等各类高级学校“进行以中国革命史为中心的历史教育，进行马克思主义基本理论的教育，同时有分析有比较地介绍当代其他各种社会思潮，对错误的思潮要有分析地进行充分说理的批评，培养学生运用马克思主义对这些思潮进行鉴别和分析的能力；进行中国社会主义建设和改革的理论、政策和实际知识的教育，使学生了解我国党和人民正在进行的有世界意义的伟大事业和青年一代的密切关系及崇高责任。同时，高校思想政治课教育还要穿插时事教育、文学艺术教育、课外活动，加强对学生国际知识的引导，了解国际关系和时代背景”①。

随着改革开放的深入，经济活动和经济交往日益活跃，法律在经济社会生活中的重要作用凸显出来，大学生的法律意识教育任务提上日程。1986年9月，国家教育委员会发布《关于在高等学校开设“法律基础课”的通知》，要求与中小学的法律常识教育相衔接，引导学生理解社会主义法的本质和作用，懂得宪法的根本地位，掌握刑法、民法通则、经济法等相关法律精神和规定。1987年10月，国家教育委员会发布《关于高等学校思想教育课程建设的意见》，指出在改革开放以来的经验基础上，针对学生普遍关心的形势、政策、人生、理想、道德、民主、法制、纪律等方面的问题开设相关课程相当必要，根据新时期对思想教育提出的要求和高等学校学生的实际情况，规定设置如下五门课程：“形势与政策”“法律基础”两门为必修课，“大学生思想修养”“人生哲理”“职业道德”三门课可因校制宜有选择地开设。

在此过程中，令人欣喜的是大学生思想政治教育的学科体系得以重建，相关专业的本科生、硕士生和博士生都有开设此类课程，学科体系形成并得到巨大发展。

---

① 全国普通高校“两课”教育教学调研工作领导小组组编：《普通高校思想政治教育课程文献选编（1949—2003）》，中国人民大学出版社2003年版，第107页。

1992年，党的十四大把建立社会主义市场经济体制确立为我国经济体制改革的目标，对高校思政课建设提出的要求也相应增加，内容更为丰富，针对市场经济建设过程中西方个人主义、自由主义的干扰，加强爱国主义、集体主义和社会主义教育成为非常紧迫的任务，也成为当时高校思政课建设的核心内容，并相应增加了心理健康教育、社会道德教育、审美教育等新内容。1994年，中共中央印发《爱国主义教育实施纲要》和《关于进一步加强和改进学校德育工作的若干意见》两个文件，体现了当时思政课建设对时代发展的回应，成为学校德育工作的重要指针。党的十五大确立邓小平理论在全党的指导地位，推进邓小平理论进教材、进课堂、进头脑的“三进”工作，不断融入思想政治理论课程体系。1998年4月，中宣部、教育部印发《关于普通高等学校开设〈邓小平理论概论〉课的通知》，对开设“邓小平理论概论”课程的师资及其他配套工作做了要求。1998年6月，中宣部、教育部联合印发《关于普通高等学校“两课”课程设置的规定及其实施工作的意见》（即“98方案”），对高校在课程设置上的调整做了要求，要求高校全面增设“邓小平理论概论”课程，将“中国革命史”调整为“毛泽东思想概论”。

20世纪末也是我国高等教育改革的关键时期，1997年高考招生双轨制改革，1998年大学毕业生由国家分配工作的制度基本取消，1999年扩大高校招生规模。招生规模的扩大，大学生毕业就业政策的调整等，都从一定程度上影响着高校学生的思想政治认知，也给高校思政课教学工作带来一定的挑战。

2002年11月，党的十六大将“三个代表”重要思想确立为党的指导思想，将“全面建设小康社会，加快推进社会主义现代化，为开创中国特色社会主义事业新局面而奋斗”作为大会主题的核心内容。为全面贯彻党的十六大精神，推动“三个代表”重要思想“三进”工作，2003年2月，教育部先后印发《关于进一步深化“三个代表”重要思想“三进”工作的通知》与《普通高等学校“两课”教学基本要求》，通知将“邓小平理论概论”课调整为“邓小平理论和‘三个代表’重要思想概论”课，要求各高校从2003年秋季开始普遍开设，并鼓励部分满足条件的高校试点单独开设“‘三个代表’重要思想概论”课。2003年6月15日，中共中央下发《关于在全党兴起学习贯彻“三个代表”重要思想新高潮的通知》，对大学和中学学习“三个代表”重要思想分别提出要求。通知指出：用“三个代表”重要思想教育广大青年特别是青年学生，关系中国特色社会主义事业的前途命运。要高度重视青年学生的理论武装工作，加强教材编写和师资队伍建设，推动“三个代表”重要思想进教材、进课堂、进学生头脑。高等学校要系统讲授“三个代表”重要思想。中学要把“三个代表”重要思想的基本观点贯穿到相关课程的教学中。学校的党团组织要采取丰富多彩的形式，开展学习实践“三个代表”重要思想的主题活动。

2004年10月，中共中央、国务院下发了《关于进一步加强和改进大学生思想政治教育的意见》，对当时大学生思想政治教育面临的国际国内形势做了深刻分析，指出国际敌对势力与我争夺下一代的斗争更加尖锐复杂，大学生面临着大量西方文化思潮和价值观念的冲击，某些腐朽没落的生活方式对大学生的影响不可低估。意见指出了大学生精神世界存在的一些问题，如一些大学生不同程度地存在政治信仰迷茫、理想信念模糊、价值取向扭曲、诚信意识淡薄、社会责任感缺乏、艰苦奋斗精神淡化、团结协作观念较差、心理素质欠佳等，以及面对这些新形势、新情况，大学生思想政治教育工作存在的薄弱环节。意见要求充分发挥课堂教学在大学生思想政治教育中的主导作用，努力拓展新形势下大学生思想政治教育的有效途径，指出高等学校思想政治理论课是大学生思想政治教育的主渠道，思想政治理论课是大学生的必修课，是帮助大学生树立正确的世界观、人生观、价值观的重要途径，体现了社会主义大学的本质要求。这也是首次正式提出“思想政治理论课”这一表述。这个意见是进入21世纪我国高校思想政治教育工作的一个非常重要的指导性文件，为“05方案”的制定提供了基本遵循。

所谓“05方案”就是指根据2005年2月中宣部与教育部联合发布的《关于进一步加强和改进高等学校思想政治理论课的意见》形成的新的思想政治理论课实施方案。“05方案”从课程开设、教学内容、教材编写、教学研究、教师队伍培训和学科建设等方面对“98方案”进行进一步整合、创造和提升。根据2004年意见和“05方案”，2006年4月，教育部办公厅下发《关于进一步加强高等学校思想政治理论课教材编写管理、规范教材使用的通知》，在全国范围内规范高校思想政治理论课教材的编写和使用，并将这个工作纳入“马工程”建设，要求全国普通高校的四门思政课统一使用由中宣部、教育部组织编写的、高等教育出版社出版的“马克思主义理论研究和建设工程重点教材”。“05方案”凸显21世纪我国高等学校青年学生思想政治教育的战略安排，凸显国家在这一战略任务中顶层设计的权威性、严肃性、科学性和规范性，凸显马克思主义对改革开放背景下我国意识形态工作的引领地位。

2007年10月，党的十七大提出了“中国特色社会主义理论体系”的科学命题，明确指出中国特色社会主义理论体系是包括邓小平理论、“三个代表”重要思想以及科学发展观在内的科学理论体系，对高校思政课课程体系提出新的要求。为了贯彻党的十七大精神，2008年，中央马克思主义理论研究和建设工程办公室决定将“毛泽东思想、邓小平理论和‘三个代表’重要思想概论”课程调整为“毛泽东思想和中国特色社会主义理论体系概论”课程，确保马克思主义中国化最新理论成果能够及时进教材、进课堂、进头脑。

2008年，中共中央宣传部、教育部发布《关于进一步加强高等学校思想政治理论课教师队伍建设的意见》，指出新任教师原则上应是中国共产党党员，具备相关专业硕士以上学位，工作期间应兼职从事班主任或辅导员工作，在事关政治原则、政治立场和政治方向问题上不能与党中央保持一致的，不得从事思想政治理论课教学。2010年5月29日至30日，全国加强和改进大学生思想政治教育工作座谈会在北京召开，会议指出：要深入推进社会主义核心价值体系学习教育，有效引导大学生树立正确的理想信念；不断改进思想政治理论课教育教学，更好发挥大学生思想政治教育的主渠道作用。

2011年1月，为进一步加强对高校思想政治理论课建设的宏观指导，规范高校思想政治理论课的组织管理、教学管理、队伍管理和学科建设，教育部研制了《高等学校思想政治理论课建设标准（暂行）》，从组织管理、教学管理、队伍管理、学科建设和特色项目等五个方面，分三级指标对高校思想政治课建设进行规范，并在每个三级指标后明确相关责任部门，为各高校思想政治课建设提出具体要求，为课程建设评估提供了根本参照。

综上可见，改革开放和社会主义现代化建设新时期我国高校思政课建设在党的领导下稳步推进，总体上经历了恢复重建、整合聚焦、总结提升、守正创新的过程，并在规范化、权威化、标准化方面日益增强，为社会主义现代化建设培养了一批批合格建设者和可靠接班人，为新时代高等学校思政课建设奠定了坚实基础。

二、新时代学校思政课的改革创新与蓬勃发展

党的十八大以来，以习近平同志为核心的党中央高度重视学校思想政治工作，国家经济社会的发展，国家治理能力现代化的提升，国家重大发展战略的部署，中华民族伟大复兴的使命任务，都对教育工作提出了新的更高的要求。培养什么样的人、如何培养人以及为谁培养人，一直是习近平总书记强调的重中之重。这也对我国学校思政课建设提出了更高的要求。

（一）新时代中小学思政课改革创新

为了贯彻落实党的十八大精神，2013年2月，教育部办公厅印发《初中思想品德课和高中思想政治课贯彻党的十八大精神的教学指导建议》，指出初中和高中学生要通过思政课知道党的十八大的主题，领会中国特色社会主义的丰富内涵，明确科学发展观是党必须长期坚持的指导思想，懂得建设中国特色社会主义的总依据、总布局、总任务，理解夺取中国特色社会主义新胜利的基本要求，了解全面建成小康社会的目标，体会党对青年一代的关爱。

“大力推进生态文明建设”“以保障和改善民生为重点的社会建设”等内容被列入中学思想政治课教学重点。

“经济生活”“政治生活”“文化生活”“生活与哲学”等四个模块被纳入高中思政课。其中，针对生态文明的教学特别提出要结合“做理智的消费者”的教学，运用各种正反事例，引导学生增强节约意识、环保意识、生态意识，形成合理消费的正确消费观。

2014年4月，为落实党的十八大和十八届三中全会关于立德树人的要求，教育部印发《关于全面深化课程改革落实立德树人根本任务的意见》。意见要求充分发挥课程在人才培养中的核心作用，指出课程是教育思想、教育目标和教育内容的主要载体，集中体现国家意志和社会主义核心价值观，是学校教育教学活动的基本依据，直接影响人才培养质量。意见提出了“五个统筹”的课程改革任务：统筹小学、初中、高中、本专科、研究生等学段（包括职业院校），统筹各学科，特别是德育、语文、历史、体育、艺术等学科，统筹课标、教材、教学、评价、考试等环节，统筹一线教师、管理干部、教研人员、专家学者、社会人士等力量，统筹课堂、校园、社团、家庭、社会等阵地，把对学生德智体美全面发展总体要求和社会主义核心价值观的有关内容具体化、细化。要求在修订课程方案和课程标准方面注重增强思想性、科学性、时代性、适宜性、可操作性和整体性。意见还对学科教学的育人功能，教材编写的学段衔接，不同学段考核评价的育人导向等都作了相应要求，这也为后续的课程思政、大中小学思政课一体化建设统筹推进做了理论和政策准备。

同年10月，党的十八届四中全会通过了《中共中央关于全面推进依法治国若干重大问题的决定》。为贯彻落实十八届四中全会关于全民法治教育的精神，2016年4月，教育部办公厅下发《关于2016年中小学教学用书有关事项的通知》，要求“从2016年起，将义务教育小学和初中起始年级‘品德与生活’‘思想品德’教材名称统一更改为‘道德与法治’”，凸显法治教育的重要性。通知同时对教材的更换过渡提出指导性意见。

同年6月，教育部、司法部与全国普法办又联合印发《青少年法治教育大纲》，指出法治教育要遵循青少年身心发展规律，贴近青少年生活实际，科学安排教学内容，合理确定教学重点和方法，注重知行统一，坚持落细落小落实，充分发挥课堂教学的主渠道作用，深入挖掘各门学科蕴含的法治教育内涵。大纲提出了青少年法治教育的总体目标，围绕总体目标确立了义务教育阶段、高中教育阶段和高等教育阶段的阶段目标，并在教学内容上得到细化。大纲指出，青少年法治教育要充分发挥学校主导作用，与家庭、社会密切配合，拓宽教育途径，创新教育方法，实现全员、全程、全方位育人，其中，学校教育要在专门课程设置、教学方式和多学科协同方面形成教育合力。

为了对教育部办公厅《关于2017年中小学教学用书有关事项的通知》中所指出的“因部分册次教材审定工作尚未最终结束”的教材编写情况进行明确规定，2017年6月，教育部办公厅印发了《关于2017年义务教育道德与法治、语文、历史和小学科学教学用书有关事项的通知》。通知指出，根据中央要求，教育部组织编写了义务教育道德与法治、语文和历史教材，义务教育一、二年级品德与生活和七、八年级思想品德教材名称统一更改为道德与法治。通知还对中小学的思政课教材规范使用作出了严格要求，为在全国结束“一纲多本”的教材格局提供了政策依据。

为了贯彻党的十九大报告提出的“要全面贯彻党的教育方针，落实立德树人根本任务，发展素质教育，推进教育公平，培养德智体美全面发展的社会主义建设者和接班人”的精神，2018年1月，中共中央、国务院下发《关于全面深化新时代教师队伍建设改革的意见》，将教师的政治素质提升和师德师风建设提到一个新的高度。同年1月，教育部印发《普通高中思想政治课程标准（2017年版）》，明确指出高中思政课建设要“全面贯彻党的教育方针，落实立德树人根本任务，发展素质教育，推进教育公平，以社会主义核心价值观统领课程改革，着力提升课程思想性、科学性、时代性、系统性、指导性”。文件紧紧围绕立德树人根本任务修订课程内容，明确课程目标、调整课程结构，确立中国特色社会主义、经济与社会、政治与法治、哲学与文化四个模块的必修课，当代国际政治与经济、法律与生活、逻辑与思维三门选择性必修课和财经与生活、法官与律师、历史上的哲学家三门选修课，文件还对学生的学业质量作了规定。

2019年3月18日，中共中央总书记、国家主席、中央军委主席习近平在北京主持召开学校思想政治理论课教师座谈会。他在认真听取教师代表发言后发表重要讲话，强调：“青少年是祖国的未来、民族的希望。我们党立志于中华民族千秋伟业，必须培养一代又一代拥护中国共产党领导和我国社会主义制度、立志为中国特色社会主义事业奋斗终身的有用人才。在这个根本问题上，必须旗帜鲜明、毫不含糊。这就要求我们把下一代教育好、培养好，从学校抓起、从娃娃抓起。在大中小学循序渐进、螺旋上升地开设思想政治理论课非常必要，是培养一代又一代社会主义建设者和接班人的重要保障。”“思想政治理论课是落实立德树人根本任务的关键课程……要理直气壮开好思政课，用新时代中国特色社会主义思想铸魂育人。”“推动思想政治理论课改革创新，要不断增强思政课的思想性、理论性和亲和力、针对性。”①

为贯彻落实习近平总书记学校思想政治理论课教师座谈会重要讲话精神，2019年9月，教育部等五部门印发《关于加强新时代中小学思想政治理论课教师队伍建设的意见》，对中小学思政课教师队伍的数量配置和质量提升作出了具体的规定。

2020年5月，教育部印发《普通高中思想政治课程标准（2017年版2020年修订）》，在2017年课程标准基础上增加了民族复兴、劳动教育等方面的内容。文件确立中国特色社会主义、经济与社会、政治与法治、哲学与文化四个模块的必修课，开设当代国际政治与经济、法律与生活、逻辑与思维三个模块的选择性必修课和财经与生活、法官与律师、历史上的哲学家三个模块的选修课。

同年12月，为深入贯彻中共中央办公厅、国务院办公厅《关于深化新时代学校思想政治理论课改革创新的若干意见》精神，中宣部与教育部印发《新时代学校思想政治理论课改革创新实施方案》，要求“按照循序渐进、螺旋上升的原则，立足于思政课的政治性属性，对大中小学思政课课程目标进行一体化设计”。根据课程目标体系，小学阶段重在培养学生的道德情感，初中阶段重在打牢学生的思想基础，高中阶段重在提升学生的政治素养。课程体系方面要求根据学生成长规律，结合不同年龄段学生的认知特点，构建大中小学一体化思政课课程体系。在小学及初中阶段“道德与法治”、高中阶段“思想政治”、大学阶段“思想政治理论课”中落实课程目标要求，重点推进习近平新时代中国特色社会主义思想融入课程，实现整体设计、循序渐进、逐步深化，切实提高课程设置的针对性、实效性。

2021年7月9日，教育部召开《习近平新时代中国特色社会主义

①《习近平谈治国理政》第三卷，外文出版社2020年版，第328—330页。

思想学生读本》工作座谈会，研究部署读本使用工作，把学习“七一”重要讲话精神的成果转化为铸魂育人的实际行动，推动大中小学学习贯彻习近平新时代中国特色社会主义思想走深走实。学生读本是新时代用习近平新时代中国特色社会主义思想铸魂育人的标志性成果，是推动大中小学思政课一体化建设的又一次历史性跨越。教育部组织编写的《习近平新时代中国特色社会主义思想学生读本》是大中小学学习习近平新时代中国特色社会主义思想的重要载体。

这一时期的中小学思政课建设具有新时代的显著特征，围绕立德树人根本任务，政策文件出台的密度，规范的广度和深度都大大提升，对课程标准、师资队伍、课程改革创新，教材编制和教材内容的与时俱进等方面都作了大量的制度性规定，大中小学思政课建设一体推进、全面发展。

（二）新时代高校思政课的蓬勃发展

进入新时代，高校思政课建设在改革开放以来积极探索的基础上，迎来了蓬勃发展的时期。党的十八大将科学发展观确立为党的指导思想。2013年教育部、中宣部全面修订思政课教材和教学大纲，推进党的十八大精神的“三进”工作。

2015年1月，中共中央办公厅、国务院办公厅下发《关于进一步加强和改进新形势下高校宣传思想工作的意见》，强调指出意识形态工作是党和国家一项极端重要的工作，高校作为意识形态工作前沿阵地，肩负着学习研究宣传马克思主义，培育和弘扬社会主义核心价值观，为实现中华民族伟大复兴的中国梦提供人才保障和智力支持的重要任务。意见指出，要切实推动中国特色社会主义理论体系进教材进课堂进头脑；要着力增强大学生思想政治教育针对性实效性，启动大学生思想政治教育质量提升工程，深入开展中国特色社会主义和中国梦教育，加强党史国史和形势任务政策教育，把社会主义核心价值观融入高等教育全过程，完善中华优秀传统文化教育，高度重视民族团结教育，积极开展马克思主义民族观宗教观、党的民族宗教政策和相关法律法规的宣传教育，广泛开展各类社会实践和公益活动，加强高校心理健康教育与咨询示范中心建设，做好就业指导和家庭经济困难学生资助工作。意见还就加强马克思主义在高校教材编写过程中的指导、师资队伍培养、高校思政课建设经费保障等提出详细的要求。意见还要求要充分发挥高校哲学社会科学育人功能。这是新时代第一个具有顶层设计意义的文件，为新时代高校思政课建设指明了方向，后续的高校思政课建设总体上根据这个文件深入展开。

为落实上述意见精神，同年7月，中宣部与教育部印发了《普通高校思想政治理论课建设体系创新计划》，指出实施高校思想政治理论课建设体系创新计划的主要任务是：推进统编教材编写使用，提高专职教师队伍整体素质，改革教学方法，加强马克思主义理论学科规范化建设，健全完善评价标准和建强独立二级机构。在建设内容上强调建设立体化教材体系、教学人才体系、教学体系、学科支撑体系、综合评价体系、条件保障体系等。党的十八大以来，高校思政课建设更加凸显系统化思维。

2021年11月，教育部印发《高等学校思想政治理论课建设标准》，对2015年印发的《高等学校思想政治理论课建设标准（暂行）》进行了修订，为各高校各思政课教学单位的课程建设提供依据和评价体系，为推动各高校形成加强思政课建设合力提供了重要支撑。

党的十八大以来，我们党的思想创新、理论创新达到了新高度，马克思主义中国化时代化进程快速推进。这对高校思政课内容建设的与时俱进提出了新的要求，高校思政课教材修订完善也进入了较为频繁的时期，为推动十八大以来的最新理论成果进教材、推动马克思主义中国化大众化进程提供了保障。

2016年12月7日，习近平总书记在全国高校思想政治工作会议上强调："高校思想政治工作关系高校培养什么样的人、如何培养人以及为谁培养人这个根本问题。要坚持把立德树人作为中心环节，把思想政治工作贯穿教育教学全过程，实现全程育人、全方位育人，努力开创我国高等教育事业发展新局面。"①他指出："要用好课堂教学这个主渠道，思想政治理论课要坚持在改进中加强，提升思想政治教育亲和力和针对性，满足学生成长发展需求和期待，其他各门课都要守好一段渠、种好责任田，使各类课程与思想政治理论课同向同行，形成协同效应。"②

2017年10月，党的十九大正式宣告中国特色社会主义进入了新时代，大会将习近平新时代中国特色社会主义思想确立为党的指导思想，指出这一思想是马克思主义中国化时代化的最新理论成果。为贯彻落实党的十九大精神，2017年12月，教育部印发《高校思想政治工作质量提升工程实施纲要》，提出："充分发挥课程、科研、实践、文化、网络、心理、管理、服务、资助、组织等方面工作的育人功能，挖掘育人要素，完善育人机制，优化评价激励，强化实施保障，切实构建'十大'育人体系。"纲要提出要大力推动以"课程思政"为目标的课堂教学改革，充分体现了课堂教学在立德树人过程中的主渠道功能。纲要指出要有效推动"思政课程"和"课程思政"在立德树人方面形成合力，要深入推动习近平新时代中国特色社会主义思想进教材、进课堂、进头脑。随后，教育部再次对高校思政课教材进行修订。

2018年4月，教育部印发《新时代高校思想政治理论课教学工作基本要求》，明确本科生思政课的学分构成，"马克思主义基本原理概论"课3学分、"毛泽东思想和中国特色社会主义理论体系概论"课5学分、"中国近现代史纲要"课3学分、"思想道德修养与法律基础"

①《习近平谈治国理政》第二卷，外文出版社2017年版，第376页。

②《习近平谈治国理政》第二卷，外文出版社2017年版，第378页。

课3学分、“形势与政策”课2学分。专科生“马克思主义基本原理概论”“毛泽东思想和中国特色社会主义理论体系概论”课4学分、“思想道德修养与法律基础”课3学分、“形势与政策”课1学分。硕士研究生“中国特色社会主义理论与实践研究”课2学分，同时须从“自然辩证法概论”课和“马克思主义与社会科学方法论”课中选择1门作为选修课程，占1学分。博士研究生“中国马克思主义与当代”课2学分，同时可开设“马克思恩格斯列宁经典著作选读”课（列入学校博士生公共选修课）。从本科思想政治理论课现有学分中划出2个学分，从专科思想政治理论课现有学分中划出1个学分，开展本专科思想政治理论课实践教学[①]。这一文件，重在加强高校思政课的质量建设，以满足中国特色社会主义进入新时代后对高校思想政治理论课发挥育人主渠道作用提出的新的更高要求，继续打好提高思想政治理论课质量和水平的攻坚战。

2019年3月18日，学校思想政治理论课教师座谈会在北京召开，习近平总书记主持并发表重要讲话。他指出，在大中小学循序渐进、螺旋上升地开设思想政治理论课非常必要，是培养一代又一代社会主义建设者和接班人的重要保障。他强调，思想政治理论课是落实立德树人根本任务的关键课程。思政课作用不可替代，思政课教师队伍责任重大。他指出，办好思想政治理论课关键在教师，并对思政课教师提出“六个要”，对思政课改革创新提出“八个相统一”的要求[②]。这为新时代学校思政课建设指明了方向。

2019年8月，中共中央办公厅、国务院办公厅发布《关于深化新时代学校思想政治理论课改革创新的若干意见》，意见指出坚持用习近平新时代中国特色社会主义思想铸魂育人，在大中小学循序渐进、

① 参见教育部:《关于印发〈新时代高校思想政治理论课教学工作基本要求〉的通知》,2018年4月12日。

② 参见《习近平谈治国理政》第三卷,外文出版社2020年版,第329—331页。

螺旋上升地开设思政课，大学阶段重在增强学生的使命担当，不断增强思政课的思想性、理论性和亲和力、针对性。

2020年1月，教育部下发《新时代高等学校思想政治理论课教师队伍建设规定》，文件指出思政课是高等学校落实立德树人根本任务的关键课程，是必须按照国家要求设置的课程。思政课教师是指承担高等学校思政课教育教学和研究职责的专兼职教师，是高等学校教师队伍中承担开展马克思主义理论教育、用习近平新时代中国特色社会主义思想铸魂育人的中坚力量。文件还对思政课教师的职责与要求、配备与选聘、培养与培训、考核与评价、保障与管理等做了明确规定。

同年12月，中宣部与教育部印发《新时代学校思想政治理论课改革创新实施方案》，该方案要求充分发挥思想政治理论课在立德树人中的关键课程作用，循序渐进、螺旋上升地开设好大中小学思政课，大学阶段重点引导学生系统掌握马克思主义基本原理和马克思主义中国化理论成果，自觉践行社会主义核心价值观，矢志不渝听党话跟党走，争做社会主义合格建设者和可靠接班人，重在增强学生的使命担当。

在本科思政课方面，共设置五门必修课，分别为“马克思主义基本原理”“毛泽东思想和中国特色社会主义理论体系概论”“中国近现代史纲要”“思想道德与法治”“形势与政策”，还要求在全国重点马克思主义学院率先全面开设“习近平新时代中国特色社会主义思想概论”课，体现了课程设置的导向，推动习近平新时代中国特色社会主义思想进教材、进课堂、进头脑。

为落实新方案，推进习近平新时代中国特色社会主义思想“三进”工作，2021年，中宣部、教育部又组织对马克思主义理论研究和建设工程教材进行修订。本次教材修订以习近平新时代中国特色社会主义思想为指导，有机融入党的百年奋斗历程中相关重要育人元素，使高校思政课教材更具时代性、政治性、思想性和针对性。

时隔多年，再出新方案，充分体现了新时代党和国家对学校思政课建设的高度重视。

第二节　大中小学思政课一体化建设的发展历程

习近平总书记先后在全国高校思想政治工作会议、全国教育大会和学校思想政治理论课教师座谈会等重要场合谈及思政课建设问题，为大中小学思政课一体化建设提供了根本遵循和方向引领。根据习近平总书记的重要讲话精神，中共中央办公厅和教育部办公厅先后出台了一系列指导性文件。从解决各学段思政课分工衔接问题到整体规划学校德育体系，从统筹思政课课程建设到构建“大思政”育人格局，党和国家的育人理念更加清晰，育人要求更加聚焦，育人成果更加丰富，大中小学思政课一体化建设沿着规范化、科学化、系统化、精准化的方向不断发展。回顾大中小学思政课一体化的发展历程，必须追溯到改革开放之后对德育一体化的探索，其发展历程大致可以分为德育一体化探索时期和大中小学思政课一体化建设时期。

一、德育一体化探索时期

建国之后，我们党非常重视思想政治教育工作，但是当时不同学龄段的德育教学相对独立，没有进行统筹规划，在改革开放之后这一情况有所好转。20世纪80年代初期，我国德育界开始探索如何建设学校德育体系，此后便一直努力探索“整体规划德育体系”。1985年中共中央发布了《关于改革学校思想品德和政治理论课程教学的通知》，首次对大中小学思政课进行了整体性、系统性的规划。在教学目标上，要求不同学段的思政课必须紧紧围绕“培养一代又一代自觉拥护中国共产党领导、为发展中国特色社会主义事业奋斗终身的人才”整体目标，来确立不同学段的思政课教学目标。小学阶段重在激发学生的道德情感，引导学生树立做社会主义建设者和接班人的美好愿望；初中阶段应侧重帮助学生树立爱国主义思想，强化爱社会主义的思想意识；高中阶段应该打牢学生的思想基础，增强学生的民族自信心和自豪感，帮助学生形成正确的政治认同；大学阶段应强化大学生的使命担当，引导学生积极践行社会主义核心价值观，激励当代大学生为实现中国梦而努力。在教学内容上，从小学到中学再到大学的思政课教学内容要由浅入深、由具体到抽象，遵循循序渐进的原则。小学阶段思政课教学应突出形象性、生动性和直观性，尽可能使用学生喜闻乐见的图片、视频和英雄故事来激发学生的情感共鸣。中学阶段思政课教学应以情境型教育内容为主，关注学生的兴趣，结合学生的学习生活实际创设不同的情境，使学生产生身临其境之感，克服传统中学思政课教学内容枯燥乏味的弊病。大学阶段思政课教学应以探究型教育内容为主，引导学生关注社会现实。1985年出台的这一文件为我国整体的德育体系建设指明了方向，成为探索德育一体化和推动大中小学思政课一体化建设的基础。

在探索德育一体化的过程中，为了适应新时期国家的发展和社会的需要，实现党的十四大所确定的战略任务，指导20世纪90年代乃至21世纪初教育的改革和发展，使教育更好地为社会主义现代化建设服务，1993年中共中央、国务院出台了《中国教育改革和发展纲要》，这份具有长期指导性的文件，再次强调加强德育的重要性，对德育一体化建设进行了更加细致的规划。纲要要求各级各类学校从实际出发，分层次地确定德育工作的任务和要求，改进德育教材和德育方法，注重实效，使德育落到实处。关于各阶段德育队伍的建设，纲要指出：“加强德育工作是全体教师的共同职责，教师应当把德育贯穿和渗透到教育教学的全过程中，并以自己的楷模作用，促进学生的全面成长。高等学校要建设好一支以精干的专职人员为骨干、专兼职结合的思想政治工作队伍。”[①]中小学要充分发挥思想品德课和思想政治课教师、班主任及共青团、少先队干部的作用。对从事思想政治工作的人员要进行培训，不断提高他们的思想政治素质和政策、业务水平，并采取实际措施解决他们的待遇问题。

根据《中国教育改革和发展纲要》中对德育工作的相关要求，1994年中共中央又出台了《关于进一步加强和改进学校德育工作的若干意见》，明确指出了现阶段德育工作的不足，“面对新的形势和要求，学校德育工作还很不适应。必须解放思想，实事求是，有紧迫感”[②]，并提出，整体规划学校的德育体系要遵循青少年学生思想品德形成的规律和社会发展的要求，根据德育工作的总目标，科学地规划各教育阶段的具体内容、实施途径和方法。同时要求各教育阶段的德育课程，在教学大纲、教材、读物、教育和管理方法、学生思想品德表现的评价标准方面都要据此加强整体衔接，防止简单重复或脱节。

进入21世纪之后，在近20年推进德育一体化的经验基础之上，2005年教育部出台了《关于整体规划大中小学德育体系的意见》，指出了现阶段探索过程中存在的各种问题，如大中小学德育各阶段的德育目标划分还不够准确，内容安排还不尽合理，存在着一定程度的简单重复交叉和脱节等问题。因此针对大中小学德育体系存在的问题，意见对科学构建各级各类学校德育课程体系，合理确定课程的设置及课程标准，科学设置大中小学各教育阶段德育目标、内容、课程提出了指导性意见，在指导原则中首次提出了纵向衔接、横向贯通、螺旋

① 全国普通高校“两课”教育教学调研工作领导小组组编：《普通高校思想政治教育课程文献选编（1949—2003）》，中国人民大学出版社2003年版，第149页。

② 全国普通高校“两课”教育教学调研工作领导小组组编：《普通高校思想政治教育课程文献选编（1949—2003）》，中国人民大学出版社2003年版，第152页。

上升的总体要求，并对各个学龄段提出了具体的课程目标，如“小学1—2年级的品德与生活课着重引领小学生健康安全、愉快积极、负责任有爱心、动脑筋有创意地生活，逐步养成良好的生活习惯。小学3—6年级的品德与社会课着重讲解个人成长，讲解家庭、学校、家乡（社区）、祖国，讲解世界，引领小学生逐步认识自我、认识社会，为形成良好的品德奠定基础”。文件尤其强调科学构建各级各类学校德育课程体系，合理确定课程的设置及课程标准，是整体规划大中小学德育体系工作的重点。教育部不断优化各级各类学校德育课程的设置，并制定德育课程标准，明确教育目标、内容及要求，使小学、中学、大学各教育阶段的德育课程形成由低到高、由浅入深、循环上升、有机统一的体系。

根据党的十七大关于“优先发展教育，建设人力资源强国”的战略部署，为促进教育事业科学发展，全面提高国民素质，加快社会主义现代化进程，我国制定了《国家中长期教育改革和发展规划纲要（2010—2020年）》，强调坚持德育为先，立德树人，把社会主义核心价值体系融入国民教育全过程。加强马克思主义中国化最新成果教育，引导学生形成正确的世界观、人生观、价值观；加强理想信念教育和道德教育，坚定学生对中国共产党领导、社会主义制度的信念和信心；加强以爱国主义为核心的民族精神和以改革创新为核心的时代精神教育；加强社会主义荣辱观教育，培养学生团结互助、诚实守信、遵纪守法、艰苦奋斗的良好品质。加强公民意识教育，树立社会主义民主法治、自由平等、公平正义理念，培养社会主义合格公民。加强中华民族优秀文化传统教育和革命传统教育。把德育渗透于教育教学的各个环节，贯穿于学校教育、家庭教育和社会教育的各个方面。切实加强和改进未成年人思想道德建设和大学生思想政治教育工作。构建大中小学有效衔接的德育体系，创新德育形式，丰富德育内容，不断提高德育工作的吸引力和感染力，增强德育工作的针对性和实效性。加强辅导员、班主任队伍建设。

2017年中共中央办公厅、国务院办公厅联合印发《关于深化教育体制机制改革的意见》，强调要构建以社会主义核心价值观为引领的大中小幼一体化德育体系。这一时期，国家鼓励以多种形式兴办幼儿园，因此在大中小学德育一体化的基础上，将幼儿时期的德育也纳入一体化的范畴当中，使得德育一体化建设体系更加完善。另外，对于德育目标，意见强调要针对不同年龄段学生，科学定位德育目标，合理设计德育内容、途径、方法，使德育层层深入、有机衔接，推进社会主义核心价值观内化于心、外化于行。健全全员育人、全过程育人、全方位育人的体制机制，充分发掘各门课程中的德育内涵，加强德育课程、思政课程建设。在思想政治教育的方式方法上，提出要注重理论与实践相结合、育德与育心相结合、课内与课外相结合、线上与线下相结合、解决思想问题与解决实际问题相结合，不断增强亲和力和针对性。在教学资源整合上，提出要用好自然资源、红色资源、文化资源、体育资源、科技资源、国防资源和企事业单位资源的育人功能，发挥英雄模范人物、名师大家、学术带头人等的示范引领作用，挖掘校史校风校训校歌的教育作用，充分发挥学校党、共青团、少先队组织的育人功能。加强学校教育、家庭教育、社会教育的有机结合，构建各级党政机关、社会团体、企事业单位及街道、社区、镇村、家庭共同育人的格局。

为实现德育一体化，落实教材的统筹要求，2017年7月，国务院成立国家教材委员会。在中央教育领导小组直接领导下，国家教材委员会负责指导和统筹全国教材工作，教材建设的重大方针政策、重要规划、重要政策文件，国家课程设置和课程标准，意识形态属性较强的教材，都须经国家教材委员会审核审议后才能发布。2020年国家教材委员会印发了《全国大中小学教材建设规划（2019—2022年）》，文件以习近平新时代中国特色社会主义思想为指导，贯彻党的十九大，十九届二中、三中、四中全会精神，落实全国教育大会精神，对未来一个时期我国教材建设做了全面部署。规划要求提高大中小学各种教材综合质量，使教材成为落实立德树人根本任务的重要载体。大中小学德育一体化是提升教材质量的重要维度，为此规划要求加强教材内容的思想性，促进知识教学与社会主义核心价值观的融合，将知识传授、能力培养与思想理论、理想信念教育有机融合，使思想性、科学性与时代性有机统一，在不同学段、不同学科和不同类型学校实现德育一体化，提高教材的育人功能。规划对大中小学德育教材一体化建设提出了具体任务。为落实这一要求，必须坚持思想性、科学性、规律性原则，以培养德智体美劳全面发展的社会主义建设者和接班人为宗旨，并落实在各学段、各学科领域教材中。充分尊重学生身心发展规律，把握学生成长的差异性和关键期，结合学科特点，加强德育目标在各学段、各学科领域教材中的转化研究，确保教材育人目标、内容结构、呈现方式等适应学生发展需要，真正实现学段纵向衔接、学科横向配合。

自德育一体化提出，历经几十年的探索，我国构建了大中小幼德育体系，并且出台了大量的指导性文件，其中很多涉及思政课一体化的要求和内涵，为接下来推进大中小学思政课一体化建设奠定了基础。

二、大中小学思政课一体化建设时期

党的十八大以来，党中央提出“全员全过程全方位育人”“十大育人体系”“大思政课”等一系列新理念新部署。

根据习近平总书记关于思政课的系列讲话精神，2019年中共中央办公厅、国务院办公厅印发《关于深化新时代学校思想政治理论课改革创新的若干意见》，对新时代如何加强学校思政课提出了新的课程目标，“大学阶段重在增强使命担当，引导学生矢志不渝听党话跟党走，争做社会主义合格建设者和可靠接班人。高中阶段重在提升政治素养，引导学生衷心拥护党的领导和我国社会主义制度，形成做社会主义建设者和接班人的政治认同。初中阶段重在打牢思想基础，引导学生把党、祖国、人民装在心中，强化做社会主义建设者和接班人的思想意识。小学阶段重在启蒙道德情感，引导学生形成爱党、爱国、爱社会主义、爱人民、爱集体的情感，具有做社会主义建设者和接班人的美好愿望”。在教学内容方面，强调“加强以习近平新时代中国特色社会主义思想为核心内容的思政课课程群建设。在保持思政课必修课程设置相对稳定基础上，结合大中小学各学段特点构建形成必修课加选修课的课程体系”。在教材方面，强调统筹大中小学思政课教材建设，科学制定教材建设规划，注重提升思政课教材的政治性、时代性、科学性、可读性。国家统一开设的大中小学思政课教材全部由国家教材委员会组织统编统审统用，在教材中及时融入马克思主义中国化最新成果、坚持和发展中国特色社会主义最新经验、马克思主义理论学科最新研究进展。地方或学校开设的思政课选修课教材，由各地负责组织审定。这也是国家首次对大中小学思政课一体化在教材统筹方面提出新的要求。

根据《关于深化新时代学校思想政治理论课改革创新的若干意见》的要求，中宣部、教育部又联合印发了《新时代学校思想政治理论课改革创新实施方案》。在课程目标体系方面，要求按照循序渐进、螺旋上升的原则，立足于思政课的政治性属性，对大中小学思政课课程目标进行一体化设计，以了解学习、理解把握习近平新时代中国特色社会主义思想为课程主线，在政治认同、家国情怀、道德修养、法治意识、文化修养等方面提出明确要求，引导学生坚定“四个自信”，做德智体美劳全面发展的社会主义建设者和接班人。在课程体系方面，要求根据学生成长规律，结合不同年龄段学生的认知特点，构建大中小学一体化思政课课程体系。在课程内容方面，要求在各学段现有课程内容基础上，重点强化习近平新时代中国特色社会主义思想进课程进教材，培育和践行社会主义核心价值观，推进法治教育、劳动教育、总体国家安全观教育、公共卫生安全教育等方面内容的全面融入，实现学段纵向衔接、逐层递进，学科、课程协同联动。方案规定大中小学教材由教育部负责组织编写，依据小学、初中、高中阶段思政课课程标准，教材实行“一标一本”，大学阶段必修课教材实行“一纲一本”。

2020年12月，教育部办公厅发布了《关于成立教育部大中小学思政课一体化建设指导委员会的通知》，成立了大中小学思政课一体化建设指导委员会作为深化学校思政课改革创新的决策协调议事机构，成立一体化建设专家指导组，并规定了委员会和指导组的人员组成，实行任期制，每届任期5年，任期内可根据工作需要适当调整，委员会主要职责：一是统筹指导教育部部内有关司局，指导推动各地教育部门、各学校贯彻落实党中央关于大中小学思政课一体化建设的有关决策部署，贯彻落实教育部党组关于深化学校思政课改革创新的工作要求；二是审议和研究部署大中小学思政课课程、教材、教学、师资等一体化建设和管理方面的重大事项。

2021年为进一步推动“党的领导”相关重大理论成果和实践成果进课程进教材，国家教材委员会制定了《“党的领导”相关内容进大中小学课程教材指南》，将“党的领导”相关内容全面融入大中小学课程教材，对“党的领导”教育教学基本原则、总体目标、主题内容、载体形式、学段要求、课程教材安排等进行顶层设计，指出大中小学思政课为“党的领导”重要课程，对各个学段的教学内容、教学目标进行了明确的规定。为深入推动习近平新时代中国特色社会主义思想进教材、进课堂、进学生头脑，增强学习的系统性、实效性，落实立德树人根本任务，教育部组织编写了《习近平新时代中国特色社会主义思想学生读本》（以下简称《读本》），从2021年秋季学期起在全国各地中小学投入使用，并作为大中小学学生的重要必修内容。《读本》全套共5册，小学三年级、小学五年级、初中二年级、高中一年级、大学各1册。《读本》图文并茂、生动活泼，将知识学习、情感体验和价值引导融为一体，这是大中小学思政课一体化建设在教材统筹方面的一次重要实践。

2022年8月，教育部等十部门出台的《全面推进“大思政课”建设的工作方案》进一步深入推进加强大中小学思政课一体化建设指导委员会建设，支持各地建设一批一体化基地，鼓励高校积极开展与中小学思政课共建。各地教育部门加强引导和协调，建立大中小学师资培育、听课评课、教研交流、集体备课等常态化工作机制。同年12月教育部办公厅出台了《关于开展大中小学思政课一体化共同体建设的的通知》，指出为统筹推进大中小学思政课一体化建设，切实发挥思政课立德树人关键课程作用，全面增强思政育人效果，充分调动各地积极性，因地制宜，因势利导，“在省级层面打造一批理论与实践相结合的创新性研究型工作平台，努力形成一套工作机制、孵化一批品牌活动、打造一批示范‘金课’、产出一批优质课程资源、形成一批高水平教学研究成果、提供一批高质量智库咨政报告、培养一支优秀师资队伍，为深入推动全国大中小学开展思政课一体化理论研究和实践探索，提供工作平台、实践经验、理论支撑和决策咨询”。

自2019年3月18日习近平总书记在学校思想政治理论课教师座谈会上讲话之后，大中小学思政课一体化的推进工作进入快车道，从顶层设计到教材内容统筹，大中小学思政课一体化建设成果不断涌现，形成了良好的发展态势。

第三节　大中小学思政课一体化建设的内涵与必要性

习近平总书记指出，“要用好课堂教学这个主渠道”，“使各类课程与思想政治理论课同向同行，形成协同效应”①，“要把统筹推进大中小学思政课一体化建设作为一项重要工程，推动思政课建设内涵式发展”②。他的论述为我们推进大中小学思政课一体化建设提供了基本遵循。随后，关于大中小学思政课一体化建设的内涵、必要性和路径的研究深入展开。

一、大中小学思政课一体化建设的内涵

探索大中小学思政课一体化建设的内涵，就是为了回答什么是“大中小学思政课一体化建设”的问题，对这个问题的回答深刻影响学校思政课教学实践的外延。一种观点认为：“大中小学课程思政一体化是基于学生发展阶段性、连续性、渐进性构建学段有机衔接、课程思政与思政课程‘同向同行’一体化、全贯通的课程思政体系。”③另一种观点认为，大中小学思政课一体化建设是在整体规划与建构学校德育体系和德育课程的基础上的系统工程。它在大中小学各个学段根据纵向衔接、横向贯通的原则，遵循教育教学规律，根据学生的身心接受机理，在教学目标、内容、方法、队伍、管理与评价等方面探索整体构架，具有衔接性与贯通性等内在特征。还有一种观点认为，

---

①《习近平谈治国理政》第二卷，外文出版社2017年版，第378页。

② 习近平：《思政课是落实立德树人根本任务的关键课程》，人民出版社2020年版，第27页。

③ 陆道坤：《新时代大中小学课程思政一体化的内涵、难点及优化路径》，《新疆师范大学学报》（哲学社会科学版）2021年第3期，第38页。

大中小学思政课一体化建设的内涵丰富，应从不同年级的纵向衔接和学科间横向贯通两个维度理解，在整体上突出纵向跨学段衔接、横向跨学科融合，构建立体化育人体系，推动学校、家庭和社会的一体化教育，打造协同育人共同体。也有人认为，应该从学科课程体系的一体化建设、课堂教学体系的一体化建设、教学评价体系的一体化建设和思政课教师队伍建设的一体化发展等方面理解和规范大中小学思政课一体化建设。

可见，关于大中小学思政课一体化建设的内涵的理解虽然仁者见仁、智者见智，但综合来看这些论述大都离不开大中小学思政课教学规律、思政课知识供给规律和学生成长规律。虽然到目前为止，尚无关于“大中小学思政课一体化建设”的官方界定，但并未影响“大中小学思政课一体化建设”实践脚步的推进。2020年，中宣部、教育部出台《新时代学校思想政治理论课改革创新实施方案》（教材〔2020〕6号，以下简称“6号文件”），从课程目标一体化、课程设置一体化、课程内容一体化和教材体系建设一体化等实践层面为我们理解大中小学思政课一体化建设的内涵提供了指引。

（一）课程目标一体化

按照循序渐进、螺旋上升的原则，立足于思政课的政治性属性，对大中小学思政课课程目标进行一体化设计，以了解学习、理解把握习近平新时代中国特色社会主义思想为课程主线，在政治认同、家国情怀、道德修养、法治意识、文化修养等方面提出明确要求，引导学生坚定“四个自信”，做德智体美劳全面发展的社会主义建设者和接班人。

（二）课程设置一体化

根据学生成长规律，结合不同年龄段学生的认知特点，构建大中小学一体化思政课课程体系。在小学及初中阶段“道德与法治”、高中阶段“思想政治”、大学阶段“思想政治理论课”中落实课程目标要求，重点推进习近平新时代中国特色社会主义思想融入课程，实现整体设计、循序渐进、逐步深化，切实提高课程设置的针对性、实效性。

（三）课程内容一体化

在各学段现有课程内容基础上，重点强化习近平新时代中国特色社会主义思想进课程进教材，培育和践行社会主义核心价值观，推进法治教育、劳动教育、总体国家安全观教育、公共卫生安全教育等方面内容的全面融入，实现学段纵向衔接、逐层递进，学科、课程协同联动。

（四）教材体系建设一体化

根据6号文件的要求，我们可以从以下三个方面来理解教材体系建设一体化。

一是教材编审主体的专门化。在党中央集中统一领导下，国家教材委员会指导和统筹大中小学思政课课程标准、教学大纲和教材的统编统审统用。高中及以下的教材由教育部负责组织编写，大学阶段（包括本科、高等职业学校专科和研究生必修课教材）由中共中央宣传部会同教育部组织编写，按程序审核后报中央审定。

二是教材建设机制的一体化。建立大中小学思政课教材主编和主要编写人员联席沟通制度，定期研究各学段教材编写内容。这主要是确保教材在使用过程中知识供给的一致性和连贯性。

三是教材体系的立体化。加强大中小学思政课教材配套用书的建设和管理，依规进行编审工作。国家统编的中小学思政课教材的配套用书，按现行要求组织编写。高校思政课必修课教材的配套用书，根据需要由国家统一组织编写审核、推荐使用。支持、鼓励研制优秀教案、课件和案例等，推进数字资源和网络信息资源库建设，构建大中小学思政课立体化教材体系。

二、大中小学思政课一体化建设的必要性

（一）充分发挥思政课在立德树人中的关键课程作用的需要

教育是国之大计、党之大计，承担着立德树人的根本任务。思政课是落实立德树人根本任务的关键课程，发挥着不可替代的作用。党的十八大以来，以习近平同志为核心的党中央高度重视思政课建设，作出一系列重大决策部署，各地区各部门和各级各类学校采取有力措施认真贯彻落实，思政课建设取得显著成效。

但是，面对世界百年未有之大变局，新形势下新任务新挑战层出不穷，国内形势和国际格局日益复杂多变，思想文化日益多元化，需要我们在日常教育工作中拨开云雾，直达现象世界的本质。但是，由于种种原因，有的地方和学校对思政课的重要性认识还不够到位，学校思政课课堂教学效果仍有巨大的提升空间，教材内容从低年级到高年级的连贯性不强，内容重复性较高，不能体现学生不同阶段认识能力和思维能力提升的需要；教师队伍在选配和培养方面存在短板，大中小学思政课教师的交流机制、培养机制尚不完善，不同学段思政课教师的教学关注点长期处于互不沟通的状态，中小学思政课教师的日常教学被考核的指挥棒所指导，将教学局限于应付考试；评价和支持体系尚不够健全，大中小学思政课一体化建设需要深化，民办学校、中外合办学校思政课建设相对薄弱，各类课程同思政课建设的协同效应有待增强，学校、家庭、社会协同推动思政课建设的合力没有完全形成，全党全社会关心支持思政课建设的氛围不够浓厚。这一系列的问题导致学校思政课建设离学生能力提升需要、党和国家事业发展需

要和应对世界百年未有之大变局需要还有一定的距离，还未能形成支撑我国社会主义现代化强国建设的强大思想力量。

这些问题导致思政课作为立德树人关键课程作用的功能发挥不够充分。要使思政课立德树人作用得到充分发挥，最为根本的是要坚持内容为王。这需要编写教材内容时注重知识性与思想性相呼应，知识难度的递增梯度与思想发展的深度在时间安排上形成共振。在内容上实现知识性和思想性的横向呼应和纵向共振，还需要一个关键的要素，就是教师作用的发挥。在教学中做到循序渐进、螺旋上升地推进，在一定程度上需要不同学段的思政课教师在知识储备、前后衔接上都能具备宏观视野，在立德树人的工作实践中既能“瞻前”，又能“顾后”。

（二）循序渐进、螺旋上升地开设好大中小学思政课的需要

只有着眼于一体化推进，大中小学思政课建设才能真正做到循序渐进、螺旋上升。学校思政课教学肩负着宣传国家意识形态的使命，关涉着民族精神的培育和养成，甚至在一定程度上决定着民族智慧的传承，没有整体性、系统性思维，思政课很难实现如此多的功能。要实现如此多的功能，不仅需要学校和社会教育资源、思想理论资源和历史文化资源的持续供给和保障，还需要根据“时间的直通”与“空间的横通”将诸多教育资源进行有机整合。

只有着眼于一体化推进，才能建立纵向上各学段层层递进、横向上各课程密切配合、必修课选修课相互协调的课程教材体系，实现课程目标、课程设置、课程教材内容的有效贯通；才能在教学实践中贴近学生主体成长的阶段性特点，促进教师在工作中将自身的主导性与学生的接受能力相结合；才能实现广度上各种教育资源的有效融合，深度上不同学段知识体系、理论体系、思想体系和认知能力的有效衔接，循序渐进，螺旋上升。

只有着眼于一体化推进，才能实现最科学的顶层设计。一体化推进是国家充分发挥思政课育人功能，积极探索教书育人规律、学生成长规律、思想政治工作规律和意识形态工作规律的重要抓手和路径，是新时代习近平总书记强调的系统观念在立德树人工作中的积极应用。科学的顶层设计需要不同执行主体的协同发力，促进形成党委统一领导、党政齐抓共管、有关部门各负其责、全社会协同配合的工作格局，充分发挥思政课立德树人关键课程的作用。

第一章
大中小学思政课一体化建设的基本要求和推进原则

准确把握大中小学思政课一体化建设的基本要求和推进原则，是推动其发展中与时俱进、实践时行有依归的关键所在。为全面贯彻党的教育方针，深入落实中共中央办公厅、国务院办公厅《关于深化新时代学校思想政治理论课改革创新的若干意见》精神，充分发挥思想政治理论课在立德树人中的关键课程作用，循序渐进、螺旋上升地开设好大中小学思政课，2020年12月，中共中央宣传部、教育部印发《新时代学校思想政治理论课改革创新实施方案》，对新时代学校思想政治理论课改革创新提出了“把握新时代、推进一体化、突出创新性、增强针对性、注重统筹性”五点基本要求，并强调要按照“循序渐进、螺旋上升”的推进原则构建课程目标体系。这为新时代大中小学思政课一体化建设提供了政策遵循。

第一节　大中小学思政课一体化建设的基本要求

推进大中小学思政课一体化建设有必须遵循的基本要求。2020年中共中央宣传部、教育部关于印发《新时代学校思想政治理论课改革创新实施方案》的通知，提出了推动新时代学校思想政治理论课改革创新五点要求，大中小学思政课一体化建设不仅是其重要面向，亦要以此为基本要求，进而循序渐进、螺旋上升地开设好大中小学思政课，充分发挥思政课立德树人的关键课程作用。

一、把握新时代的要求

推进大中小学思政课一体化建设需要牢牢把握住中国特色社会主义进入新时代的历史方位。时代是思想之母，实践乃理论之源。“每一个时代的理论思维，包括我们这个时代的理论思维，都是一种历史的产物，它在不同的时代具有完全不同的形式，同时具有完全不同的内容。”①同样，推动大中小学思政课一体化建设，也必须把握时代脉搏、抓住历史机遇，与时俱进地推动思政课守正创新。在新时代，“习近平新时代中国特色社会主义思想是大中小学思政课一体化建设的‘圆心’，是思政课教学改革的统领和指挥棒，是思政课建设的根本遵循和主要内容”②。

中国特色社会主义进入新时代，意味着我国发展站到了新的历史起点上，标志着我国社会主义现代化建设开创了新篇章。2017年10月18日，习近平总书记在党的十九大报告中指出：“经过长期努力，

---

①《马克思恩格斯文集》第九卷，人民出版社2009年版，第436页。

② 蒋旭东：《思政课内涵式发展与系统性布局论析——以大中小学一体化视域下思政课教学质量提升为视角》，《学术论坛》2020年第6期，第113页。

中国特色社会主义进入了新时代，这是我国发展新的历史方位。”[①]“方位”是指在一定实体空间中的方向和位置，“历史方位”指向一定历史事件所处的历史阶段和实然状态，关涉“从哪里来”“现在何处”“走向何方”等基本问题。方位不清，必然方向不明。只有明晰一路走来的奋斗之路，标识清楚自身所处的准确位置，才能辨明不忘初心继续前进的光明前景。有学者指出，新时代历史方位重大论断“源自中国特色社会主义伟大实践，以十八大以来党中央治国理政的新实践为历史新起点、以21世纪中叶全面建成社会主义现代化强国和实现中华民族伟大复兴为目标的历史区间”[②]。简言之，新时代历史方位是当前中国所处的历史时期和发展方向，意味着中国特色社会主义由此站到了新的历史起点上。新时代需要实现经济持续健康发展、政治制度自我完善、文化软实力持续提升、生态环境不断改善等诸多发展目标，无疑需要习近平新时代中国特色社会主义思想掌舵领航，只有这样才能使中国特色社会主义这艘巨轮行稳致远。

新时代历史方位意味着中国教育事业站在了新的发展起点上。2016年12月7日，习近平总书记在全国高校思想政治工作会议上的讲话中指出：“我国高等教育发展方向要同我国发展的现实目标和未来方向紧密联系在一起，为人民服务，为中国共产党治国理政服务，为巩固和发展中国特色社会主义制度服务，为改革开放和社会主义现代化建设服务。”[③]党的二十大报告指出：“教育是国之大计、党之大计。培养什么人、怎样培养人、为谁培养人是教育的根本问题。育人的根本在于立德。全面贯彻党的教育方针，落实立德树人根本任务，培养

①《习近平谈治国理政》第三卷，外文出版社2020年版，第8页。

② 韩庆祥、刘雷德：《论新时代“历史方位”的鲜明标志》，《马克思主义研究》2019年第11期，第31页。

③《习近平谈治国理政》第二卷，外文出版社2017年版，第376—377页。

德智体美劳全面发展的社会主义建设者和接班人。”[①]换言之，教育必须把握新时代历史方位，立足我国发展的宏观背景和现实需要，服务国家发展战略，作长远谋划。习近平总书记强调：“我们的教育必须把培养社会主义建设者和接班人作为根本任务，培养一代又一代拥护中国共产党领导和我国社会主义制度、立志为中国特色社会主义奋斗终身的有用人才。这是教育工作的根本任务，也是教育现代化的方向目标。”[②]这一新定位、新论断、新要求为我国教育发展锚定了历史方位、指明了未来走向。在新时代，迫切需要扎根中国大地，办好人民满意的教育，培养德才兼备的社会主义建设者和接班人，提升人的综合素质，增进人们的政治共识，为推动科教兴国、人才强国、创新驱动发展重大战略，进而实现中华民族伟大复兴提供人才保障和智力支持。

新时代推动大中小学思政课一体化必须把握新时代这一历史方位，将习近平新时代中国特色社会主义思想作为大中小学思政课一体化改革创新的基本遵循。“找准历史方位是坚持和发展中国特色社会主义的重大理论和实践问题，是关系发展方向、发展道路、发展思想、发展方略的根本性问题。”[③]历史方位的变化，需要与时俱进地创新理论。习近平新时代中国特色社会主义思想正是在新的历史方位上产生发展，并且指引新的历史发展航向的重大创新理论，开创了马克思主义中国化的新境界。《中共中央关于党的百年奋斗重大成就和历史经验的决议》指出：“习近平新时代中国特色社会主义思想是当代

① 习近平:《高举中国特色社会主义伟大旗帜 为全面建设社会主义现代化国家而团结奋斗——在中国共产党第二十次全国代表大会上的报告》,人民出版社 2022 年版,第 34 页。

② 习近平:《坚持中国特色社会主义教育发展道路 培养德智体美劳全面发展的社会主义建设者和接班人》,《人民日报》2018 年 9 月 11 日,第 1 版。

③ 王炳林、储新宇:《新时代是中国特色社会主义新的历史方位》,《中国高等教育》2017 年第 21 期,第 12 页。

中国马克思主义、二十一世纪马克思主义，是中华文化和中国精神的时代精华，实现了马克思主义中国化新的飞跃。”显然，习近平新时代中国特色社会主义思想为全国各族人民团结起来实现中华民族伟大复兴提供了思想旗帜和行动指南，必然要成为新时代铸魂育人的核心内容。《新时代学校思想政治理论课改革创新实施方案》明确了“把握新时代”的基本要求，指出：“坚持用习近平新时代中国特色社会主义思想铸魂育人，加强‘四个自信’教育，将学习贯彻习近平新时代中国特色社会主义思想体现在大中小学各学段的课程目标、课程设置和课程教材内容中，实现全覆盖、贯穿全过程。”显然，通过一体化提升思政课实效性，必须把贯彻和落实习近平新时代中国特色社会主义思想作为建设的主线，始终用习近平新时代中国特色社会主义思想立德树人，促进最新思想进教材、进课堂、进头脑。“新时代统筹推进大中小学思政课一体化建设就要始终以习近平新时代中国特色社会主义思想铸魂育人，保证大中小学思政课共担使命、同向而行，形成协同育人效应。”①相关部门领导者、管理者和教师群体需要认真学习习近平新时代中国特色社会主义思想，深入贯彻落实，将之如盐入水一样融入思政课之中。在教材建设上，必须始终坚持马克思主义指导地位，体现马克思主义中国化最新成果，植根于新时代我国发展的具体国情和最新要求，用习近平新时代中国特色社会主义思想武装头脑，将之全方位贯穿于思政课的各个环节、各个方面；在课程建设上，需要加快建设习近平新时代中国特色社会主义思想精品课程，打造相关课程共建共享平台；在教学实践中，要通过大中小学思政课一体化将广博精深的思想内容转化为不同年级、不同学段感兴趣、听得懂的课程语言，帮助学生真学真懂真信、深学细照笃行。

总之，大中小学思政课一体化建设必须把握新时代历史方位，必

① 蒋旭东:《思政课内涵式发展与系统性布局论析——以大中小学一体化视域下思政课教学质量提升为视角》,《学术论坛》2020年第6期,第113页。

须坚持把全面贯彻落实习近平新时代中国特色社会主义思想作为时代要求，鲜明突出大中小学思政课一体化建设的政治性、方向性，牢牢巩固党的意识形态阵地。

二、推进一体化的要求

推进大中小学思政课一体化建设需要建立纵向各学段层层递进、横向各课程密切配合、必修课选修课相互协调的课程教材体系，实现课程目标、课程设置、课程教材内容的有效贯通。“课程”是教育学的核心概念之一。在西方，“课程”（curriculum）一词源于拉丁语“currere”，本为“跑道”“履历”之意，后来表示“学习的进程”。在我国，“课程”最早指“秩序”，如孔颖达在为《诗经·小雅》“奕奕寝庙，君子作之”作疏时道：“维护课程，必君子监之，乃依法制。”后来“课程”有功课及其进程之义，朱熹多次使用课程概念，如“宽着期限，紧着课程”“小立课程，大作工夫”等。在现代教育学中，人们对课程具体含义的争论一直不休。有学者指出：“课程是由一定的育人目标、特定的知识经验和预期的学习活动方式构成的一种蕴含着丰富、基本而又有创造性与潜质的一套计划与设定。从育人目标的角度看，它是一种培养人的蓝图；从课程内容的角度看，它是一种适合学生身心发展规律的、连接学生直接经验和间接经验的、引导学生个性全面发展的知识体系及其获取的路径。更具体地说，它是依据育人目标设置的规范师生教学活动的课程方案、各门课程的标准以及使其具体化为可以组织师生教学以促进学生发展的教科书。可见，课程是一种教育内容与活动方式的预期、设定和规范，它是教学的依据和基础，但它未涉及课程的实施，未进入各个学校组织师生进行的教学活动。”①

为了促进课程的时代化发展，需要不断促进课程改革。例如，我

① 王道俊、郭文安主编：《教育学》，人民教育出版社2016年版，第121—122页。

国在2001年6月公布了《基础教育课程改革纲要（试行）》，提出："基础教育课程改革要以邓小平同志关于'教育要面向现代化，面向世界，面向未来'和江泽民同志'三个代表'的重要思想为指导，全面贯彻党的教育方针，全面推进素质教育。"2014年教育部又颁布了《关于全面深化课程改革 落实立德树人根本任务的意见》，指出："立德树人是发展中国特色社会主义教育事业的核心所在，是培养德智体美全面发展的社会主义建设者和接班人的本质要求。课程是教育思想、教育目标和教育内容的主要载体，集中体现国家意志和社会主义核心价值观，是学校教育教学活动的基本依据，直接影响人才培养质量。"2022年教育部发布的《义务教育课程方案（2022年版）》指出："义务教育要在坚定理想信念、厚植爱国主义情怀、加强品德修养、增长知识见识、培养奋斗精神、增强综合素质上下功夫，使学生有理想、有本领、有担当，培养德智体美劳全面发展的社会主义建设者和接班人。"

推进一体化课程改革是推进思政课一体化建设的重要维度。国家的文件要求为思政课程一体化改革提供了政策依据。2014年教育部颁布的《关于全面深化课程改革 落实立德树人根本任务的意见》确定了全面深化课程改革的工作目标，即"基本建成高校、中小学各学段上下贯通、有机衔接、相互协调、科学合理的课程教材体系"。2019年中共中央办公厅、国务院办公厅印发的《关于深化新时代学校思想政治理论课改革创新的若干意见》要求统筹大中小学思政课一体化建设，指出要"坚持思政课在课程体系中的政治引领和价值引领作用，统筹大中小学思政课一体化建设，推动各类课程与思政课建设形成协同效应"。2020年中宣部、教育部制定的《新时代学校思想政治理论课改革创新实施方案》对推进一体化进行了具体规定，指出推进一体化"建立纵向各学段层层递进、横向各课程密切配合、必修课选修课相互协调的课程教材体系，实现课程目标、课程设置、课程教材内容的有效贯通”。这为推进一体化课程改革提供了基本遵循。2022年教育部颁布的《义务教育课程方案（2022年版）》对义务教育阶段学段衔接和科目分工一体化进行了要求，指出要“注重幼小衔接，科学评估学前教育结束后学生在健康、语言、社会、科学、艺术等领域的发展水平，合理设计小学一至二年级课程，注重活动化、游戏化、生活化的学习设计。依据学生从小学到初中在认知、情感、社会性等方面的发展，把握课程深度、广度的变化，合理安排不同学段内容，体现学习目标的连续性和进阶性。了解高中阶段学生特点和学科特点，为学生进一步学习做好准备。不同课程涉及同一内容主题的，根据各自课程的性质和育人价值，做好整体规划与分工协调”。

推进思政课程一体化建设需要重点在学段纵向衔接和课程横向贯通上下功夫。从不同学段纵向之间关系来看，要求层层递进地实现思政课程知识序列的有机衔接，使不同学段之间的内容呈现由浅入深、科学递进。按照学生成长成才规律，如果前一阶段未能为后一阶段打下良好基础，则必然影响后续阶段知识进阶。因此，这要求消除不同学段之间课程内容超前、滞后和倒置现象。从不同课程横向之间关系而言，各种课程需要构建“三全育人”的大思政格局，树立“大思政课”的教育观念，以课程思政推动各课程之间密切配合、互为补充、同向而行、协同育人。思政课一体化课程改革需要将立德树人作为课程的立身之本：教育行政部门要加强统筹协调和宏观指导，围绕立德树人中心任务，确定大中小学思政课建设的总目标与各学段的具体目标，力求根据学生身心发展特点和地方学校实际，确立好人才培养目标、人格培养目标，实现课程思政实施推进的协同化；要引导教师转变教育理念，正确认识和处理课程思政与学科德育、课程思政与思政课程的关系，增强课程思政一体化建设共识，注重大中小学思政课程衔接，促进各学段思政课一体化、协同化；要加强课程思政资源的统筹使用，建立思政资源要素的共建共享平台和机制，深度发掘乡土教材、民风民俗、红色资源等育人元素，优化校内外教育资源供给，做到区域内学校课程思政建设优势互补。

推进思政课程一体化建设要汇聚协同育人多方合力，其重点是强化不同主体参与思政课一体化的认同感，增进不同主体之间的沟通配合性，共同以为国育人、为党育才的使命感发挥协同育人合力。思政课一体化协同育人原则是遵循教育规律的必然要求。恩格斯在阐述社会历史发展进程时提出了历史合力论，认为人们“自己创造着自己的历史”，但每一个体的动机、意志、目的、活动是不同的，各种力量相互配合、多元交错就会形成新的综合力量。“这样就有无数互相交错的力量，有无数个力的平行四边形，由此就产生出一个合力，即历史结果，而这个结果又可以看做一个作为整体的、不自觉地和不自主地起着作用的力量的产物。”[①]恩格斯的观点为思想政治教育协调各种育人力量提供了理论指引。我们党在长期开展思想政治工作的实践中，认识到思想政治工作需要发挥各个部门通力合作、多元主体协同配合的“合力”。毛泽东认为，思想政治工作必须“齐抓共管”形成合力：“思想政治工作，各个部门都要负责任。共产党应该管，青年团应该管，政府主管部门应该管，学校的校长教师更应该管。”[②]邓小平强调，不同主体在守护意识形态安全时必须通力合作，指出：“文艺工作者，要同教育工作者、理论工作者、新闻工作者、政治工作者以及其他有关同志相互合作，在意识形态领域中，同各种妨害四个现代化的思想习惯进行长期的、有效的斗争。”[③]在思想政治教育中，充分调动各个方面的积极性、主动性，从而形成教育合力，已经成为一条重要经验。“教育合力原则，就是把社会主义核心价值体系渗透到

①《马克思恩格斯文集》第十卷，人民出版社2009年版，第592页。

②《毛泽东文集》第七卷，人民出版社1999年版，第226页。

③《邓小平文选》第二卷，人民出版社1994年版，第209页。

全社会，使全方位、各领域、多层次协同配合而形成教育合力。”[1]孙其昂等指出：“思想政治教育要从教育的目的出发，将教育环境与受教育者、教育者与受教育者、受教育者之间、各项教育内容以及各种教育方法和手段有机地组合起来，协调活动，才能形成思想政治教育的合力，取得最佳效果。”[2]换言之，思想政治教育必须秉持“大思政课”理念，使家庭、学校、社会齐抓共管，使不同学段、不同课程之间同向同行。有学者指出：“思想政治教育合力的形成内在地要求其方向的一致性及行动一致性；思想政治教育要同向的关键是合力目标的一致性。”[3]换言之，“合力论”要求进行思政课一体化改革，思想政治教育方向一致性、行动一致性、合力目标一致性要求各个主体心往一处想，劲往一处使，共同围绕着思政课立德树人根本目标、铸魂育人中心任务来开展工作，始终保持协调配合、同心同力、协同育人。

思政课一体化建设是充分汇聚不同力量协同育人的教育改革。“协同的目的就是为了系统整体的同一性、结构的稳定性、进化的有序性和功能的最优化。”[4]构建大中小学思政课一体化共同体，旨在通过协同育人提升思政课实效性。构建同向而行、协同育人的育人机制，关键是处理好多元主体与协同育人之间的关系，充分发挥不同主体铸魂育人的作用。

一是学校内部教师之间、学科之间、学段之间协同育人。“只有在思想政治教育合力的辐射作用下，通过不同学段育人相结合，思政课与课程思政的育人因素相交织，才能产生育人的优化效果，才能完

① 董朝霞：《论社会主义核心价值体系建设的原则与方法》，《思想理论教育》2009年第23期，第14页。

② 孙其昂等：《思想政治教育现代转型研究》，学习出版社2015年版，第124页。

③ 刘社欣：《思想政治教育合力研究》，人民出版社2013年版，第198页。

④ 韩明安主编：《新语词大词典》，黑龙江人民出版社1991年版，第539页。

成思想政治教育的新要求，促进立德树人的育人目标完成。”[①]如果思政课教师内部之间缺乏互动，思政课教师队伍与专业课教师队伍协同不足，不同学段之间衔接不畅，必然导致思政课收效甚微。思政课一体化是打破大中小学“各管一段”、不同教师间“各自为政”顽瘴痼疾的应然举措，有助于形成各个学段纵向贯通、衔接递进，各个学科之间横向互通、相互配合的育人格局。因此，各个学科、各个学段教师之间要加强沟通合作，使思政课教师内部相互协同、思政课教师队伍与专业课教师之间积极合作，共同深入挖掘和有效整合各种课程中蕴含的思政课资源，使不同学科之间密切配合、不同学段之间层层递进，构筑有机衔接、相向而行、共同发力的育人格局。为此，相关管理者、参与者需要以“共建共享”理念为指导，积极搭建大中小学教师沟通协作的教研平台，建立跨学段思政课教师协同培训制度，打造大中小学联合备课共同体，汇聚多方优质教学资源，形成互帮互助、优势互补、资源共享的育人格局。

二是学校与家庭、社会等多元主体横向协同育人。推进思政课一体化建设仅仅依托学校内部资源是远远不够的，凝聚学校、家庭、社会育人力量是应然举措。2023年1月，教育部等十三部门联合印发了《关于健全学校家庭社会协同育人机制的意见》，对健全学校家庭社会协同育人机制进行了具体部署，提出要坚持协同共育工作原则，“明确学校家庭社会协同育人责任，完善工作机制，促进各展优势、密切配合、相互支持，切实增强育人合力，共同担负起学生成长成才的重要责任”。意见为促进形成定位清晰、机制健全、联动紧密、科学高效的学校家庭社会协同育人机制提供了基本遵循。因此，思政课一体化建设必须激发社会多方力量参与思政工作的活力，通过协同合作、共建共治提升思政课协同育人的整体性、实效性。

---

① 马宝娟：《大中小学思政课协同育人的内在理据与体系构建》，《教育科学》2021年第1期，第55页。

总之，推动思政课高质量发展需要与时俱进地推动课程改革，思政课一体化建设需要贯彻落实党和国家对思政课程改革的要求，推进一体化课程改革。

三、突出创新性的要求

提升思政课实效性，离不开教学理念、教学方法、教学手段的守正创新。2020年中宣部、教育部制定的《新时代学校思想政治理论课改革创新实施方案》指出，思想政治理论课改革要“突出创新性。完善课程教材建设机制，优化教材内容，创新教学方法，推动思政课在改进中加强、在创新中提高”。推动大中小学思政课一体化建设也要贯彻创新性要求，革故鼎新、不断发展。

大中小学思政课一体化建设是贯彻思政课“在改进中加强、在创新中提高”要求的现实举措。尽管我国思政课教学方式方法改革成效显著，但仍有待完善空间。习近平总书记指出：“改革创新是时代精神，青少年是最活跃的群体，思政课建设要向改革创新要活力。如果做一天和尚撞一天钟，照本宣科、应付差事，那‘到课率’、‘抬头率’势必大打折扣。”[①]因此，他强调：“思想政治理论课要坚持在改进中加强、在创新中提高，及时更新教学内容、丰富教学手段，不断改善课堂教学状况，防止形式化、表面化。”[②]关于如何推动思政课改革创新，习近平总书记也有深刻思考，提出了“八个统一”的内在要求，即坚持政治性和学理性相统一、坚持价值性和知识性相统一、坚持建设性和批判性相统一、坚持理论性和实践性相统一、坚持统一性和多样性相统一、坚持主导性和主体性相统一、坚持灌输性和启发性

① 习近平：《思政课是落实立德树人根本任务的关键课程》，人民出版社2020年版，第17页。

② 习近平：《思政课是落实立德树人根本任务的关键课程》，人民出版社2020年版，第5页。

相统一、坚持显性教育和隐性教育相统一。这为推动思政课创新发展提供了基本遵循。显然，思政课改革与创新不是为了创新而创新，而是旨在加强和提高思政课教育效果，以改进推动思政课发展，守正同时兼顾创新。此种改革创新的动力来自思政课长期实践中的经验反思，通过检视思政课发展中的问题和不足，破解思政课发展中的瓶颈。在总体改革方向上，针对思政课发展中不适应时代要求、不符合学生成长成才的部分进行变革，从而突出思政课的时代性、适应性、实效性。2019年中共中央办公厅、国务院办公厅出台的《关于深化新时代学校思想政治理论课改革创新的若干意见》指出，要“坚持守正和创新相统一，落实新时代思政课改革创新要求，不断增强思政课的思想性、理论性和亲和力、针对性”，并且对建立健全大中小学思政课教师一体化备课机制、统筹大中小学思政课一体化建设、统筹推进马克思主义理论学科本硕博一体化人才培养、成立大中小学思政课一体化建设指导委员会加强对不同类型思政课建设分类指导等方面进行了部署，该意见整体推进了大中小学思政课一体化的步伐。

思政课一体化建设作为思政课改革的重要突破口被寄予厚望。推动思政课一体化建设需要完善课程教材建设机制，优化教材内容，创新教学方法。一方面，从教材建设而言，需要进一步完善大中小学教材编审制度，加强对教材的深入研究，构建衔接合理、相互配合的立体化教材体系。为此，首先需要明确新时代思政课教材建设的新要求，国家从宏观层面增强对教材建设的战略规划，优化教材编审队伍、目标设置、内容安排、经费保障等诸方面配置，增强教材目标的整体性和内容结构的合理性。有学者指出：“大中小学思政课教材建设，要加强统筹，科学规划。国家教材主管部门统一组织大中小学思政课教材的编写、审定，将习近平新时代中国特色社会主义思想，中华优秀传统文化、革命文化、社会主义先进文化、科技创新文化及总体国家安全观等重点内容写进课程教材，体现学校思政课教学内容的中国特色。既要在教材中及时融入马克思主义中国化最新成果、坚持和发展中国特色社会主义最新经验、马克思主义理论学科最新研究进展，又要注重提升思政课教材的政治性、思想性、科学性和民族性、时代性、可读性；同时，还要组织专家编写思政课专题教学指南和深度解读教材体系的示范教案，建设思政课网络教学资源库，构建与统编教材内容相配套的教学辅助资源体系，丰富大中小学有机衔接的思政课教学内容的呈现方式，为教师和学生的教与学提供有效服务。”①另一方面，从创新教学方法角度而言，思政课一体化改革需要改变传统的教学方式，采用更加灵活多样的教学模式和手段，充分利用信息技术手段，提高教学效果。思政课一体化要求采用多元化的教学方式，如理论讲授、小组讨论、案例分析、实践活动、榜样示范等多种形式，让学生在不同的教学环节充分发挥主体作用，提高思想政治教育的实效性和实用性。思政课一体化需要引入现代化教育技术。在教学过程中可以采用多媒体、虚拟实验室、网上纪念馆等，为学生提供更加丰富、生动的教学资源，创造更加积极、主动的学习氛围。当然，运用多元化教学方法协同育人，对教师的教学素养提出了更高要求，因此，从发展的角度来看，教师需要积极参与教育教学研究和实践活动，不断探索和尝试新的教育教学方式和方法，实现从教育教学理论向实践创新的转化，同时，思政课一体化需要有计划、有组织地开展教师培训，加强教师交流和合作，提高教师的教育教学理论水平和实践能力，提高教师的思政教育素养和创新能力。

总之，思政课一体化建设是贯彻思政课“在改进中加强、在创新中提高”要求的现实举措。当前，思政课一体化建设要突出创新性发展目标，不断完善课程教材建设机制，优化教材内容，创新教学方

① 卢黎歌、耶旭妍、王世娟等：《统筹推进大中小学思政课一体化建设研究——学习习近平总书记在学校思想政治理论课教师座谈会上的重要讲话精神笔谈》，《北京工业大学学报》（社会科学版）2020年第1期，第19页。

法，推动新时代思政课高质量发展。

四、增强针对性的要求

推进思政课一体化建设要增强针对性育人导向。2020年中宣部、教育部制定的《新时代学校思想政治理论课改革创新实施方案》指出，思政课改革要增强针对性，遵循思想政治工作规律、教书育人规律、学生成长规律，编写适用不同类型高校的教材，进一步增强思政课的思想性、理论性和亲和力、针对性。缺乏针对性的思政课将失去作用的对象和价值，无法做到有的放矢，其实效性必然大打折扣。增强针对性是思政课一体化的内在要求。增强思政课的针对性，既要分析思政课开展的具体实际，也要考量学生的思想实际。

从遵循规律的角度来看，遵循思想政治教育工作规律是确立思政课一体化建设基本要求和推进原则的根本依据。规律反映了人们对事物之间本质联系的科学认识："规律的概念是人对于世界过程的统一和联系、相互依赖和总体性的认识的一个阶段。"[①]思政课一体化建设是一项系统性工程，必须遵循教育客观规律。抓住本质、把握规律是人们认识世界和改造世界的基本前提。只有正确把握并遵循思想政治教育工作的客观规律，才能以科学理性的态度对待思想政治教育工作。"所谓思想政治工作规律，就是按照人们思想、行为变化的特点和规律进行思想政治工作的必然遵循。"[②]思想政治教育工作不是空洞说教，亦非心灵鸡汤，而是合目的性与合规律性的辩证统一。通过思政课一体化建设增强思想政治教育亲和力、针对性、系统性，就必须从规律层面推动相关工作科学有序开展。

① 《列宁全集》第五十五卷，人民出版社2017年版，第126页。

② 郑永廷：《把高校思想政治工作贯穿教育教学全过程的若干思考——学习习近平总书记在全国高校思想政治工作会议上的讲话》，《思想理论教育》2017年第1期，第6页。

2016年12月7日，习近平总书记在全国高校思想政治工作会议上的讲话中指出，做好高校思想政治工作“要遵循思想政治工作规律，遵循教书育人规律，遵循学生成长规律，不断提高工作能力和水平”[①]。“三大规律”为新时代思政课因事而化、因时而进、因势而新提供了守正创新的思想指南，为确立思政课一体化建设的基本要求和推进原则锚定了根本遵循，进而为思政课一体化建设的具体安排设定了行动纲领。

思想政治工作在一切工作中居于“生命线”地位，必须常抓不懈。因此，任何学段、任何环节都不能忽视思想政治工作，推动思政课一体化建设是应然举措。其一，就思政课一体化建设的外部规律而言，要遵循思想政治工作与社会发展相互关系的有关规律。孙其昂指出，社会存在从宏观上决定、规定或制约了思想政治工作，思想政治工作是社会的一部分，社会主题、社会关系等发生变化，思想政治工作的主题也必将随之改变[②]。当前，思想政治工作必须牢牢立足我国处于并将长期处于社会主义初级阶段这个最大实际，充分认识当前社会主要矛盾的时代转化，深刻理解以中国式现代化推动中华民族伟大复兴的深远意义，始终遵循马克思主义政党意识形态的建设规律，旗帜鲜明地把坚定正确政治方向放在首位，始终坚持服务于社会主义发展方向，落实立德树人根本任务。“宣传思想工作就是要巩固马克思主义在意识形态领域的指导地位，巩固全党全国人民团结奋斗的共同思想基础。”[③]遵循思想政治工作规律，要求注重政治自觉，把握鲜明导向，始终坚持社会主义办学方向，与时俱进地把立德树人作为中心任务，并紧紧围绕中心任务推动思政课一体化建设，坚持用科学理论

---

①《习近平谈治国理政》第二卷，外文出版社2017年版，第378页。

② 参见孙其昂：《思想政治工作规律论要》，《河海大学学报》（哲学社会科学版）2002年第1期，第4—6页。

③《习近平谈治国理政》，外文出版社2014年版，第153页。

引领学生思想发展。毛泽东指出："只要我们的思想工作和政治工作稍为一放松，经济工作和技术工作就一定会走到邪路上去。"[①]众所周知，思政课关系到培养什么样的人、如何培养人以及为谁培养人的根本问题。习近平总书记强调，要"拧紧世界观、人生观、价值观这个'总开关'"[②]。思政课无疑是拧紧人的思想世界"总开关"的关键课程。为了落实这一根本任务，帮助学生树立正确的世界观、人生观、价值观，思政课一体化建设必须始终坚持以马克思主义为指导，各个年级、不同学段的思政工作都要始终坚持把立德树人作为中心任务，旗帜鲜明地坚持党的领导，引导学生真学、真懂、真信、真用马克思主义。当前，就必须贯彻把握新时代历史方位的基本要求，聚焦铸魂育人中心主题，努力开创新时代思想政治工作新局面。通过思政课一体化建设，教育学生正确认识当今面临的百年未有之大变局，正确认识时代赋予的光荣责任与神圣使命，引导学生主动将个人梦融入中华民族伟大复兴的中国梦，将个人发展融入党和国家事业发展全局之中，将个人理想与国家富强、民族复兴的前途命运紧密结合、同频共振，勇做以中国式现代化推动中华民族伟大复兴的奋进者、开拓者、奉献者。

其二，就思政课一体化建设的内部规律而论，要遵循思想政治工作中的教育教学规律。推动思政课一体化建设是思想政治教育过程"适应超越律"的内在要求。思想政治教育过程的"适应超越律"是贯穿思想政治工作全过程的基本规律，即"教育者的教育活动既要适应受教育者的思想政治品德基础和发展需求，又要超越受教育者的原有基础，体现社会思想政治品德要求的规律"[③]。该规律体现了思想

---

①《毛泽东文集》第七卷，人民出版社1999年版，第351页。

②《习近平谈治国理政》第二卷，外文出版社2017年版，第45页。

③ 邱伟光、张耀灿主编：《思想政治教育学原理》，高等教育出版社1999年版，第114页。

政治工作中"应然"与"实然"、"适应"与"超越"的辩证统一。显然，人的思想道德素质的提升并非一蹴而就的，亦非直线上升的线性过程，而是个体首先要在社会实践中形成自己的知情意行，并在其内在矛盾运动中不断调适，进而获知对思想道德、政治观点等方面的感性认识和理性认识。这是一个螺旋上升的过程。因此，人的内在思想世界的变革，必须遵循人的认知发展的阶段性、顺序性要求，遵循教育对象思想品德形成和发展的基本规律。在推进思政课一体化的过程中，需要考虑学生认知发展内在规律并遵循思想政治工作开展规律，基于学生思想道德和政治素养实际开展思想政治工作。一方面，思想政治教育过程受到教育者身心发展现状的现实制约，思想政治工作必须切合受教育者的思想实际，不能操之过急、揠苗助长，也不能对受教育者听之任之、放任不管。陶行知指出："两种极端的心理，都于儿童有害。一是忽视；二是期望太切。忽视则任其像茅草样自生自灭，期望太切难免揠苗助长，反而促其夭折。"①因此，要通过思政课一体化建设，把握思政课整体性、系统性、连续性要求，从而使不同阶段的教育内容有所区别、合理布局、错落有致，避免不同教育阶段育人目标出现断裂、脱节，以一体化方式体现教育促进人的发展的内在要求。另一方面，"由于人的思想问题产生的反复性以及人的遗忘规律的作用，决定了思想政治教育必须突出反复性"②。当然，思政课一体化中的教育反复性是讲求艺术性的。换言之，这种重复性并非简单的"原地踏步"。虽然部分知识点存在一定的重复，但这是一种必要的、层层递进的、更高形态的重复。知识点的理论分析和逻辑论证体现了教育螺旋上升的发展规律。因此，思想政治工作必须通过一体化建设增强统筹性，不同阶段的思政课都必须聚焦于立德树人根本

① 《陶行知全集》第四卷，四川教育出版社2005年版，第468页。

② 邱伟光、张耀灿主编：《思想政治教育学原理》，高等教育出版社1999年版，第115页。

目标，同时，阶段性目标又要实现相互衔接、有序配合，形成横向贯通、纵向融通的育人格局，通过系统规划、科学衔接，使不同阶段的思政课形成由表及里、由浅入深、由抽象到具体的循序渐进、相互联系的整体，从而通过一体化的有机整合促进受教育者思想品德不断发展。就此而言，思政课一体化建设是思政课贴近实际、有的放矢、科学展开的内在要求。为此，思想政治工作者创设和利用的教育环境、所传授的教育内容、所采用的教育方法都要遵循人的价值观念形成发展的基本规律，尊重受教育者的思想品德发展实际状况，同时又要体现教育的超越性、发展性，从而通过教育活动来超越受教育者的实然状态而走向应然状态，进而帮助受教育者提升政治素养和品德境界。通过思政课一体化全面提升思政课实效，既不能好高骛远，也不能止步不前，而是要既指向远大理想教育，又立足学生现实关切，将思政课视为循序渐进、螺旋上升的教育过程，紧贴学生的思想问题和实际困惑，强化思政课的针对性。

总之，确立大中小学思政课一体化建设基本要求和推进原则需要遵循思想政治工作规律，使科学性与政治性相统一、合目的性与合规律性相统一。一方面，要遵循思想政治工作外部规律，立足新时代历史方位，与时俱进地通过一体化统筹立德树人工作；另一方面，要遵循思想政治工作内部规律，从而尊重学生思想政治素养形成发展规律、尊重思政工作开展的规律，通过一体化形成循序渐进、螺旋上升的思政课育人体系，为增强思想政治工作的科学性、系统性、有效性奠定基础。

遵循教书育人规律是确立大中小学思政课一体化建设基本要求和推进原则的题中之义。“规律是在事物的运动中反复出现的东西，不是偶然出现的东西。规律既然反复出现，因此就能够被认识。”[①]思政课的价值引领要贯穿于教师教育教学活动的全过程，思政课一体化必

①《毛泽东文集》第八卷，人民出版社1999年版，第105页。

须认识并遵循教书育人规律，把教书与育人结合起来，使不同阶段的教育活动依次递进、有序过渡，从而通过科学的教学活动培养人才。

其一，从价值导向来说，要把教书和育人真正统一起来。“教书”和“育人”是教书育人的一体两面，前者指向传授知识和技能，后者侧重涵育正确的世界观、人生观和价值观，二者彼此渗透、相互配合、同向并行、缺一不可。教书育人“就是既要教学生学会做事，又要教学生学会做人；既要坚持教学的科学性，又要坚持教育的价值性；既要对学生进行专业知识和技能教学，又要对学生进行人文精神教育”[①]。这就意味着，教书与育人不能各自为政、孤军奋战，而是要实现纵向不同学段、不同年级，横向不同课程、不同领域的有机贯通。显然，思政课一体化有助于推动协同育人。具言之，教师承担着启智润心、立德树人的重大使命，在教育过程中，教师要坚持教书和育人相统一的理念，无论是思政课教师，还是专业课教师，都要明确以德修身、以德施教的重要性，都承担着思政课“守好一段渠、种好责任田”的主体责任，使各类课程和思政课同向同行、协同育人。从教师自身而言，遵循教书育人规律要求教育者具有较高职业素养，教师要不断提升自己的职业能力和道德素质，充分发挥主观能动性，积极推进一体化思政课改革，把立德树人的中心任务贯穿到教书育人的全过程，推动思政课在改进中加强，不断满足学生的发展需求和期待，从而探索以更科学的方式引导学生自觉承担时代责任与历史使命。从教师之间的合作关系而言，教师之间要增强一体化意识，通过沟通合作、联动共建促进教育力量从分散化、原子化向协同化、一体化转向，共同帮助学生将马克思主义理论入脑入心，并且教会学生自觉用马克思主义的立场、观点、方法分析问题、解决问题。在此意义上，不同阶段、不同学科的教师必须打破壁垒，增进互动，凝聚共

① 郑永廷、林伯海：《教书育人规律及其遵循对策研究》，《思想教育研究》2017年第6期，第3页。

识，一体谋划，共同构筑思政课一体化共同体。

其二，从教书育人具体实践来说，要以教育教学的规律为基本遵循。思政课一体化必须时时刻刻考虑学生思维水平，使整体设计与有机衔接相结合，促进构建全员育人、全过程育人、全方位育人的育人格局。思政课一体化必须认识到人的需求是一个逐步提高、渐次丰富的动态过程。因此要不断寻求教育方法的与时俱进、创新协同。从小学阶段注重形象生动教育到大学阶段侧重理性思考，是一个螺旋上升的递进过程。2019年8月14日，中共中央办公厅、国务院办公厅印发《关于深化新时代学校思想政治理论课改革创新的若干意见》，明确要求要“遵循学生认知规律设计课程内容，体现不同学段特点，研究生阶段重在开展探究性学习，本专科阶段重在开展理论性学习，高中阶段重在开展常识性学习，初中阶段重在开展体验性学习，小学阶段重在开展启蒙性学习”。唯有尊重学生认知规律，才能提高教育的适配性和针对性。因此，遵循教书育人规律，要处理好变与不变的辩证关系，教育过程中要牢牢把握引导学生树立正确的世界观、人生观、价值观的不变追求，强调一以贯之地运用一些有效教育方式，确保教育的方向性、稳定性；同时又要根据客观现实的深刻变化，不断丰富教育内容、创新教育形式。显然，这离不开思政课一体化的统筹安排，否则，不同学段机械简单的重复必然导致学生缺乏悦纳感，无法调动学生学习的兴趣。此外，推进思政课一体化需要深刻认识到教书育人规律也是在实践中创造和发展的。“人们自己创造自己的历史，但是他们并不是随心所欲地创造，并不是在他们自己选定的条件下创造，而是在直接碰到的、既定的、从过去承继下来的条件下创造。”[①]因此，教育者还需要在实践中根据新时代教育面临的新课题，研究和运用教书育人规律，增强时代感和吸引力，做到“因事而化、因时而进、因势而新”。一言以蔽之，确立思政课一体化基本要求和推进原

①《马克思恩格斯文集》第二卷，人民出版社2009年版，第470—471页。

则需要遵循教书育人规律。一方面，在价值导向上，把教书和育人真正统一起来；另一方面，在教书育人教学实践中，要以教育教学的规律为基本遵循。

遵循学生成长规律是确立思政课一体化建设基本要求和推进原则的现实依据。学生是思想政治教育工作的主要对象，如果缺少学生这一基本要素，思政课就会变成教育者的“独角戏”，当然就无法构成完整的教育环节。“思想政治工作从根本上说是做人的工作，必须围绕学生、关照学生、服务学生，不断提高学生思想水平、政治觉悟、道德品质、文化素养，让学生成为德才兼备、全面发展的人才。”[①]显然，学生并非孤立的、静止的、被动的教育客体，而是发展的、自主的、活生生的人。思想政治教育工作必须以学生为圆心，洞悉学生思想实际，了解学生成长特点，关注学生思想困惑，坚持学段有别、因材施教的方法，以学生能接受的方式帮助学生“扣好人生的第一粒扣子”。因此，教育必须始终围绕学生、关心学生、服务学生，遵循学生成长规律，提升思想政治教育工作亲和力，帮助各个阶段的学生成长成才。

众所周知，学生成长有其内在规律。恩格斯说：“世界体系的每一个思想映象，总是在客观上受到历史状况的限制，在主观上受到得出该思想映象的人的肉体状况和精神状况的限制。”[②]在教育中亦然，通过教育使受教育者形成“思想印象”，当然也无法摆脱其肉体状况和精神状况的限制。一方面，学生成长过程是曲折性与发展性的辩证统一。“青年的人生之路很长，前进途中，有平川也有高山，有缓流也有险滩，有丽日也有风雨，有喜悦也有哀伤。”[③]从小学到大学阶

①《习近平谈治国理政》第二卷，外文出版社2017年版，第377页。

②《马克思恩格斯文集》第九卷，人民出版社2009年版，第40页。

③ 习近平：《在知识分子、劳动模范、青年代表座谈会上的讲话》，人民出版社2016年版，第11页。

段，学生经历了从未成年向成年人转变的过渡期，在心理上要经历一个从未成熟走向成熟而又未真正成熟的阶段，在成长成才和角色转换的过程中难免遭遇各种思想困惑，拜金主义、享乐主义、极端个人主义等错误思潮时时刻刻都有腐蚀学生观念的潜在风险。因此，必须推进思政课一体化建设，使学生能持续地得到社会主义核心价值观的正确引领，增强其成长成才的精神动力。另一方面，学生成长过程是阶段性与发展性的有机统一，其认知发展是一个循序渐进、螺旋上升的过程。不难发现，从小学到大学，学生思维能力经历了由低级到高级、由幼稚到成熟、由无知到睿智、由感性认识到理性认识、由依赖感性经验到善于逻辑抽象的发展过程。实际上，学生身心发展具有阶段性是教育学、心理学、教育哲学的共识。孔子因材施教的观点强调要根据学生实际情况有针对性地开展教学活动。皮亚杰认知发展阶段论认为，儿童的认知能力发展具有阶段性特点。在《发生认识论原理》中，他将儿童思维发展分为感知运动阶段、前运演阶段、具体运演阶段、形式运演阶段①，每一阶段的智力结构和功能发展限制了儿童获取知识的内容和方式，因此他主张根据儿童认知特点来开展教育教学活动。柯尔伯格道德发展论将道德发展分为三个水平六个阶段②，每一阶段都是个体认知逐步发展过程中的序列，只有一个阶段的道德认知成熟之后，道德水平才能逐步逐段向下一阶段发展。维果茨基提出了“最近发展区”概念：“在有指导的情况下借成人的帮助所达到的解决问题的水平与在独立活动中所达到的解决问题的水平之间的差异，便确定着儿童的最近发展区。”③他认为如果教学落后于学生的

① 参见[瑞士]皮亚杰：《发生认识论原理》，王宪钿等译，商务印书馆1981年版，第21—57页。

② 参见[美]柯尔伯格：《道德教育的哲学》，魏贤超、柯森等译，浙江教育出版社2000年版，第95—135页。

③《维果茨基全集》第六卷，安徽教育出版社2016年版，第402页。

"最近发展区"，就会让其觉得无趣；反之，过于困难的教学内容又会令学生望而却步。因此，教育适应学生的"最近发展区"，才能取得良好效果。正因为学生成长遵循此种规律，所以思想政治教育工作既不能揠苗助长，也不能放任自流，任何一个教育阶段和教育环节的断裂或割裂都会影响思想政治教育工作的效果转化，思想政治教育工作必须根据学生不同阶段的身心发展水平和特点进行一体化教育，使思政课成为发展的、持续的、联系的、系统的整体。

思政课一体化是遵循学生成长规律的必然要求。其一，遵循学生成长规律要求思想政治教育工作牢牢把握以学生为本的理念，立足学生实际、把握学生特点、针对学生需要，根据大中小学阶段学生的思维水平、认知差异不断增强的成长规律，循序渐进地开展思想政治教育工作。由于人的发展具有阶段性，所以在推进思政课一体化建设的过程中要将促进学生全面发展作为首要职责，激励教师潜心教书育人，深入了解学生的成长状态，研究学生成长成才的内在规律，主动倾听学生成长成才的现实诉求，帮助学生解决成长成才中的诸多困惑，在不同阶段帮助学生更好地规划人生发展方向，将促进学生全面发展视为教育发展的重要任务。思想政治教育工作必须尊重大中小学不同阶段学生的年龄差别、认知差异，统筹推进大中小学思政课一体化建设，根据学生不同学段的实际情况，加快教材体系建设，优化课程整体设计，对教育资源进行系统整合，对教学体系进行整体谋划，有重点、有针对性地调整思政课育人方式，加快打通堵点、聚合散点，体现出不同阶段的层次差异、阶段特质，进一步有针对性地设置不同阶段思政课的呈现方式和开展路径，从而保证思想政治教育工作循序渐进、有机展开，更加契合学生成长成才的阶段性需要。同时，又要在教育目标、精神内涵、价值取向等层面确保育人的统一性，共同服务于立德树人的根本任务，注重不同学段思政课的有机衔接，从而提升思政课一体化的实效性，帮助学生提升知识建构、能力养成、价值塑造的完整性。在此意义上，不同阶段的思想政治教育工作必须紧扣学生身心发展的阶段性、顺序性特质，体现教育内容由浅入深、由易到难、由简到繁、由具体到抽象的层递性，增强不同阶段教育部署的整体规划和科学衔接，强化不同阶段同一知识谱系的连续性、承接性、贯通性和差异性，形成层次贯通、内容合理、联系紧密、循序渐进、螺旋上升的教学体系。其二，遵循学生成长规律，需要发挥学生自主性，实现学生自我教育的一体化。“就单个人来说，他的行动的一切动力，都一定要通过他的头脑，一定要转变为他的意志的动机，才能使他行动起来。”[①]因此，思政课要坚持灌输性和启发性相统一，既要创新灌输方式，增强思想政治教育工作的艺术性，又要激发学生的能动性，激发学生自我管理、自我教育的主动性，实现思政课教学中教育主体和教育客体的良性互动。在不同阶段的思想政治教育工作中，都要激发学生自我学习的动机，鼓励和帮助学生自我教育、自我激励、自我成长，引导学生积极地发现问题、分析问题，提升学生的创新意识和综合素养。

从整体上看，“三大规律”是一个相辅相成的有机整体，共同决定着思政课一体化建设的基本要求和推进原则。思想政治教育工作规律是基于思政课教育特殊性而言的，该规律是保证思想政治教育工作坚持社会主义方向的根本要求，回答了为谁培养人、如何培养人的根本问题；教书育人规律和学生成长成才规律主要是基于思想政治教育工作中主客体角度而言的。当然，思想政治教育工作一体化过程中，“三大规律”并非孤立作用的，而是要发挥合力，通过一体化协同育人，共同促进人的发展。唯有将教育主体和教育客体结合起来，才能保证思想政治教育工作一体化的协同构建。

从宏观视角而言，思政课的针对性主要表征为增强其教育内容的民族性、时代性。邱仁富从宏观视角解读了思想政治教育的针对性，

---

①《马克思恩格斯文集》第四卷，人民出版社2009年版，第306页。

认为思想政治教育的针对性表征为两个层次。从横向上看，不同国家、不同民族、不同领域的思想政治教育的针对性不同；从纵向上看，不同历史时期、不同社会形态的思想政治教育的针对性不同[①]。在此意义上，在价值观念日益多元化的时代，思政课一体化增强针对性育人导向，主要表征为增强思政课的民族性、时代性。一方面，就思政课一体化的民族性而言，思政课必须站稳民族立场、体现民族风格、彰显民族精神，为中华民族伟大复兴而铸魂育才。弘扬民族文化、振奋民族精神是思政课的重要任务。习近平总书记强调："中华传统美德是中华文化精髓，蕴含着丰富的思想道德资源。"[②]"对历史文化特别是先人传承下来的价值理念和道德规范，要坚持古为今用、推陈出新，有鉴别地加以对待，有扬弃地予以继承，努力用中华民族创造的一切精神财富来以文化人、以文育人。"[③]思政课一体化要将弘扬民族优秀传统文化的内容贯穿始终，不断地振奋民族精神、铸造民族灵魂，彰显中国特色、中国风格与中国气派的永恒魅力。另一方面，就思政课一体化的时代性而言，思政课一体化必须体现和反映时代面貌、时代特点和时代精神，注重回答时代之问，解决教育对象思想上的时代性困惑。"问题就是时代的口号，是它表现自己精神状态的最实际的呼声。"[④]任何具有先进性的思想，都是时代精神的精华。诚如黑格尔所说，一个时代的哲学就是"被把握在思想中的它的时代"[⑤]。因此，思政课一体化需要紧跟时代发展的新潮流、新趋向。实际上，思政课实效性不足在一定程度上在于其没有真正做到贴近现实、回应现实，不够"接地气"的思政课必然难以获得教育对象的青

---

① 参见邱仁富:《论增强思想政治教育的针对性》,《思想教育研究》2012年第6期,第16—18页。

②《习近平谈治国理政》,外文出版社2014年版,第164页。

③《习近平谈治国理政》,外文出版社2014年版,第164页。

④《马克思恩格斯全集》第四十卷,人民出版社1982年版,第289—290页。

⑤［德］黑格尔:《法哲学原理》,范扬、张企泰译,商务印书馆1961年版,第12页。

睐，无法与时代发展共进、与学生成长同行。

从中观角度和微观角度而言，增强思政课一体化针对性意味着在开展教育和培养人才的过程中，根据教育规律和学生特点、需求和发展阶段，采取有针对性的教育措施和方法，从而全面提升学生的综合素质和个性发展水平。有学者从中观和微观角度界定思政课的针对性概念，指出："思想政治教育的针对性，是指思想政治教育者在实施教育的过程中，要根据教育对象的需要和思想实际的差异等情况实施不同内容和形式的教育，从而使思想政治教育做到有的放矢，对症下药。"[①]众所周知，思政课的对象是现实的人，是在一定社会历史中存在着的、有个性的、活生生的人，思政课必须考虑其对象的个性化特征。其一，要深入了解学生的需求和现状。包括了解学生的年龄特质、性格特点、兴趣爱好、家庭背景、学习能力、学科特长等，从而精准把握学生的群体性脉动，有针对性地制订教学计划和内容，做到因材施教。为了深入了解学生特质，可以采取发放调查问卷、开展班会座谈和家长会、分析课堂反馈等多种方式。教师可以设计针对学生特质的调查问卷，调查学生的特点，了解学生的兴趣、特长和学习状态，分析学生对思政课的认知、需求和评价。在班会上，教师可以组织学生讨论关于思政课的话题，倾听学生的观点和想法，以及他们对思政课的期望。家庭是参与思政课一体化的重要力量，在家长会上，教师可以与家长加强交流，了解学生的家庭情况、性格特点和学习状态，以及家长对思政课的期望和建议。教师还可以通过课堂讨论、问答、小组活动等方式，观察学生的学习情况和学习状态，及时发现问题，了解学生的需求和现状。其二，要设置个性化的教学目标。思政课的目标制定不是一劳永逸的，必须按照社会发展要求和受教育者身心发展实际情况来科学设定。为了了解学生的差异化需求，制定个性

① 赵勇、王金倩：《人的需要差异与思想政治教育的针对性》，《江苏社会科学》2012年第1期，第62页。

化的目标，教师需要分析学生的个性特点，考虑学生的不同兴趣爱好，结合学生的知识基础，认识到不同学生的性格、学习习惯、思考方式等存在差异，应该根据学生的个性特点，制定适合他们的教学目标，而不能“一刀切”“齐步走”。其三，要灵活运用教学方法。“用不同的方法去解决不同的矛盾，这是马克思列宁主义者必须严格地遵守的一个原则。”[①]教师应该采用多种多样的教学方法，根据学生的学习风格和认知能力选择不同的教学策略和手段，以满足不同学生的学习需求。

总之，思政课只有打动心灵，才会富有成效。思政课一体化建设需要增强思政课的针对性，具体问题具体分析，增强思政课的适切性，避免“一刀切”，做到有的放矢、切合实际，把思政课上到学生心坎上。

五、注重统筹性的要求

推进思政课一体化建设要求注重统筹性。近些年，党和国家出台的教育相关文件非常注重统筹推进思政课建设，为思政课一体化建设通盘谋划、整体推进提供了政策遵循。2019年中共中央办公厅、国务院办公厅印发的《关于深化新时代学校思想政治理论课改革创新的若干意见》明确要“坚持思政课在课程体系中的政治引领和价值引领作用，统筹大中小学思政课一体化建设，推动各类课程与思政课建设形成协同效应”，并具体部署了“统筹推进思政课课程内容建设”“国家教材委员会统筹大中小学思政课教材建设”“各地要统筹解决好思政课教师缺口问题”“统筹推进马克思主义理论学科本硕博一体化人才培养”等方面的具体要求。2020年中宣部、教育部制定的《新时代学校思想政治理论课改革创新实施方案》指出，思想政治理论课改革要“注重统筹性。总体推进，分类指导，分步实施，积极稳妥地做好各项工作”。2021年国家教材委员会印发的《习近平新时代中国特色社

①《毛泽东选集》第一卷，人民出版社1991年版，第311页。

会主义思想进课程教材指南》的通知提出，要“坚持系统安排”，“要全面介绍与阐释习近平新时代中国特色社会主义思想的时代背景、核心要义、精神实质、科学内涵、历史地位和实践要求，牢牢把握习近平新时代中国特色社会主义思想的基本立场观点方法，注重系统整体设计、分段分科推进，在不同学段不同学科不同课程中有序铺开，强化大中小学思政课一体化建设。引导学生提高学习理论的自觉性，增强责任感、使命感，将个人追求融入国家富强、民族振兴、人民幸福的伟大梦想之中”。思政课一体化注重统筹性的工作方法，需要系统、全面、综合考虑思政课一体化系统中各种不同要素之间的相互关系和影响，对各个环节的工作进行统筹规划和系统协调，全面地、系统性地进行规划、组织和实施各项工作，以期实现育人资源的最优配置和综合效益的最大化。

思政课一体化建设必须做好顶层设计，做到统筹兼顾，才能保证多方育人力量共同配合、同向育人。具言之，一是课程设置和教学设计等教学要素层面要注重整体规划。石书臣认为，要“统筹推进思政课过程要素一体化，从课程目标、课程内容、课程体系、教材体系等要素上找到同一方向的合力，搭好思政课螺旋上升阶梯。只有统筹推进，才能真正实现大中小学思政课一体化建设的目标”①。思政课一体化建设要求充分考虑不同学科间的融合和联系，既要整体推进，又要各有侧重，确保课程结构的完整性和连贯性。在思政课一体化推进过程中，要立足全局考虑问题，对不同学段、不同年级的思政课进行通盘谋划和有机协调，充分利用各种教育资源和师资力量，合理安排课程内容和教学方法，确保教学的有序进行。思政课一体化建设需要建立沟通协调机制，确保各个参与部门之间的信息沟通和资源共享。在思政课一体化建设中，要根据不同阶段、不同重点，分步实施。二

① 石书臣：《以问题导向推进大中小学思想政治理论课一体化建设的思考》，《思想理论教育》2020年第5期，第28页。

是在教学实施过程中，注重与学校、家长、社会和企业等多方沟通和合作，形成各方主体各负其责、协同配合，各领域、各方面、各环节整体推进、有机融合的教育共同体，共同推进思政课程一体化建设，充分利用外部资源，提高教学的质量。“统筹推进思政课纵向建设和横向建设一体化，把校内校外思政课资源整合起来，把思政课程与课程思政结合起来，形成协同效应。”[①]三是整体推进思政课一体化建设的管理体系。只有以注重统筹性工作方法为指引，真正优化和畅通思政课的管理体系，才能提升思政课管理水平，才能构建各尽其责、齐抓共管、齐心协力、配合有力的一体化育人格局。正如有学者指出：“大中小学思政课的管理体系必须在大中小学思政课一体化建设框架中进行省思和布局。在此前提下，把握大中小学思政课管理格局的各方面及其全貌，确保思政课一体化建设有机构负责、有规章遵循、有长效机制、有支撑平台。”[②]四是教育评价要注重统筹兼顾。教育评价事关教育发展方向。2020年中共中央、国务院发布的《深化新时代教育评价改革总体方案》明确指出，教育评价要“坚持统筹兼顾，针对不同主体和不同学段、不同类型教育特点，分类设计、稳步推进，增强改革的系统性、整体性、协同性”。

总之，注重统筹性工作方法是推进思政课一体化建设的基本要求，只有对思政课一体化建设进行总体部署、统筹规划，才能使大中小学思政课更好地优势互补、协同育人。

---

① 石书臣:《以问题导向推进大中小学思想政治理论课一体化建设的思考》,《思想理论教育》2020年第5期,第28页。

② 郭绍均:《统筹推进新时代大中小学思政课一体化建设的理念及路径探究》,《课程·教材·教法》2022年第7期,第94页。

第二节　大中小学思政课一体化建设的推进原则

大中小学思政课一体化建设需要在遵循教育规律的基础上，确立一系列推进原则来促进实践发展。原则即“人们在既定目标和特定条件下，观察和处理问题时必须遵循的准则和标准”[①]。思政课一体化建设推进原则，是在思政课一体化建设实践中形成发展，体现思政课一体化建设客观规律，贯彻党的路线、方针、政策基本规定，并为思政课一体化建设所必须遵循的基本准则。它贯穿于思政课一体化建设工作的全部过程、各个方面，指导着思政课一体化建设的具体工作。思政课一体化建设推进原则既源于实践又高于实践，以思政课一体化建设实践经验为直接依据，又对此种经验进行了提炼升华，从而上升为具有普遍性意义的准则和规定，故而对推进思政课一体化建设实践具有指导意义。

2019年，习近平总书记在学校思想政治理论课教师座谈会上强调：“在大中小学循序渐进、螺旋上升地开设思想政治理论课非常必要，是培养一代又一代社会主义建设者和接班人的重要保障。”[②]2020年中宣部、教育部制定的《新时代学校思想政治理论课改革创新实施方案》指出，要“按照循序渐进、螺旋上升的原则，立足于思政课的政治性属性，对大中小学思政课课程目标进行一体化设计”。“循序渐进”与“螺旋上升”是思政课一体化建设需要遵从的重要原则。前者从层次梯度而言，指明了思政课一体化建设需要优化循序渐进的层次梯度，实现层次性与递进性相统一；后者从发展向度而言，点明了思

① 邱伟光、张耀灿主编：《思想政治教育学原理》，高等教育出版社1999年版，第208页。

②《习近平谈治国理政》第三卷，外文出版社2020年版，第329页。

政课一体化是螺旋上升的发展过程，要实现衔接性与发展性相统一。

一、循序渐进的原则

循序渐进原则是遵循教书育人规律的内在要求，核心要义是把握学生的现实性与超越性的辩证统一。“循序渐进，在知识学习和教育教学中是指按照一定的顺序和步骤逐渐地进步和提高。”[①]一方面，“循序”意味着思政课要着眼于不同学段学生智力、情感、能力发展的阶段性特点，始终贴近实际、贴近生活、贴近学生，形成由表及里、各有侧重、协调兼顾的层次梯度。中国传统教育理论曾提出“教不躐等”的主张，至今仍然具有一定借鉴意义。“时观而弗语，存其心也；幼者听而弗问，学不躐等也。”（《礼记·学记》）孔颖达疏为：“‘学不躐等也’者，学，教也；躐，踰越也。言教此学者，令其谦退不敢踰越等差。”[②]“二程”亦说：“圣人之教，常俯而就之……非独使资质庸下者勉思企及，而才气高迈者亦不敢躐等而进也。”[③]范祖禹提出：“先王之教，学不躐等，幼者有为幼之事，长者有为长之道。童子而欲为成人，是学未至而谓之至，行未成而谓之成……岂不夭其天性哉！”[④]换言之，学习不能违背规律、超越次第、揠苗助长，而应因人而异、因材施教、循序渐进。此外，思政课循序渐进原则亦契合中国传统“因材施教”教育理念。在我国，孔子提出的“因材施教”理念，至今仍熠熠生辉。孔子根据弟子个性差异，进行针对性教育：“求也退，故进之；由也兼人，故退之。”（《论语·先进》）因而孔门弟子各有所长。孟子也说：“君子之所以教者五。”

① 石书臣、曾令辉：《推进新时代大中小学思想政治理论课一体化建设》，《思想理论教育》2021年第6期，第20页。

② [清]阮元校刻：《十三经注疏》，中华书局1980年版，第1522页。

③ [宋]程颢、程颐：《二程集》，中华书局2004年版，第1229页。

④ [宋]朱熹：《朱子全书》，上海古籍出版社、安徽教育出版社2010年版，第514页。

（《孟子·尽心上》）朱熹释为："圣贤施教，各因其才。"[①]也就是要根据教育对象的实际情况，有针对性地开展个性化教育。只有了解学生特质，才能在教育时发挥学生所长，克服学生所短，有针对性地开展教育活动。张敬夫云："施教，则必因其材而笃焉。"[②]显然，了解学生之"材"的个性差异，是因材施教的实践前提。因材施教的"本质就是教育者根据每个受教育者之'材'而有针对性地对受教育者'施教'"[③]。另一方面，"渐进"要求思政课知识传授必然是层层递进的。因此，思政课必须既要考量学生之"材"的现实差异性，又要根据学生的发展实际逐渐加码，设置一些超越性教学目标，使学生"跳一跳够得着"，如此，才能发挥教育促进人的自由全面发展的功能。实际上，思政课离不开超越性教育内容。教育发展性要求思政课提供"应是"的内容，指向未来的理想性发展方向。"人的本性使人还生活在理想世界，生活在'乌有之乡'，不断地走向人的'应是'的理想中。"[④]因此，思政课需要根据教育者的现实需要和发展实际提供有一定高度的教学内容，唯有如此，才能激发出受教育者心向往之、完善自身的积极性。思政课既不能对受教育者提出不切实际的期望和要求，又必然具有超越性的一面，使受教育者通过努力而有所进益。实际上，人本身就是一种超越性存在，总是要追求超越自我、突破现实、追求卓越、实现理想。巴蒂斯塔·莫迪恩（Battista Mondin）发现："在人的活动中有一个持续的要求不断超出已经实现的结果的张力，也就是一个超越、向前的冲动，一个指向最高水平的意志。"[⑤]

---

① ［宋］朱熹：《四书章句集注》，中华书局1983年版，第362页。

② ［宋］朱熹：《四书章句集注》，中华书局1983年版，第26页。

③ 何菊玲：《因材施教原则的教育正义之意蕴》，《华东师范大学学报》（教育科学版）2018年第2期，第113页。

④ 冯建军：《教育的人学视野》，安徽教育出版社2008年版，第164页。

⑤ ［意］巴蒂斯塔·莫迪恩：《哲学人类学》，李树琴、段素革译，黑龙江人民出版社2005年版，第155页。

马克斯·舍勒（Max Scheler）则直接从超越性角度定义“人”，“人，只有人……能够自己——作为生物——超越自己”[①]。在此意义上，人生总是一个不断寻求超越的过程，因为人对于自身的谋划，“始终觉得自己是未完成的”“觉得自己还未实现”，所以，人必然要寻求超越性东西。“自我超越是人特有的行动，通过它，人不断超越自身（超越他所是、他所期盼、他所有）。”[②]在思政课中，需要提供超越性内容，使受教育者在寻求超越的过程中实现对自己“未完成性”的克服与超越，从而不断地朝着自己心中理想境界而努力，实现“实然—应然—新实然—新应然”的发展，从而迈向新高度，创造辉煌。

不同学段的思政课需要充分考虑教学的科学性、系统性，根据大中小学学生的年龄差别，遵循教育规律优化设计，形成梯次展开、循序渐进的教育体系，帮助学生不断深化对思政课教学内容的认知、理解。显然，既往思政课存在的学段上分裂割裂，内容上知识倒挂、相互脱节、条带割裂、错位缺位、脱离实际、空洞乏味等问题，都背离了思政课循序渐进的原则。有学者指出：“长期以来，大中小学虽然都开设有思想政治相关课程，但过去相对注重课程目标的阶段性，而缺乏整体性的规划和一体化的部署，所以在一定程度上存在目标脱节甚至次序倒置问题，影响了思政课课程目标的整体推进。因此，大中小学思政课课程目标要加强一体化设计，注重循序渐进。”[③]思政课一体化循序渐进原则要求“各学段各门课程的目标之间不仅不孤立存在而且循序渐进，前一学段课程目标为后一学段的课程目标奠定基础和做好铺垫，后一学段的课程目标是前一学段课程目标的递进和拓

① [德]马克斯·舍勒：《人在宇宙中的地位》，李伯杰译，贵州人民出版社2018年版，第40页。

② [意]巴蒂斯塔·莫迪恩：《哲学人类学》，李树琴、段素革译，黑龙江人民出版社2005年版，第159页。

③ 石书臣、曾令辉：《推进新时代大中小学思想政治理论课一体化建设》，《思想理论教育》2021年第6期，第20页。

展”[①]。显然，后一阶段的教学目标不可能完全另起炉灶，也不可能脱离前一阶段教学实践的前置支撑。这要求统筹思政课建设的方方面面，对不同学段不同年级的思政课进行整体布局、分段设计，使教学由低级到高级、由简单到复杂分层递进，形成一个难度上由浅入深、内容上由表及里、逻辑上由简入繁、布局上整体衔接、结构上功能互补的循序渐进序列，使每个学段的思政课既各有特色又一脉相承。思政课一体化建设要求大中小学各个学段、不同年级根据教育规律和学生成长实际，根据思政课的总体性目标和阶段性要求，对教学目标、教学内容、教学进度进行全方位、立体化、多层次的统筹安排，整体推进不同学段、不同年级的思政课教学目标、教学内容、教学进度，使之都能够脉络不断、过渡顺畅、衔接合理、协调一致，增强思政课的整体协同性。其中，需要充分考虑到思政课一体化不是教学内容的简单重复，而是对必要的、重点的知识进行以螺旋上升为指向的重复，实现循序渐进的接力式授课，既要通过合理的重复增强学生的记忆，强化学生的认同，同时又要把握循序渐进对进步、发展、提高的内在要求，保证大中小学思政课教学安排科学有序、高度融合、整体优化，从而避免课程内容简单雷同“炒剩饭”浪费宝贵教学资源，低效反复“填鸭式”说教削弱学生探索新知的积极性，帮助学生保持求知的好奇心和探索的积极性，实现阶段性、连续性与发展性的辩证统一。

循序渐进原则要求始终聚焦铸魂育人中心主题。“铸魂育人”是推进思政课一体化的根本原则，反映了思政课的本质属性。思政课一体化应该牢牢把握住正确政治方向，始终聚焦于铸魂育人中心主题。“秉纲而目自张，执本而末自从。”（《傅子》）思政课一体化只有始终贯彻这一根本原则，才能确保坚持正确政治方向，处理好人才培养中“红”与“专”、“德”与“才”的辩证关系。

① 郭绍均：《统筹推进新时代大中小学思政课一体化建设的理念及路径探究》，《课程·教材·教法》2022年第7期，第91页。

思政课是铸魂育人的主要阵地。“培养什么人、如何培养人、为谁培养人”是教育必须回答的根本问题。推进思政课一体化改革，旨在全面贯彻党的教育方针，更好地回答好、解决好这一根本问题，从而坚持不懈地用好马克思主义立场、观点、方法武装人、鼓舞人、感染人。人无魂不立，国无魂不强。“铸魂育人”是对思政课本质属性的高度凝练和准确表述。习近平总书记指出：“我们办中国特色社会主义教育，就是要理直气壮开好思政课，用新时代中国特色社会主义思想铸魂育人，引导学生增强中国特色社会主义道路自信、理论自信、制度自信、文化自信，厚植爱国主义情怀，把爱国情、强国志、报国行自觉融入坚持和发展中国特色社会主义事业、建设社会主义现代化强国、实现中华民族伟大复兴的奋斗之中。”[①]所谓“铸魂育人”，是指“一定的阶级集团，为了培养、塑造符合特定社会和时代需求的社会成员，而用融涵了本阶级集团奋斗目标、核心价值、精神基础的思想政治道德观念体系对社会成员实施有目的、有计划、有组织的灵魂铸造实践活动，使一定阶级集团的思想政治道德观念体系转化成为社会成员的内心信仰、价值操守和精神原则，使社会成员在灵魂深处习得并生成一定阶级集团极力倡导和始终坚持的一定思想政治道德观念体系的动态活动过程”[②]。“铸魂”与“育人”是相辅相成的有机统一体，“铸魂是根本、前提，育人是目的、归宿。铸魂之目的在于育人”[③]。显然，思政课具有固本培元、凝魂聚力的作用，在党和国家教育体系中处于战略地位，承担着守护意识形态安全的重任。历史和现实反复证明，意识形态工作是党的一项极端重要的工作，人民有信

① 《习近平谈治国理政》第三卷，外文出版社2020年版，第329页。

② 李忠军：《“铸魂育人”是思想政治教育本质核心内涵的探讨》，《思想理论教育导刊》2015年第10期，第105—106页。

③ 杨峻岭：《时代精神：铸魂育人的重要精神支撑》，《社会科学战线》2016年第6期，第29页。

仰，民族才有希望，国家才有力量。马克思指出：“如果从观念上来考察，那么一定的意识形式的解体足以使整个时代覆灭。”[①]列宁强调：“即使在最困难的条件下，也要挖矿石，炼生铁，铸造马克思主义世界观以及与这一世界观相适应的上层建筑的纯钢。”[②]因此，思政课铸魂育人是坚定理想信念，筑牢信仰之魂的重要课程。毛泽东指出：“除了学习专业之外，在思想上要有所进步，政治上也要有所进步，这就需要学习马克思主义，学习时事政治。没有正确的政治观点，就等于没有灵魂。”[③]思政课“铸魂育人”不是简单的政治宣讲，亦非一味的知识灌输，而是要始终实现思政课政治性和学理性的辩证统一。“坚持政治性和学理性相统一建设思政课，要以政治性引导学理性，把握思政课正确的政治方向；以学理性支撑政治性，增强思想课的说服力，以切实增强思政课的实效性，更好地完成思政课培养社会主义建设者和接班人的使命。”[④]

思政课一体化建设必须贯彻党和国家对思政课的整体要求，将铸魂育人作为根本推进原则。铸魂育人要付诸行动，推进思政课一体化无疑是创新思政课铸魂方式、提升思政课育人实效的有效举措。推进思政课一体化工作，首先要巩固马克思主义在意识形态领域的指导地位，特别是要用马克思主义中国化最新成果，即用习近平新时代中国特色社会主义思想武装头脑、提振精神、铸魂育人，从而更好地促进大中小学思政课共担使命、同向而行、协同育人，更有效地引导学生启迪思想、厚植情怀、升华人格。2019年8月，中共中央办公厅、国务院办公厅印发《关于深化新时代学校思想政治理论课改革创新的若

---

①《马克思恩格斯文集》第八卷，人民出版社2009年版，第170页。

②《列宁全集》第二十卷，人民出版社2017年版，第95页。

③《毛泽东文集》第七卷，人民出版社1999年版，第226页。

④ 冯刚主编：《理直气壮开好思政课——把握新时代思政课建设规律》，人民出版社2019年版，第29页。

干意见》，明确了要通过统筹推进思政课课程内容建设来推进思政课铸魂育人。意见指出要“坚持用习近平新时代中国特色社会主义思想铸魂育人，以政治认同、家国情怀、道德修养、法治意识、文化素养为重点，以爱党、爱国、爱社会主义、爱人民、爱集体为主线，坚持爱国和爱党爱社会主义相统一，系统开展马克思主义理论教育，系统进行中国特色社会主义和中国梦教育、社会主义核心价值观教育、法治教育、劳动教育、心理健康教育、中华优秀传统文化教育”。意见明确了思政课一体化的价值指向和内容体系。总体上看，大中小学各个学段既要各司其职，又都要用习近平新时代中国特色社会主义思想铸魂育人。在新时代背景下，要始终围绕铸魂育人中心主题推进思政课一体化建设，守正创新、整体规划，各个阶段的思政课教材体系、教学安排都要以铸魂育人为主线，形成铸魂育人强劲合力，全面推进习近平新时代中国特色社会主义思想进教材、进课堂、进头脑，努力培养德智体美劳全面发展的社会主义建设者和接班人，引导学生把爱国情、强国志、报国行自觉融入坚持和发展中国特色社会主义事业、建设社会主义现代化强国、实现中华民族伟大复兴的奋斗之中，从而达到为党育人、为国育才的目的。换言之，思政课是铸魂育人的主要阵地，思政课一体化建设旨在更好地贯彻落实铸魂育人整体要求，必然要始终不渝地将铸魂育人作为根本推进原则。

总之，思政课一体化建设需遵循循序渐进原则，“循序”要求增强思政课的递进性、衔接性；“渐进”要求思政课注重阶段性、发展性，保证思政课形成由低到高、由浅到深、由表及里、循序渐进的梯度体系。

二、螺旋上升的原则

就发展向度而言，思政课一体化建设需要凸显螺旋上升原则。螺旋上升原则意味着要根据学生发展实际、把握时代发展脉搏、调整思政课整体布局，旨在使每一阶段、每一年级的受教育者经过教育都具有获得感，将主导意识形态入脑入心、化知为行，彰显思政课育人力量。

思政课一体化建设遵循螺旋上升原则是由事物发展规律性所决定的。从哲学高度而言，事物的发展是前进性与曲折性的辩证统一，发展进步不是直线式上升，也不是循环式周而复始，而是指向螺旋上升的发展向度。发展是马克思主义哲学中十分重要的一个基本概念。马克思主义认为，发展是“螺旋式”的上升过程。恩格斯提出，辩证法是关于普遍联系的科学，其主要规律包括“由矛盾引起的发展，或否定的否定——发展的螺旋形式”[①]。列宁概括了历史中常见的两种发展观，第一种认为发展是“减少和增加，是重复”，此种看法是“僵死的、平庸的、枯燥的”，第二种认为发展是“对立面的统一”，此种观点是“活生生的”。按照第二种理解，才能“提供理解一切现存事物的‘自己运动’的钥匙，才提供理解‘飞跃’‘渐进过程的中断’‘向对立面的转化’、旧东西的消灭和新东西的产生的钥匙”[②]。显然，按照第二种观点，发展不是简单的量变和重复，而是量变与质变、曲折与前进的统一，既有量变的积累，也有质变的飞跃。在此过程中，矛盾的辩证运动将会使发展指向螺旋上升。列宁概括道：“发展似乎是在重复以往的阶段，但它是以另一种方式重复，是在更高的基础上重复（‘否定的否定’），发展是按所谓螺旋式，而不是按直线式进行的；发展是飞跃式的、剧变式的、革命的。”[③]毛泽东也认为：“任何事物的发展都不是直线的，而是螺旋式地上升，也就是波浪式发展。”[④]换言之，发展虽然会局部重复，但并非简单循环，而是螺旋上

①《马克思恩格斯全集》第二十卷，人民出版社1971年版，第357页。

②《列宁全集》第五十五卷，人民出版社2017年版，第306页。

③《列宁全集》第二十六卷，人民出版社2017年版，第57页。

④《毛泽东文集》第八卷，人民出版社1999年版，第120页。

升的发展。人的思维的发展也不是线性发展的过程，而是一个螺旋上升的过程，列宁指出："人的认识不是直线（也就是说，不是沿着直线进行的），而是无限地近似于一串圆圈、近似于螺旋的曲线。"[①]因此，通过思政课铸魂育人，无法毕其功于一役，而是需要综合考量教育对象思维发展的复杂性，凸显螺旋上升的发展向度。

螺旋上升原则是体现思政课教学规律，落实思政课立德树人根本任务的关键所在。一方面，思政课一体化的螺旋上升之"螺旋"，意味着思政课育人是充满复杂性的。"作为社会现象的思想政治教育，也遵循着螺旋式上升的规律。这个规律揭示了思想政治教育发展的前进方向和曲折的道路及实施思想政治教育的复杂性和艰巨性。"[②]学生是否接受思政课的正面影响，受诸多因素影响，必须化解诸多矛盾，冲破重重阻力，打通学生思想堵点，才能实现螺旋上升。另一方面，思政课一体化螺旋上升之"上升"，意味着从总体上看，思政课是促进人的发展的教育活动，虽然教育过程中无法避免局部循环往复，但总趋势是不断前进的。"一个正确的认识，往往需要经过由物质到精神，由精神到物质，即由实践到认识，由认识到实践这样多次的反复，才能够完成。"[③]因此，坚持螺旋上升原则需要充分认识人的思想世界的复杂性，充分考量思政课铸魂育人的曲折性，经过一体化建设，力图以更为科学的方式化解教育发展中的多重矛盾，不能急于求成，不可浅尝辄止，而要一步一个脚印，经过反复训练，使受教育者的思想觉悟提升至全新阶段。

为了确保形成螺旋上升的育人格局，思政课一体化要遵循统筹推进原则，形成有机衔接布局。通过一体化增强思政课建设的系统性、协调性、集成性，才能更好地通过顶层设计优化思政课的谋篇布局，

①《列宁全集》第五十五卷，人民出版社2017年版，第311页。

② 仓道来主编：《思想政治教育学》，北京大学出版社2004年版，第87页。

③《毛泽东文集》第八卷，人民出版社1999年版，第321页。

借助资源整合强化有效联动，从而增强各个学段思政课一体化衔接的耦合度，形成各个层面协同推动思政课一体化建设的强大合力，规避机械整合实效性不足的问题，逐步推动大中小学思政课运行整合机制趋于协同化、走向规范化、凸显实效性。

提升教育的实效性要求增强统筹性、系统性。从哲学高度看，统筹兼顾是注重事物之间普遍联系、有机联系的辩证法。辩证法就是研究系统内部与外部、各种系统之间联系，以及系统的运动和发展规律的科学。马克思、恩格斯以系统的观点看待整个世界，将客观世界阐述为相互联系、纵横交织的有机集合体。马克思把人类社会视为一个不断变化的有机整体："现在的社会不是坚实的结晶体，而是一个能够变化并且经常处于变化过程中的有机体。"[①]恩格斯认为自然界是一个有机整体："我们所接触到的整个自然界构成一个体系，即各种物体相联系的总体。"[②]毛泽东坚持辩证的系统观，提出了统筹兼顾的工作方法，指出："现在是我们管事了。我们的方针就是统筹兼顾，各得其所。"[③]辩证的系统观认为，系统的各个要素之间并非孤立、毫无联系的简单排列，整体功能也不等于部分功能的简单相加，明晰了若干要素之间是按照特定方式重新组合排列的。"由各种要素或部分共同构成的系统整体不仅具有要素或部分在孤立状态时所不具有的性质和功能，而且还往往大于要素或部分的功能之和。"[④]在教育学中，为了使有机联系的各个部分之间形成相向而行、协同共促的整体，就必须增强教育的统筹性、协同性。党和国家关于思政课一体化的相关文件中，深化了对统筹形成有机衔接布局的认知。例如，2005年教育部

①《马克思恩格斯文集》第五卷，人民出版社2009年版，第10—11页。

②《马克思恩格斯文集》第九卷，人民出版社2009年版，第514页。

③《毛泽东文集》第七卷，人民出版社1999年版，第186页。

④ 赵国营、张荣华：《论马克思主义中的系统思想》，《广西社会科学》2017年第1期，第53页。

发布的《关于整体规划大中小学德育体系的意见》中，从德育一体化角度提出了要统筹大中小学德育课程体系设计，形成有效衔接、分层实施、循序渐进、整体推进的学校德育体系。“使大中小学德育纵向衔接、横向贯通、螺旋上升，不断提高针对性实效性和吸引力感染力，更好地促进青少年学生健康成长。”“统筹大中小学德育课程体系设计，统筹大中小学德育课程标准制定和教材编写，保证大中小学德育课程内容的衔接。”2010年出台的《国家中长期教育改革和发展规划纲要（2010—2020年）》进一步强调了要增强不同学段之间的有机衔接，提出要“树立系统培养观念，推进小学、中学、大学有机衔接，教学、科研、实践紧密结合，学校、家庭、社会密切配合，加强学校之间、校企之间、学校与科研机构之间合作以及中外合作等多种联合培养方式，形成体系开放、机制灵活、渠道互通、选择多样的人才培养体制”。“健全统筹有力、权责明确的教育管理体制。”“构建大中小学有效衔接的德育体系。”2017年中共中央办公厅、国务院办公厅印发的《关于深化教育体制机制改革的意见》指出，要“构建以社会主义核心价值观为引领的大中小幼一体化德育体系”。在2019年召开的学校思想政治理论课教师座谈会上，习近平总书记用“循序渐进、螺旋上升”指明了思政课一体化的核心要义。

推动思政课一体化建设要以系统性思维统筹兼顾，这是遵循思想政治教育规律的内在要求和应然举措。形成有机衔接布局意味着思政课一体化并非机械的资源整合，而是要构建整体规划、层次分明、结构合理、有机衔接、充满活力、系统高效的育人格局。显然，思政课一体化建设是一个联系不同教育主体、多方教学资源的有机体，打破教学“孤岛”状态需要增强整体性、协同性、连贯性，通过强化思政工作全要素意识，运用多样化方式，调动一切有利力量，实现思政课关键环节的资源整合、优化配置，从而形成一个布局合理、分工科学、有机协调、顺畅高效的合作育人格局。为此，思政课一体化需要加大资源整合的统筹性，通过思政课教育过程中各个子系统的有机联合，产生综合育人效应。有学者指出："一体化不仅涉及到外部机构之间的衔接还涉及到教育教学的内部有机统一，课程与课程之间、思政教育与整体教育之间、教学的各要素之间、教师与教师之间、校内课堂与社会课堂之间都应有一体化的思维，是基于人才培养目标层层分解、层层落实而形成的网格化体系。"[①]显然，这些不同要素之间的整合不是机械叠加，而是要形成有机衔接的科学布局，从而产生1+1>2的协同效应。例如，从教学资源整合角度而言，思政课一体化需要着眼于教学资源的创新性聚合，深度挖掘各个学段思政课教学协同育人资源，增强思政课与其他学科课程内容之间的有机关联，以精细化、科学化的课程设置实现大中小学思政课课程标准、教材内容的有序对接，消除不同阶段、不同类型思政课教学内容之间的断裂和壁垒。从教学管理协同角度而言，各级教育管理部门需要增强协同开展思政工作的理念，形成各负其责又齐抓共管、各个突破又协同配合的工作格局，积极汇聚多方资源支持思政课一体化建设，进一步推动各个年级、不同学校之间实现教育联动，探索建设校内校外思政课一体化教学共同体，为思政课一体化建设提供制度支撑。从思政课一体化建设多元主体协同性角度而言，还需要推进学校、家庭和社会多方育人主体参与思政课一体化建设。显然，汇聚多方资源、多元力量参与思政课一体化建设，必须在各个环节、各个层面上增强思政课的统筹性、系统性、集成性、协同性、连贯性，形成各个层面协同推进的思政课建设强大合力。可见，思政课一体化建设需要统筹推进，形成有机衔接布局，从而使大中小学思政课实现有序衔接、达成最优整合、实现最佳效果。

总之，思政课一体化建设遵循螺旋上升的原则，这是事物发展客

① 谭红岩、孟钟捷、戴立益：《大中小学课程思政一体化建设的路径分析》，《教师教育研究》2022年第2期，第93页。

观规律所决定的，思政课一体化建设具有复杂性、曲折性，螺旋上升意味着思政课一体化旨在通过提升思政课立德树人水平，促进受教育者朝着社会要求的方向不断发展。

综上所述，大中小学思政课一体化建设必须加强对思政工作规律、教书育人规律、学生成长成才规律的研究和运用，以此指引思政课一体化建设，从而把握新时代对思政课变革提出的基本要求和推进原则，增强大中小学思政课一体化建设的科学性。

第二章 大中小学思政课一体化建设的课程目标体系和课程体系

第一节　大中小学思政课一体化建设的课程目标体系

一、课程目标体系确定的依据与原则

（一）依据

1.党和国家方针政策

大中小学思政课一体化课程目标体系的确立，要在党和国家制定的一系列教育方针政策的指导下完成，是以此为基础的创新和发展，既不能脱离主体，也不能“另起炉灶”。各学段思政课目标的制定都要服务于我国教育培养的目标，即“培养德智体美劳全面发展的社会主义建设者和接班人”。《义务教育道德与法治课程标准（2022年版）》对小学、初中阶段“道德与法治”课程的性质、理念、目标、内容、质量要求和课程实施等都作了明确规定。《普通高中思想政治课程标准（2017年版2020年修订）》对高中阶段“思想政治”课程的性质、基本理念、核心素养、目标、结构、内容、学业质量和实施

建议等提出了明确要求。《高等学校思想政治理论课建设标准（2021年本）》对大学阶段思想政治理论课的组织管理、教学管理、队伍管理、学科建设等划定了三级指标。此类文件的制定和完善，为大中小学思政课一体化建设奠定了基础。一体化课程目标体系的确立也要以此为指导，符合《义务教育道德与法治课程标准（2022年版）》《普通高中思想政治课程标准（2017年版2020年修订）》和《高等学校思想政治理论课建设标准（2021年本）》规定的课程目标框架。2020年12月，中共中央宣传部、教育部联合制定了《新时代学校思想政治理论课改革创新实施方案》，对大中小学思政课一体化的课程目标体系、课程体系、课程内容、教材体系建设和组织领导等做了详细规划和部署，也为一体化课程目标体系的最终确立提供了依据。

近年来，党和国家还专门针对大中小学思政课一体化建设制定了一系列方案意见，既为加快推进大中小学思政课一体化建设指明了方向，也为构建完善、规范的思政课课程目标体系提供了思路。2019年8月，中共中央办公厅、国务院办公厅印发了《关于深化新时代学校思想政治理论课改革创新的若干意见》，提出要“统筹大中小学思政课一体化建设，推动各类课程与思政课建设形成协同效应”。在思政课课程目标规划方面，意见指出要“在大中小学循序渐进、螺旋上升地开设思政课，引导学生立德成人、立志成才，树立正确世界观、人生观、价值观，坚定对马克思主义的信仰，坚定对社会主义和共产主义的信念，增强中国特色社会主义道路自信、理论自信、制度自信、文化自信，厚植爱国主义情怀，把爱国情、强国志、报国行自觉融入坚持和发展中国特色社会主义事业、建设社会主义现代化强国、实现中华民族伟大复兴的奋斗之中”。同年9月，教育部等五部门联合印发了《关于加强新时代中小学思想政治理论课教师队伍建设的意见》，提出要“推进大中小学思政课教师队伍专业发展一体化建设”。2020年12月，教育部组织成立了大中小学思政课一体化建设指导委员会。

2021年11月，教育部办公厅印发了《教育部大中小学思政课一体化建设指导委员会章程》，对委员会的组织、任务、工作方式等作了规定，为进一步推动大中小学思政课一体化建设提供了组织保障。2022年7月，教育部等十部门联合印发了《全面推进“大思政课”建设的工作方案》，再次提出要“深入推进大中小学思政课一体化建设”。同年11月，教育部印发了《关于进一步加强新时代中小学思政课建设的意见》，就推动新时代中小学思政课建设从总体要求、深化教学管理创新、丰富课程教学资源、加强教师队伍建设、完善教研工作机制、构建大思政课体系、组织实施七方面进行了工作部署。同年12月，教育部办公厅发布了《关于开展大中小学思政课一体化共同体建设的通知》，对大中小学思政课一体化共同体建设提出了具体要求。

2.学校立德树人根本任务

习近平总书记指出：“思政课是落实立德树人根本任务的关键课程，思政课作用不可替代。”[①]党的十八大以来，党和国家加快了学校思政课系统化建设，围绕“立德树人”这一总体目标和不同学段的任务要求开始了整体架构、分层递进、螺旋上升的大中小学思政课一体化课程体系建设。思政课作为“国之大者”，肩负关键使命，承担着思想引领、知识传授、品格塑造、行为规范等重要职责，是引领青年成长成才的重要途径，事关社会主义人才培养的大局。推动实现中华民族伟大复兴关键在人，不只是有才干的人，更是有良好德行的人，而培养输送德才兼备的人才正是思政课的使命所在。青年人是祖国的希望、民族的未来，在社会历史的发展进程中发挥着重要的作用，也必将接续成为社会主义现代化建设新征程上、在迈向第二个百年奋斗目标道路上的中流砥柱。培养能够立大志、明大德、成大才、担大任的社会主义时代新人，是各学段思政课的重要任务。推动构建大中小

① 习近平：《思政课是落实立德树人根本任务的关键课程》，人民出版社2020年版，第2页。

学思政课一体化建设，也是为了更好地实现思政课铸魂育人的功能。因此，一体化课程目标体系的确立也必将是为人才培养服务，为最终实现“立德树人”根本任务服务的。

课程目标是组织课程、选择课程内容、指导课程实施、进行课程评价的依据和价值指向，是组织教育教学活动的行动指南，作为“指挥棒”贯穿学校思想政治教育教学全过程。各学段思政课的课程目标都是围绕“培养什么人、怎样培养人、为谁培养人”这一根本问题展开，其决定了大中小学思政课一体化建设的根本方向，在课程建设中居于统领地位。尽管不同学段思政课在课程设置、教学内容、教学方法、教学手段、评价方式等方面有所不同，但其根本指向是一致的，都是为实现特定课程目标服务的。课程目标体系的一体化设计有组织、有计划地勾画了思政课人才培养的美好蓝图，为培养德智体美劳全面发展的社会主义建设者和接班人指明了方向。

3. 不同学段学生年龄特点

思政课是青少年成长成才的“关键一课”，需要以学生为中心，在掌握不同学段学生成长发展的特点和规律的基础上开展教学。纵向来看，青少年思想品德的培养和发展具有长期性、复杂性、反复性、综合性等特点；横向来看，即使处于同一阶段的学生，也会各自呈现出不同的特点，这对一体化课程的设计提出了挑战。为此，课程体系的搭建和目标设计需要遵从学生成长和认知发展的规律，充分考虑各学段学生特点，具体问题具体分析，突出不同学段思想政治教育教学的侧重点，回应不同时期学生的成长问题和发展需求，更好地发挥思政课的价值导向与引领作用，提升思政课人才培养的质量。要因材施教，坚决避免毫无差异的“一刀切”式目标设定，使各学段思政课在符合学生生理、心理、认知水平的基础上有序开展、科学推进。各学段思政课课程目标的设立都不能脱离思想政治教育的总目标，需要在总目标的指引下互相支撑、协调发力。但其在不同学段的具体呈现形式又有所不同，需要综合考虑和统筹安排，以差异化的形式进行设计，体现不同学段思政课的目标特色。

小学阶段学生知识水平有限，文字阅读和理解能力都欠佳，因此，思政课课程目标的设立应侧重于启蒙和培养学生的道德情感认知，以感性教育为主，为后续理论知识的培育筑牢感情基础。根据埃里克森的人生发展八阶段论，小学阶段的学生处于学龄期，会面对“勤奋对自卑”的冲突。学校是该阶段学生的主要活动场所，学生也会在学校里不断学习如何适应社会、接受掌握日常生活必备知识技能的培训。当学生能顺利完成该阶段的课程学习的时候，就会更勤奋，以及树立未来独立处理生活和工作任务的信心，反之就会自卑。因此，适当的生活习惯、基础的社会常识和道德素养的培养成为此阶段思政课目标确立的重点。中学阶段的学生理解力和认知力都有所提升，此阶段的思政课要逐步实现从感性教育到理性教育的过渡，以打牢学生的思想基础和提升政治素养为主要目标，为大学阶段理性知识的学习做好铺垫。中学阶段的学生慢慢过渡到青春期，会面对“自我同一性和角色混乱”的冲突。学校依然作为学生的主要活动场所存在，在帮助学生学习知识之余，使他们逐渐社会化，解决自我认知上的冲突，完成自我同一性的建立。该阶段的学生已经具备了认识抽象事物的能力，因此，思政课目标的设立也可以上升到要求学生掌握一些基本的理论常识，做到“知其然”。大学阶段学生的理解力、认知力和行动力水平已趋于稳定和成熟，该阶段的思政课目标设立应以增强使命担当为主。该阶段的学生处于成年早期，会面对“亲密对孤独”的冲突。此阶段学生与社会、与他人的关系更加紧密，是他们从学校过渡到社会、从学生身份过渡到职场人的关键时期。该阶段学生的理性认知能力上升，判断、推理能力增强，政治敏锐力也较中学时期更为成熟，且对周围环境既好奇又迷茫。因此，他们既需要更强大的情感支撑，也需要增强理论自觉和自信，达到“知其所以然”的境界。

（二）原则

1.纵向衔接、横向贯通

思政课是落实立德树人根本任务的关键课程，各学段思政课都承担着这一任务使命，共同构成一个不可分割、相互关联的整体。只有在沟通合作、协调互补的基础上不断优化配置，增强这个整体的内在凝聚力，才能形成强大的育人合力，最终达到“1+1>2”的效果。大中小学思政课一体化课程目标体系的确立要把不同学段的课程目标看作是一个内部各要素之间相互联系、相互依存、相互衔接的有机整体，而不是孤立、割裂、分离的存在，也不应该是简单重复或交叉叠加的。从思政课课程目标到课程目标体系的变化，打破了以往各学段课程单打独斗、相对独立的局面，反映了党和国家在思政课建设定位上的变化，以及新时代对思政课的整体化、系统化要求。大中小学思政课一体化课程目标体系的设计要整体统筹、系统推进：首先，要结合时代特征，确立统摄各学段目标的思政课总体目标，明确育人指向，达成高度的育人共识，为目标一体化打下基础、埋下主线；其次，各阶段目标是总体目标的展开，其设计要遵循不同阶段学生的成长认知规律，有明确的侧重分工，既体现出差异性，又要注意不同学段课程目标间的关联性和贯通性，各部分之间要有清晰的逻辑结构和层次关系，最终实现课程总体目标和学段目标的有序整合。

在纵向上增强各学段课程目标的有效衔接，即要上下观照、彼此联系、逐步深化、自然过渡，统一于思政课总体目标之下。不同学段的学生认知层次和抽象理解能力各有不同，但都处于人格塑造的关键阶段，需要有针对性地进行引导。所以，不同学段课程目标的衔接也要做到层次分明、承前启后、立体联动，既要兼顾学生的身心发展水平，又要潜移默化地帮助学生实现认知跃迁，避免出现理论或实践目标的重复、断层和跳跃。在一体化课程目标体系中，低学段目标是高学段目标的前提和基础，高学段目标是低学段目标的巩固和延伸。在横向上实现课程目标的有效贯通，就是要多方兼顾、有机串联、协调发展，共同为实现阶段性目标效力。一方面，思政课阶段性课程目标的内部设计要兼顾思想基础、道德素质、法治素养和政治素养等多维度方向上的目标，且彼此间又要互相联系、互为支撑；另一方面，在阶段性思政课课程目标与同学段其他学科课程目标的外部联系上，也要进行横向连接，在思政课课程目标中设置回应其他学科课程目标的内容，同时挖掘其他学科中的思政育人元素，融入课程目标建设，逐步扭转思政课“孤军奋战”的局面，形成学科间的良性互动，共同完成该学段的总体教育目标。要在教育系统形成广泛共识，纵向衔接，横向贯通，密切配合，构建形成“三全育人”的大思政课格局。

2.循序渐进、螺旋上升

2019年3月18日，习近平总书记在学校思想政治理论课教师座谈会上的讲话中强调：“在大中小学循序渐进、螺旋上升地开设思想政治理论课非常必要，是培养一代又一代社会主义建设者和接班人的重要保障。”①2020年12月，中宣部、教育部联合印发了《新时代学校思想政治理论课改革创新实施方案》，提出要“按照循序渐进、螺旋上升的原则，立足于思政课的政治性属性，对大中小学思政课课程目标进行一体化设计”。大中小学思政课一体化课程目标体系要遵循“循序渐进、螺旋上升”的原则，就要先对学生思维发展、人格塑造和成长成才规律有清晰的把握和认知。然后根据教育教学规律，结合不同学段学生的年龄特点、认知水平、接受习惯、兴趣爱好等因素，对思政课课程目标体系进行调整和优化，使其更符合学生的特点，符合学生在不同阶段的发展需求，从而激发学生的学习兴趣，增强学生在思政课上的获得感。大中小学思政课一体化课程目标体系的设计，还要按照思政课的学科知识脉络和演化逻辑全面擘画、科学布局，分

①《习近平谈治国理政》第三卷，外文出版社2020年版，第329页。

层次、分学段地进行构建，要牢牢把握习近平新时代中国特色社会主义思想这条主线，在政治认同、家国情怀、道德修养、法治意识、文化修养等方面稳步推进，其最终目的是使学生坚定“四个自信”，成长为德智体美劳全面发展的社会主义建设者和接班人。

根据课程标准，目前我国小学和初中阶段开设了“道德与法治”课程，高中阶段开设了“思想政治”课程，大学阶段开设了“思想政治理论课”。在思政课课程目标的设计过程中，根据不同学段的学生特点和人才培养需求，小学阶段的课程目标应侧重于建立情感链接和普及基础知识，中学阶段应侧重于提高思想素质和培养政治认同，大学阶段应侧重于深化理论知识和提升实践能力。相邻学段课程目标在思维逻辑和理论深度上要既有区别又有联系，打造逐层递进的思政课教育梯次，最终在大中小学形成“由浅入深、循序渐进、有机统一”的一体化思政课课程目标体系。同时，要注意建立不同学段课程目标间的关联，有序推动低龄学段课程目标向高龄学段课程目标的自然过渡转化，避免出现不同学段课程目标之间的低级重复，甚至“倒挂”等问题，形成规划科学、布局合理的课程目标体系，实现课程目标在不同学段间的“螺旋上升”。诚然，部分思政课课程目标不是一朝一夕可以达成的，这部分课程目标不仅会出现在低龄学段，也会出现在高龄学段，它们的重复出现是不可避免的，也是必要的。即便是同样的目标，也要上下观照相邻学段的定位，引导学生对同一目标实现从情感认同到理论内化，再到灵活运用的转变，在联系发展中实现同质化目标的递进式上升。

3.学践结合、知行统一

马克思指出：“全部社会生活在本质上是实践的。”[①]习近平总书记强调：“青年要成长为国家栋梁之材，既要读万卷书，又要行万里

①《马克思恩格斯选集》第一卷，人民出版社2012年版，第135页。

路。”[①]理论离开实践就是僵化的教条，实践离开理论就是盲目的行动。学校教育也要坚持学习与实践结合、知行统一的原则，把理论知识的传递与社会实践育人有机结合起来，把书本知识和生活实际结合起来，在学校小课堂和社会大课堂的共同作用下，使学生走出一条成长成才的道路。思政课要充分发挥理论教学和实践教学的双重功效，使两者相互协调、相辅相成，在铸魂育人的同时为推动构建大思政课格局发力。一方面，理论学习是完成课堂教学，向学生传授知识的主要环节。加强理论学习可以坚定学生对马克思主义的信仰，提升学生的思想道德素质和法治素养，同时不断提升学生的整体认知水平和理论思维能力，培养其辩证地、独立自主地思考问题的方式和习惯。另一方面，社会实践既是思政课理论知识的来源，又是其最终的落脚点。学生通过社会实践既能够增强体验感，完成对课堂理论知识的消化，加深对理论知识的理解，入脑入心，又可以在实践过程中完成对理论的检验和更新，最终在理论与实践的双重作用下实现思政课教学内容内化于心、外化于行的统一。

不同于专业课，思政课是对人的思想意识的改造，最终又要回到现实世界中来，思想的变化及其对世界产生的影响都是润物无声、潜移默化的，所以大中小学思政课一体化课程目标体系的确立更应注重理论与实践的结合。一方面，要完成对理论目标的制定，并跟随社会实践的发展，不断完成理论和理论目标的更新，再继续用其去指导新的实践。另一方面，也要结合国家发展和社会生活的实际需求确立实践目标，关注并回应现实问题，激发学生对理论学习的兴趣，使学生深刻理解理论对社会发展的推动作用，增强其现实参与感，以此加强对学生实践能力和创新精神的培养，帮助学生树立起作为担当民族复兴大任的时代新人的责任感和使命感。理论目标和实践目标在确立的

①《习近平关于青少年和共青团工作论述摘编》，中央文献出版社2017年版，第55页。

过程中要进行科学的统筹规划，以实现二者之间的良性互动，帮助学生在实践目标的达成中提升对思政课理论知识的信服度，以及培养学生运用理论知识去解决实践问题的能力，推动“学校小课堂和社会大课堂”“书本知识和现实生活”的有效衔接和融合，形成课上课下、校内校外互动联通的大中小学一体化思政育人新格局，使思政课从学校场域自然延伸渗透到社会生活中去，真正做到“思政课不仅要在课堂上讲，也应该在社会生活中来讲”①。

4.以人为本、全面发展

习近平总书记在全国高校思想政治工作会议上指出：“思想政治工作从根本上说是做人的工作，必须围绕学生、关照学生、服务学生，不断提高学生思想水平、政治觉悟、道德品质、文化素养，让学生成为德才兼备、全面发展的人才。”②“以人为本”就是把人放在中心位置，作为思考和解决一切问题的出发点，其最终目的在于发展人、培育人。人本思想最早可以追溯到春秋战国时期的孔孟学说，随着时代的发展变迁，这一理念也得到了长足发展，并被广泛运用于多学科领域，思想政治教育领域也继承其精华并形成了丰厚的成果。“以人为本”不仅要满足人的自然需要，更要实现人的社会需要，保证其作为人的一切权利。

社会主义教育的根本任务是“培养德智体美劳全面发展的社会主义建设者和接班人”，在德智体美劳“五育”当中，“德”是统帅和灵魂，对其他“四育”有着政治导向和价值引领的作用，又蕴含于其他“四育”当中，与其他“四育”相互协调、相互促进、相辅相成。思政课涉及政治学、经济学、哲学、法学、社会学等多学科内容，以全面教育助推人的全面发展，对大学生完善人格、坚定“四个自信”具有重要的作用。

①《“大思政课我们要善用之”》，《人民日报》2021年3月7日，第1版。

②《习近平谈治国理政》第二卷，外文出版社2017年版，第377页。

思政课作为落实立德树人根本任务的关键课程，承担着引导学生树立正确的世界观、人生观和价值观的使命，既要传授思想政治理论知识，又要在意识形态建设上发挥作用，以学生为中心，紧跟学生的成长步伐，关注其思想动态和利益诉求，回应其生存发展的现实需要，提升其应对复杂多变的社会环境的能力，全面培养和提升学生的思想道德素养和法律素养。所以，大中小学思政课一体化课程目标体系的确立，也要符合教育教学规律和学生成长成才规律，综合考虑学生的认知、情感、态度和行为等多方面因素，从学生的个人成长和发展的需要出发，关注学生的主体价值和功能，发掘其潜能，激发学生的积极性、创造性和主观能动性，全面培养学生的综合素质，提高学生在思想政治教育过程中的获得感。总体目标和阶段性目标的确立都要以“人的全面发展”为出发点和落脚点，彰显“以人为本”的思想政治教育理念，同时注重学生的个性化发展和个体特殊性的合理展现，尊重不同学段学生的个体差异性。不同学段课程目标的过渡和衔接，也要以人为本，遵循学生的认知跃迁规律，因材施教，促进学生自由而全面地发展，提升思政课的育人效果。

5.守正创新、与时俱进

事物是运动变化发展的，随着时代变化发展，我们也应不断推动思政课实现高质量发展。在一体化课程目标体系的设计上，既要坚守思政课落实立德树人根本任务和政治引领的功能不变，又要根据个体发展和社会生活的实际需要适时调整；既要坚持马克思主义的立场、观点、方法不变，又要根据实践的发展及时完成理论的创新与融入，确保思政课课程目标体系的科学、前沿和权威。新时代，只有在思政课铸魂育人功能的统摄下，坚持既联系又发展的观点，立足全局，守正创新，与时俱进，合理规划，才能科学地制定好各学段思政课的课程目标，构建思政育人新格局。长期以来，思政课建设在吸纳党的理论创新和马克思主义最新理论成果方面一直走在前列，各学段思政课课程方案、标准、教材等都进行过多次调整，进入新时代以来更是发生了全面深刻的变化。最新调整的课程体系纳入了习近平新时代中国特色社会主义思想，以及中华优秀传统文化、革命传统、国家安全、法治教育等主题，并将习近平总书记关于培养担当民族复兴大任时代新人的要求融入思政课课程目标体系。

2019年，针对小学和初中学段的义务教育课程修订正式启动，历时3年，并最终形成了《义务教育课程方案和课程标准（2022年版）》，义务教育阶段道德与法治课的课程标准相较以往也发生了巨大变化。2017年，教育部针对高中学段发布了《普通高中思想政治课程标准（2017年版）》，2019年又在此基础上进行修订，形成了现行的《普通高中思想政治课程标准（2017年版2020年修订）》。2015年，教育部针对大学学段颁布了《高等学校思想政治理论课建设标准（暂行）》，2021年又重新进行修订，形成了《高等学校思想政治理论课建设标准（2021年本）》。高校思想政治理论课教材也经历了从2013年版、2015年版、2018年版、2021年版，到2023年最新版的多次修订。2021年，国家教材委员会印发了《习近平新时代中国特色社会主义思想进课程教材指南》，指出思政课程是落实习近平新时代中国特色社会主义思想进课程教材的主渠道，是落实立德树人根本任务的关键课程。为推动习近平新时代中国特色社会主义思想"三进"工作，同时适应不同阶段学生的年龄特点和学习需求，教育部组织编写了《习近平新时代中国特色社会主义思想学生读本》共5册，其中小学2册、初中1册、高中1册、大学1册，还编写了《习近平总书记教育重要论述讲义》，为学生及时掌握党的最新理论成果提供权威学习材料。

二、课程目标体系的具体内容

（一）总目标

在大中小学循序渐进、螺旋上升地开设思政课，引导学生立德成人、立志成才，树立正确世界观、人生观、价值观，坚定对马克思主义的信仰，坚定对社会主义和共产主义的信念，增强中国特色社会主义道路自信、理论自信、制度自信、文化自信，厚植爱国主义情怀，把爱国情、强国志、报国行自觉融入坚持和发展中国特色社会主义事业、建设社会主义现代化强国、实现中华民族伟大复兴的奋斗之中。大学阶段重在增强使命担当，引导学生矢志不渝听党话跟党走，争做社会主义合格建设者和可靠接班人。高中阶段重在提升政治素养，引导学生衷心拥护党的领导和我国社会主义制度，形成做社会主义建设者和接班人的政治认同。初中阶段重在打牢思想基础，引导学生把党、祖国、人民装在心中，强化做社会主义建设者和接班人的思想意识。小学阶段重在启蒙道德情感，引导学生形成爱党、爱国、爱社会主义、爱人民、爱集体的情感，具有做社会主义建设者和接班人的美好愿望①。

（二）分目标

按照循序渐进、螺旋上升的原则，立足于思政课的政治性属性，对大中小学思政课课程目标进行一体化设计，以了解学习、理解把握习近平新时代中国特色社会主义思想为课程主线，在政治认同、家国情怀、道德修养、法治意识、文化修养等方面提出明确要求，引导学生坚定“四个自信”，做德智体美劳全面发展的社会主义建设者和接

① 参见中共中央办公厅、国务院办公厅：《关于深化新时代学校思想政治理论课改革创新的若干意见》，2019年8月14日。

班人。

第一，小学阶段重在培养学生的道德情感。重点引导学生知晓基本国情，尊敬国旗国徽，会唱国歌；了解革命领袖和民族英雄的生平故事，培养学生对习近平新时代中国特色社会主义思想的情感认同；知道社会主义核心价值观，初步形成规则意识，知道宪法有关常识，初步具有依据法律维护自身权益的意识；讲礼貌、守纪律、知对错；形成爱党、爱国、爱社会主义、爱人民、爱集体的情感，具有做社会主义建设者和接班人的美好愿望。

第二，初中阶段重在打牢学生的思想基础。重点引导学生初步了解习近平新时代中国特色社会主义思想，感知马克思主义的思想力量和中国特色社会主义的实践成就；增强国家意识和国情观念，树立民族自尊心、自信心、自豪感；加深理解社会主义核心价值观，了解与学生日常生活密切相关的法律常识，具有初步的宪法意识、法治观念等；明是非、讲规则、辨善恶；把党、祖国、人民装在心中，强化做社会主义建设者和接班人的思想意识。

第三，高中阶段重在提升学生的政治素养。重点引导学生初步掌握马克思主义基本原理，了解马克思主义中国化历史进程及其理论成果，理解习近平新时代中国特色社会主义思想；树立正确的历史观、民族观、国家观、文化观，认同伟大祖国、中华民族、中华文化、中国共产党、中国特色社会主义，积极践行社会主义核心价值观，树立宪法法律至上、法律面前人人平等观念，进一步增强法治意识；有序参与公共事务，勇于承担社会责任，积极行使人民当家作主的政治权利，明方向、遵法纪、知荣辱；衷心拥护党的领导和我国社会主义制度，形成做社会主义建设者和接班人的政治认同。中等职业学校（含技工学校）课程要体现职业教育特色。

第四，大学阶段重在增强学生的使命担当。重点引导学生系统掌握马克思主义基本原理和马克思主义中国化理论成果，了解党史、新中国史、改革开放史、社会主义发展史，认识世情、国情、党情，深刻领会习近平新时代中国特色社会主义思想，培养运用马克思主义立场观点方法分析和解决问题的能力；自觉践行社会主义核心价值观，尊重和维护宪法法律权威，识大局、尊法治、修美德；矢志不渝听党话跟党走，争做社会主义合格建设者和可靠接班人。本科及高等职业学校专科课程重在加强理论教育和学习，高等职业学校课程还要体现职业教育特色。研究生课程重在探究式教育和学习[①]。

第二节　思政课课程的历史沿革与体系形成

一、思政课课程的历史沿革及发展

（一）改革开放和社会主义现代化建设新时期思政课课程方案的历史沿革

1.1978—1984年

1977年，“文化大革命”结束，全国高考制度恢复。1978年，党的十一届三中全会胜利召开，我们党重新确立了实事求是的思想路线，决定将全党的工作重心转移到社会主义现代化建设上来，并提出了改革开放的任务。在此背景下，高校思想政治教育工作也重新回到了正轨，并开启了随时代任务变化不断调整完善课程体系的进程。

1978年，教育部颁布《全日制十年制中小学教学计划试行草案》，规定小学四、五年级开设政治课，每周2课时，主要进行初步的共产主义思想教育和必要的政治常识教育。中学政治课包括“科学社会主义”“社会发展简史”“政治经济学常识”和“辩证唯物主义常识”四

① 参见中共中央宣传部、教育部：《新时代学校思想政治理论课改革创新实施方案》，2020年12月18日。

门课程。1980年9月，教育部印发了《关于改进和加强中学政治课的意见》，对中学政治课的地位和任务、课程设置、教学质量、教师队伍建设和政治课教学领导五方面提出了要求。1981年，教育部印发了《全日制五年制小学教学计划（修订草案）》，将小学“政治课”改为“思想品德课”。同年，《中学政治课教学大纲（征求意见稿）》发布。1982年，教育部颁布了《全日制五年制小学思想品德课教学大纲（试行草案）》，第一次系统科学地构建了小学德育课程内容体系；同年还印发了一系列中学政治教学大纲，各科统编教材及教学参考书也相继出版。

1978年4月，教育部办公厅发布了《关于加强高等学校马列主义理论教育的意见》，明确了马列主义理论课的目的和任务，并指出所有高等学校均应开设“辩证唯物主义与历史唯物主义”“政治经济学”和“中国共产党党史”三门课程。此外，理工农医专业另开设“自然辩证法”课程，文科院校开设“国际共产主义运动史”课程。1980年7月，教育部制定了《改进和加强高等学校马列主义课的试行办法》，将高校马列主义课程调整为“中共党史”“政治经济学”和“哲学”三门，文科专业加开“国际共产主义运动史”或试开“科学社会主义”；1982年10月，教育部发布了《关于在高等学校逐步开设共产主义品德课程的通知》。在高校增设“共产主义思想品德”课程。1984年9月，教育部发布了《关于高等学校开设共产主义思想品德课的若干规定》，对高校思想品德课的开设工作做出明确规定。至此，高校思想政治理论课已经包含“马克思主义理论”和“共产主义思想品德”，“两课”初具模型。

2.1985—1997年

改革开放以来，我国的经济发展水平和综合国力都飞速提升，与此同时，各种西方社会思潮也开始涌入，带来不少消极腐朽的思想观念，对我国的思想政治教育工作造成了巨大冲击，也提出了新的要求。为巩固社会主义制度，坚定马克思主义信仰，维护社会主义建设成果，思政课迎来了全新的改革，以期改善教育教学效果。

1985年8月，中共中央发布了《关于改革学校思想品德课和政治理论课教学的通知》，明确了新时期不同层次学校（小学到研究生）马克思主义思想品德课和政治理论课的主要内容和基本要求。1986年5月，国家教育委员会印发了《全日制小学思想品德课教学大纲》，规定教学目的是培养学生具有我国社会主义初级阶段公民所应有的良好的思想品德和行为习惯，为使他们成为有理想、有道德、有文化、有纪律的各级各类建设人才打下初步基础。同年发布的《中学思想政治课改革试验教学大纲（初稿）》规定了中学政治课改革试验课程设置：初一“公民”，初二“社会发展简史”，初三“中国社会主义建设常识”，高一“共产主义人生观”，高二“经济常识”，高三“政治常识”。1987年，国家教育委员会召开了教学大纲修订会，形成《中学思想政治课各科改革试验教学大纲（试行草案）》。1992年，国家教育委员会发布了《九年义务教育全日制小学思想品德课教学大纲（试用）》，规定了小学思想品德课教学的基本内容：爱祖国、爱人民、爱劳动、爱科学、爱社会主义。同年还印发了《全日制中学思想政治课教学大纲（试用稿）》。1993年，修订后的新大纲《九年义务教育全日制初级中学思想政治课教学大纲（试用）》和《全日制高级中学思想政治课教学大纲（试用）》正式发布。1994年8月，中共中央印发了《爱国主义教育实施纲要》和《中共中央关于进一步加强和改进学校德育工作的若干意见》，对不同学段的学校德育工作提出了明确要求。1995年12月，国家教育委员会印发了《关于进一步加强和改进中学思想政治课教学工作的意见》，提出了编订课程标准的主要任务和基本思路。1996年国家教育委员会印发了《全日制普通高级中学思想政治课课程标准（试行）》，1997年4月又编订《九年义务教育小学思想品德课和初中思想政治课课程标准（试行）》，第一次以课程标准取代教学大纲，并把小学和初中德育课程作为了一个整体。

“85方案”将高校思政课调整为“马克思主义原理”“中国革命史”“中国社会主义建设”和“世界政治经济与国际关系”四门课程。1986年3月，国家教育委员会发布了《关于在高等学校进一步贯彻〈中共中央关于改革学校思想品德和政治理论课教学的通知〉的意见》，再次明确了上述四门课程的设置。1986年7月，中宣部、国家教育委员会印发了《关于对高等学校学生深入进行形势与政策教育的通知》，同年9月下发了《关于在高等学校开设“法律基础课”的通知》。1987年6月，国家教育委员会发布了《关于高等学校研究生马克思主义理论课（公共课）教学的若干规定》，对文理工农医各专业的硕士、博士研究生需开设课程及学时做了详细规定。同年10月，国家教育委员会发布了《关于高等学校思想政治教育课程建设的意见》，规定了高校思想政治教育课程由“法律基础”“形势与政策”两门必修课和“大学生思想修养”“人生哲理”“职业道德”三门选修课组成。1991年8月，国家教育委员会下发了《关于加强和改进高等学校马克思主义理论教育的若干意见》，进一步明确了思政课实践育人的具体形式及组织开展方法。1993年6月，国家教育委员会思政司召开了新形势下高校思想政治教育课程建设座谈会，将“思想教育课”的名称改为“思想政治教育课程”，并将原设的“大学生思想修养”和“人生哲理”两门课合并调整为“思想道德修养”一门课，作为必修课在大一开设。1995年10月，国家教育委员会下发《关于高校马克思主义理论课和思想品德课教学改革的若干意见》，明确把马克思主义理论课和思想品德课统称为“两课”，规定四年制本科马克思主义理论教育设置“马克思主义基本原理”“有中国特色社会主义建设”和“中国革命史”课程；思想品德教育设置“思想道德修养”“法律基础”和“形势与政策教育”课程。文科类专业还应开设“世界政治经济与国际关系”课程，有条件的理工农医院校和专业可将其列入选修课。二年制和三年制大专应分别各开设二至三门马克思主义理论教育课程和思想品德教育课程。

3.1998—2004年

1997年，党的十五大把邓小平理论写入党章，党的指导思想完成了又一次与时俱进，新环境、新问题、新思想的出现也对学校思想政治教育工作提出了新要求。党的十五大后，国家教育委员会进行了充分调研，提出了《关于普通高等学校“两课”课程设置的若干意见（征求意见稿）》，为“98方案”的形成创造了条件。

1999年6月，中共中央、国务院发布了《关于深化教育改革全面推进素质教育的决定》。2000年12月，中共中央办公厅、国务院办公厅印发了《关于适应新形势进一步加强和改进中小学德育工作的意见》，提出修订小学思想品德和中学思想政治课课程标准，进一步改革和完善教育教学内容。2001年6月，教育部颁布了《基础教育课程改革纲要（试行）》，提出“整体设置九年一贯的义务教育课程”，小学阶段以综合课程为主，低年级开设“品德与生活”，中高年级开设“品德与社会”。同年颁布了《九年义务教育小学思想品德课和初中思想政治课课程标准（修订）》，规定课程设置为：初一开设心理素质课，初二开设法律常识课，初三开设社会发展常识和基本国情教育课程，高一开设经济常识课，高二开设哲学常识课，高三开设政治常识课。2002年，教育部颁布了《全日制义务教育品德与生活课程标准（实验稿）》和《全日制义务教育品德与社会课程标准（实验稿）》。2003年，教育部印发《全日制义务教育初中思想品德课程标准（实验稿）》，2004年3月，又印发《普通高中思想政治课程标准（实验）》，初中采用“思想品德课”名称取代之前使用的“思想政治课”。

1998年6月，中宣部、教育部联合印发《关于普通高等学校“两课”课程设置的规定及其实施工作的意见》，要求积极推动邓小平理论“进教材、进课堂、进头脑”的“三进”工作，还进一步调整了高校“两课”的课程设置，规定二年制专科马克思主义理论课由“马克思主义哲学原理”和“邓小平理论概论”构成，三年制专科在此基础上增设“毛泽东思想概论”，本科在三年制专科基础上增设“马克思主义政治经济学原理”“当代世界经济与政治”，本专科思想品德课均由“思想道德修养”和“法律基础”构成。师范、医学等一些特殊专业要将“职业道德”课作为专业基础课纳入教学计划，其他专业可作为选修课或作为“思想道德修养”课的一部分安排教学。硕士研究生马克思主义理论课包括“科学社会主义理论与实践”、“自然辩证法概论”（理工类开设）、“马克思主义经典著作选读”（文科类开设）。博士研究生马克思主义理论课包括“现代科学技术革命与马克思主义”（理工类开设）、“马克思主义与当代社会思潮”（文科类开设）。各层次各科类学生都要开设“形势与政策”课。进入21世纪，和平与发展成为时代主题，第三次科技革命裹挟着新思想在中国大地兴起，以江泽民同志为主要代表的中国共产党人提出了“三个代表”重要思想。2001年7月，教育部发布了《关于普通高等学校“两课”教育教学中贯彻江泽民同志“七一”重要讲话精神的通知》，提出要积极推进“三个代表”重要思想的“三进”工作。2003年2月，教育部发布了《关于进一步深化“三个代表”重要思想“三进”工作的通知》，将“邓小平理论概论”调整为“邓小平理论和‘三个代表’重要思想概论”，还要求在其他思想政治理论课中全面渗透“三个代表”重要思想，将“三个代表”重要思想与各门课程学科内容进行有机结合。

4.2005—2011年

党的十六大以来，以胡锦涛同志为主要代表的中国共产党人提出了科学发展观，形成了新的理论成果，学校思想政治教育工作也亟须作出新的调整。2004年，中宣部、教育部和共青团中央联合开展了全国大学生思想政治教育暨高校思想政治理论课调研。2004年10月，中共中央、国务院发出《关于进一步加强和改进大学生思想政治教育的意见》，从九个方面对进一步加强和改进大学生思想政治教育提出了要求，为“05方案”的形成创造了条件。

2011年，教育部针对小学印发了《义务教育品德与生活课程标准（2011年版）》和《义务教育品德与社会课程标准（2011年版）》，“品德与生活”课程以儿童的生活为基础，用“儿童与自我”“儿童与社会”“儿童与自然”三条轴线和“健康、安全地生活”“愉快、积极地生活”“负责任、有爱心地生活”“动脑筋、有创意地生活”四个方面组成课程的基本框架。“品德与社会”课程以“我的健康成长”“我的家庭生活”“我们的学校生活”“我们的社区生活”“我们的国家”和“我们共同的世界”为内容。同年，教育部还针对初中印发了《义务教育思想品德课程标准（2011年版）》，形成了“成长中的我”“我与他人和集体”和“我与国家和社会”三个板块。

2005年2月，中共中央宣传部、教育部印发了《关于进一步加强和改进高等学校思想政治理论课的意见》和《〈中共中央宣传部 教育部关于进一步加强和改进高等学校思想政治理论课的意见〉实施方案》，规定四年制本科课程设置“马克思主义基本原理”“毛泽东思想、邓小平理论和‘三个代表’重要思想概论”“中国近现代史纲要”和“思想道德修养与法律基础”四门必修课，同时开设“形势与政策”课，另开设“当代世界经济与政治”等选修课。2005年12月，《关于调整增设马克思主义理论一级学科及所属二级学科的通知》正式设立马克思主义理论一级学科，并将思想政治理论课纳入其中，成为下设的二级学科。2010年8月，中宣部、教育部印发了《关于高等学校研究生思想政治理论课课程设置调整的意见》，提出要在硕士研究生阶段开设必修课“中国特色社会主义理论与实践研究”，选修课“自然辩证法概论”和“马克思主义与社会科学方法论”；在博士研究生阶段开设必修课“中国马克思主义与当代”，选修课“马克思主义经典著作选读”。2011年1月，教育部发布了《高等学校思想政治理论课建设标准（暂行）》，为规范高校思想政治理论课的组织管理、教学管理、队伍管理和学科建设提供了宏观指导。

（二）新时代思政课课程的深化创新

党的十八大以来，中国特色社会主义进入了新时代，为适应新时代对学校思想政治教育工作的需要，各学段德育课程开启了全新改革。

1.方案变化

2016年6月，教育部、司法部和全国普法办联合印发了《青少年法治教育大纲》，并要求适时、相应修订中小学德育课程标准。从2016年秋季学期开始，小学“品德与生活”“品德与社会”，初中“思想品德”课程统一改为“道德与法治”课程，并在小学和初中设置法治知识课程。《道德与法治》教材由教育部组织编写，在全国范围内投入使用。自2017年秋季学期开始，统编教材正式投入使用，2019年秋季实现各年级全覆盖。2022年，教育部印发《义务教育道德与法治课程标准（2022年版）》，规定了小学、初中阶段的“道德与法治”课程设置。高中思想政治教材也由教育部统一组织编写，2019年9月起率先在北京、天津、辽宁、上海、山东、海南6个省市普通高中起始年级投入使用。2020年，教育部印发的《普通高中思想政治课程标准（2017年版2020年修订）》，明确了高中政治学科的核心素养是：政治认同、科学精神、法治意识和公共参与。其中，必修课以发展中国特色社会主义为主线，设计了“中国特色社会主义”“经济与社会”“政治与法治”“哲学与文化”四个模块；选择性必修课设置了“当代国际政治与经济”“法律与生活”“逻辑与思维”三个模块；选修课设置了“财经与生活”“法官与律师”“历史上的哲学家”三个模块。

2012年1月，教育部等多部门联合发布了《关于进一步加强高校实践育人工作的若干意见》，要求高校思想政治工作应强化实践教学环节、深化实践教学方法改革，同时加强大学生创新创业教育。2015年7月，中宣部、教育部印发了《关于普通高校思想政治理论课建设体系创新计划》，同年9月教育部修订印发了《高等学校思想政治理论课建设标准》，前者把高校思想政治理论课的教材建设、教学方法、学科建设、评价标准和二级机构建设等提升到体系化高度，后者是对前者精神的具体落实。2016年12月，习近平总书记在全国高校思想政治工作会议上的讲话中强调，高校思想政治工作关系高校培养什么样的人、如何培养人以及为谁培养人这个根本问题，要坚持把立德树人作为中心环节，把思想政治工作贯穿教育教学全过程，实现全程育人、全方位育人。这一讲话为新时代高校思想政治理论课建设指明了新的方向。2017年9月，教育部印发了《高等学校马克思主义学院建设标准（2017年本）》，对高校思想政治理论课的机构设置提出了标准化要求。2018年4月，教育部印发了《新时代高校思想政治理论课教学工作基本要求》，为全面推进习近平新时代中国特色社会主义思想“三进”工作奠定了基础。2019年3月，习近平在学校思想政治理论课教师座谈会上的讲话再次推动高校大学生思想政治理论课建设进入全新阶段。同年8月，《关于深化新时代学校思想政治理论课改革创新的若干意见》强调将思政课学习实践情况等作为重要内容纳入综合素质评价体系，9月发布的《“新时代高校思想政治理论课创优行动”工作方案》巩固落实了前者文件精神。

2.任务定位

中国特色社会主义进入新时代，面对世界百年未有之大变局，思想政治理论课也须进行新定位。党的十八大报告指出，要把立德树人作为教育的根本任务。2015年1月，中共中央办公厅、国务院办公厅发布的《关于进一步加强和改进新形势下高校宣传思想工作的意见》指出，加强和改进高校宣传思想工作是一项重大而紧迫的战略任务，其根本任务是立德树人。同年7月，中央宣传部、教育部出台的《普通高校思想政治理论课建设体系创新计划》提出，思想政治理论课是巩固马克思主义在高校意识形态领域指导地位，坚持社会主义办学方向的重要阵地，是全面贯彻落实党的教育方针，培养中国特色社会主义事业合格建设者和可靠接班人，落实立德树人根本任务的主干渠道。2018年4月，教育部印发的《新时代高校思想政治理论课教学工作基本要求》再次强调，思想政治理论课是全面贯彻党的教育方针、落实立德树人根本任务的主干渠道和核心课程。2019年3月，习近平总书记在学校思想政治理论课教师座谈会上的讲话中指出，“思政课是落实立德树人根本任务的关键课程，思政课作用不可替代”[①]。同年8月，中共中央办公厅、国务院办公厅印发了《关于深化新时代学校思想政治理论课改革创新的若干意见》，再次强调思政课是落实立德树人根本任务的关键课程。2020年12月，中共中央宣传部、教育部印发的《新时代学校思想政治理论课改革创新实施方案》强调，要充分发挥思想政治理论课在立德树人中的关键课程作用。新修订的《义务教育道德与法治课程标准（2022年版）》和《普通高中思想政治课程标准（2017年版2020年修订）》也指出：“道德与法治”和“思想政治”课程是小学、初中、高中阶段落实立德树人根本任务的关键课程。思政课的课程定位从思想政治教育“主渠道”到“关键课程”的递进，彰显了办好思政课是新时代学校教育的使命担当。“立德树人的关键课程”是对新时代思想政治理论课的功能定位，明确了其在各学段课程体系中的重要地位。

习近平总书记强调：“当前形势下，办好思政课，要放在世界百年未有之大变局、党和国家事业发展全局中来看待，要从坚持和发展中国特色社会主义、建设社会主义现代化强国、实现中华民族伟大复

① 习近平：《思政课是落实立德树人根本任务的关键课程》，人民出版社2020年版，第2页。

兴的高度来对待……办好思政课，最根本的是要全面贯彻党的教育方针，解决好培养什么人、怎样培养人、为谁培养人这个根本问题。”[①] 在新的历史方位上，我们迎来新机遇，同时也面临新挑战，学校是把握意识形态的前沿阵地，新时代思政课建设必须立足两个大局，既要着眼于治国理政关键问题，又要面向世界和未来，确保思政课建设的方向性、思想性、时代性和开创性，努力培养担当民族复兴大任的时代新人、德智体美劳全面发展的社会主义建设者和接班人。配合新时代学校思想政治教育地位和任务的变化，思政课教师的功能定位也有新的变化。习近平总书记对思政课教师提出了政治要强、情怀要深、思维要新、视野要广、自律要严、人格要正的要求，强调“办好思想政治理论课关键在教师，关键在发挥教师的积极性、主动性、创造性”[②]，“两个关键”的定位相较以往更加清晰和明确，也凸显出新时代思想政治理论课教师的责任之重。党的十八大以来，党中央高度重视在全党培养“四个意识”，并把“政治意识”作为“四个意识”之首，这一要求也延伸到学校思想政治教育工作当中，使得“政治要强”成为思想政治理论课教师的首要素质要求。2019年3月，习近平总书记在学校思想政治理论课教师座谈会上的讲话中提到“要善于从政治上看问题，自觉用新时代中国特色社会主义思想武装头脑，在大是大非面前保持政治清醒……政治引导是思政课的基本功能……在大中小学的不同学段，无论是通过讲故事、讲历史还是讲理论的方式讲思政课，都要体现思政课的政治引导功能”[③]，也强调了“政治性”在学校思想政治教育工作中的重要地位。

① 习近平:《思政课是落实立德树人根本任务的关键课程》,人民出版社2020年版,第5—9页。

② 习近平:《思政课是落实立德树人根本任务的关键课程》,人民出版社2020年版,第10页。

③ 习近平:《思政课是落实立德树人根本任务的关键课程》,人民出版社2020年版,第12—18页。

3.创新发展

党的十八大以来，学校思想政治教育工作迎来了全方位创新和发展。习近平总书记指出，推动思政课改革创新，要做到“八个统一”：坚持政治性和学理性相统一，坚持价值性和知识性相统一，坚持建设性和批判性相统一，坚持理论性和实践性相统一，坚持统一性和多样性相统一，坚持主导性和主体性相统一，坚持灌输性和启发性相统一，坚持显性教育和隐性教育相统一[①]。在此指导下，新时代学校思想政治教育在内容上完成了与时俱进的发展，党的最新理论成果及时、准确地融入了思政课教材。2021年7月，国家教材委员会印发了《习近平新时代中国特色社会主义思想进课程教材指南》，推动习近平新时代中国特色社会主义思想全面融入各学段思政课教材。同时，改版后的思政课教材内容也更加凸显时代视角与问题视角，既对新时代取得的伟大成就进行了梳理和展示，立足时代背景讲好中国故事，又对新时代面临的理论和实践问题、世界范围内存在的风险与挑战进行了全方位阐释。

新时代思想政治教育体系也朝着全面化、系统化、信息化的方向日益迈进。在学校层面，加强大中小学思政课一体化建设，课程思政与思政课程协同建设，线上线下教育融合发展等规划逐步落实。习近平总书记强调：“要把统筹推进大中小学思政课一体化建设作为一项重要工程，推动思政课建设内涵式发展。”[②]大中小学思政课一体化建设是统筹推进思想政治教育守正创新，规范各学段思政课程，提升立德树人实效的重要举措。2014年，上海市率先提出了“课程思政”的理念。2016年，习近平总书记在全国高校思想政治工作会议上强调：

① 参见习近平：《思政课是落实立德树人根本任务的关键课程》，人民出版社2020年版，第17—23页。

② 习近平：《思政课是落实立德树人根本任务的关键课程》，人民出版社2020年版，第27页。

“要用好课堂教学这个主渠道，思想政治理论课要坚持在改进中加强……其他各门课都要守好一段渠、种好责任田，使各类课程与思想政治理论课同向同行，形成协同效应。”[①]2017年，中共中央办公厅、国务院办公厅印发的《关于深化教育体制机制改革的意见》中提出，要“充分发掘各门课程中的德育内涵”。2020年，教育部印发了《高等学校课程思政建设指导纲要》，对不同学科专业开展课程思政建设提出了明确要求。中小学也启动学科德育建设工作，深挖各学科课程中的德育元素，打开学科互鉴、全面育人的新局面。人才培养是一项系统工程，课程思政与思政课程协同发展有利于打破思政课“单打独斗”的局面，解决长期以来存在的思政课与其他课程缺乏衔接、隔离脱节的“两张皮”问题，实现各科教育力量的资源整合，打开“显性育人+隐性育人”同频共振的新格局。习近平总书记指出：“要运用新媒体新技术使工作活起来，推动思想政治工作传统优势同信息技术高度融合，增强时代感和吸引力。”[②]随着现代化信息技术的发展，大数据、物联网、人工智能等科技日益成熟，也在教育领域带动催生了一批新的教学方式和教学载体，翻转课堂、慕课、微课、直播课、VR体验课等不断推陈出新，使得思想政治教育逐渐打破时间和空间的限制，也增强了学生与教师、教学内容的交互体验感。信息化、数字化、智能化手段与思想政治教育的深度融合为思想政治教育改革创新注入了新的生机与活力。数字智能化思政课教学平台和信息资源库的设立、“智慧教室”等配套教育教学环境的搭建、教师智能化教学素养的提升等都是适应新时代科学技术成果在教育领域的体现，也是以新科技赋能新教育，推动“线上+线下”教育教学模式创新发展的需要。

在社会层面，坚持“大思政课”理念，打造全员育人、全程育

①《习近平谈治国理政》第二卷，外文出版社2017年版，第378页。

②《习近平谈治国理政》第二卷，外文出版社2017年版，第378页。

人、全方位育人的“三全育人”新格局，持续为推动构建思想政治教育大格局发力。2021年3月，习近平总书记在看望参加全国政协十三届四次会议的医药卫生界和教育界委员时指出：“‘大思政课’我们要善用之。”2022年7月，教育部等十部门联合印发了《全面推进“大思政课”建设的工作方案》，提出要全面推进“大思政课”建设，强化问题意识、突出实践导向，建设“大课堂”、搭建“大平台”、建好“大师资”。落实立德树人根本任务不能只靠学校力量，更需要凝聚全党全社会的力量，以系统性、开放性的眼光统筹规划。学校是立德树人的主阵地，良好的家庭教育是学校教育的基础和前提，社会是青少年思想政治教育的大课堂、大舞台。大中小学思政课一体化建设要将思想政治教育看成一个系统化运行的过程，全面协调学校、家庭和社会三方力量，“建立党委统一领导、党政齐抓共管、有关部门各负其责、全社会协同配合的工作格局”①，全员联动、优势互补，协调配合形成一体化教育合力。

二、思政课课程体系的规范与完善

（一）课程设置总体情况

大中小学一体化思政课课程体系致力于打造以习近平新时代中国特色社会主义思想为核心内容的思政课课程群。在保持思政课必修课程设置相对稳定基础上，结合大中小学各学段特点，构建形成必修课加选修课的课程体系。全国重点马克思主义学院率先全面开设“习近平新时代中国特色社会主义思想概论”课。博士阶段开设“中国马克思主义与当代”，硕士阶段开设“中国特色社会主义理论与实践研究”，本科阶段开设“马克思主义基本原理概论”“毛泽东思想和中国

① 习近平：《思政课是落实立德树人根本任务的关键课程》，人民出版社2020年版，第24页。

特色社会主义理论体系概论”“中国近现代史纲要”“思想道德与法治”“形势与政策”，专科阶段开设“毛泽东思想和中国特色社会主义理论体系概论”“思想道德与法治”“形势与政策”等必修课。各高校要重点围绕习近平新时代中国特色社会主义思想，党史、新中国史、改革开放史、社会主义发展史，宪法法律，中华优秀传统文化等设定课程模块，开设系列选择性必修课程。高中阶段开设“思想政治”必修课程，围绕学习习近平总书记最新重要讲话精神开设“思想政治”选择性必修课程。初中、小学阶段开设“道德与法治”必修课程，可结合校本课程、兴趣班开设思政类选修课程[①]。

（二）不同学段课程安排

1.小学、初中学段

“道德与法治”课程以发展学生的核心素养为导向，以“成长中的我”为原点，由“我与自身”到“我与自然”“我与家庭”“我与他人”“我与社会”“我与国家和人类文明”，不断扩展学生的认识和生活范围，以道德与法治教育为框架，有机融入国家安全教育、生命安全与健康教育、劳动教育，以及信息素养教育、金融素养教育等相关主题，强化中华民族传统美德、革命传统和法治教育。根据不同阶段学生的身心发展特点，以学生实际生活为基础，分学段按主题对内容进行科学设计，建构学段衔接、循序渐进、螺旋上升的课程体系[②]。

1—2年级是学校生活起步期，学生开始适应有序的集体学习生活。结合低年级段学生特点，本学段设置入学教育、道德教育、生命安全与健康教育、法治教育、中华优秀传统文化与革命传统教育等五

---

① 参见中共中央办公厅、国务院办公厅：《关于深化新时代学校思想政治理论课改革创新的若干意见》，2019年8月14日。

② 参见中华人民共和国教育部：《义务教育道德与法治课程标准（2022年版）》，北京师范大学出版社2022年版，第17—34页。

个主题，旨在以正确的价值观、道德和法律规范对学生进行道德和法治启蒙。入学教育主要是针对一年级第一学期开展的适应性教育。

3—4年级是从小学低年级段向高年级段的过渡期。本学段学生已经适应了学校生活，生活视野进一步扩大，具备一定的独立意识。根据以上特点，设置道德教育、生命安全与健康教育、法治教育、中华优秀传统文化与革命传统教育、国情教育等五个主题，旨在引导学生养成健康的生活习惯、良好的道德品质和健全人格，形成集体荣誉感和责任意识。

5—6年级是小学的高年级段，是小学低、中年级段的延续，与初中阶段相衔接。本学段学生的生活范围不断扩大，具备一定的道德是非判断能力。基于上述特点，设置道德教育、生命安全与健康教育、法治教育、中华优秀传统文化与革命传统教育、国情教育等五个主题，旨在培养学生的道德情感、责任意识，引导学生遵守公共规则，形成深厚的爱国情感。

7—9年级是初中年级段，是小学高年级段的延续，与高中阶段相衔接，是培育道德品格，形成世界观、人生观、价值观的重要时期。本学段学生正处于青春期，独立思考能力和判断能力进一步增强，情绪波动性大，可塑性强。依据上述特点，设置生命安全与健康教育、法治教育、中华优秀传统文化教育、革命传统教育、国情教育等五个主题，通过与中华优秀文化传统、革命传统、国情教育等方面的关联，从真实的社会情境角度进行道德教育，强化学生的道德体验和道德实践，旨在引导学生正确认识自己，以及认识个人与家庭、他人、社会、国家和人类文明的关系，了解国家发展和世界发展大势，增强社会责任感和担当意识，立志做社会主义建设者和接班人。

2. 高中阶段

必修课程是培育全体学生学科核心素养的基本载体。选择性必修课程是对必修课程的延展，满足学生多样化的学习兴趣和升学需要。

选修课程更关注学生专业素养发展、高校自主招生及学生个性化发展的需要。

以发展中国特色社会主义为主线，设计必修课程的整体框架，包括四个模块。模块1“中国特色社会主义”，依循历史进程，讲述为何开创和发展中国特色社会主义；模块2“经济与社会”、模块3“政治与法治”、模块4“哲学与文化”，依托模块1的基本原理，讲述如何坚持和发展中国特色社会主义。

基于必修课程强调实践体验的要求，采取内容与活动相互嵌入的组合方式。强调社会实践活动并不意味着减少学科内容的学习时间，而是要求采取社会实践活动的方式学习学科内容。为此，在对接内容要求的教学提示中，以议题的方式提示课程内容，并提出多种活动建议，供课程实施时选择。

基于选择性必修课程和选修课程是必修课程延展的需要，确定选择性必修模块和选修模块与必修模块的关系。选择性必修课程设置“当代国际政治与经济”“法律与生活”“逻辑与思维”三个模块，与必修课程的实施相互配合、相互补充。选修课程设置“财经与生活”“法官与律师”“历史上的哲学家”三个模块，是对相关必修课程和选择性必修课程的进一步拓展[①]。

3. 大学阶段

大学阶段开设思想政治理论课必修课程和选择性必修课程。本科阶段的必修课程包括“马克思主义基本原理”“毛泽东思想和中国特色社会主义理论体系概论”“中国近现代史纲要”“思想道德与法治”“形势与政策”，在全国重点马克思主义学院率先全面开设“习近平新时代中国特色社会主义思想概论”课。高等职业学校专科课程设置中，必修课程包括“毛泽东思想和中国特色社会主义理论体系概论”

① 参见中华人民共和国教育部:《普通高中思想政治课程标准(2017年版2020年修订)》,人民教育出版社2020年版,第9页。

"思想道德与法治""形势与政策"。硕士研究生课程设置中，必修课程包括"新时代中国特色社会主义理论与实践"。博士研究生课程设置中，必修课程包括"中国马克思主义与当代"。大学阶段选择性必修课围绕马克思主义经典著作，党史、新中国史、改革开放史、社会主义发展史，中华优秀传统文化、革命文化、社会主义先进文化，宪法法律等开设。此外，各高校还开设有实践教学[①]。

"马克思主义基本原理"课程主要包含马克思主义哲学、马克思主义政治经济学和科学社会主义三部分，旨在帮助学生从整体上把握马克思主义的立场、观点和方法，树立马克思主义世界观、人生观和价值观，掌握用科学的思维方法和理论知识正确处理问题的能力。

"毛泽东思想和中国特色社会主义理论体系概论"课程以马克思主义中国化为主线，集中阐述了马克思主义中国化理论成果的形成过程、主要内容、精神实质、历史地位和指导意义，反映了中国共产党不断推进马克思主义基本原理同中国具体实际相结合的历史进程，帮助学生坚定在中国共产党的领导下继续走中国特色社会主义道路的信念和决心。

"中国近现代史纲要"课程是帮助学生了解中国近现代历史，深刻领会历史和人民选择马克思主义、选择中国共产党、选择社会主义道路、选择改革开放的必然性，可以让学生在掌握中国近现代史发展规律的基础上培养大历史观，坚定对党的领导和中国特色社会主义制度的信心，增强学生的责任感和使命感。

"思想道德与法治"课程针对新时代大学生成长过程中面临的现实问题，开展人生观、价值观、道德观和法治观教育，在理论和实践学习中提高学生的思想道德素质和法治素养，把学生培养成为德智体美劳全面发展的社会主义建设者和接班人。

---

① 参见中共中央宣传部、教育部：《新时代学校思想政治理论课改革创新实施方案》，2020年12月18日。

“形势与政策”课程是联系国内外最新形势政策，帮助大学生开阔视野，及时了解国内外重大时事，在马克思主义立场、观点、方法的指导下，对国内外形势进行科学分析和判断的课程，能够帮助学生牢固树立“四个意识”，坚定“四个自信”，做到“两个维护”，在大是大非面前坚定立场不动摇。

“习近平新时代中国特色社会主义思想概论”课程全面介绍和阐释了习近平新时代中国特色社会主义思想的时代背景、核心要义、精神实质、科学内涵、历史地位和实践要求，帮助学生把握习近平新时代中国特色社会主义思想的基本立场、观点和方法，引导学生树立理论自觉，增强实现中华民族伟大复兴的责任感和使命感。

三、思政课课程体系的学时构成与基本特征

（一）学时构成

根据学生成长规律，结合不同年龄段学生的认知特点，构建大中小学一体化思政课课程体系。在小学及初中阶段“道德与法治”、高中阶段“思想政治”、大学阶段“思想政治理论课”中落实课程目标要求，重点推进习近平新时代中国特色社会主义思想融入课程，实现整体设计、循序渐进、逐步深化，切实提高课程设置的针对性实效性。

1.小学、初中阶段

小学、初中阶段开设“道德与法治”必修课程，课程教学内容主要包括中国特色社会主义、品德、法律常识、中华文化、心理健康等，课时占小学、初中阶段九年总课时的6%～8%。

2.高中阶段

（1）普通高中课程设置

立足学习习近平总书记最新重要讲话精神，普通高中开设“思想

政治”必修课程和选择性必修课程。

必修课程教学内容包括中国特色社会主义、经济与社会、政治与法治、哲学与文化，共6学分。

选择性必修课程围绕当代国际政治与经济、法律与生活、逻辑与思维等开展教学，共6学分。

（2）中等职业学校课程设置

中等职业学校（含技工学校）开设“思想政治”必修课程和选修课程。

必修课程教学内容包括中国特色社会主义、心理健康与职业生涯、哲学与人生、职业道德与法治，共144学时。

围绕时事政策教育，中华优秀传统文化、革命文化、社会主义先进文化教育，法律与职业教育，国家安全教育，民族团结进步教育，就业创业创新教育，公共卫生安全教育等教学内容，开设选修课程，不少于36学时。

3.大学阶段

大学阶段开设“思想政治理论课”必修课程和选择性必修课程。

（1）大学阶段必修课程

本科课程设置：

①马克思主义基本原理，3学分；

②毛泽东思想和中国特色社会主义理论体系概论，5学分；

③中国近现代史纲要，3学分；

④思想道德与法治，3学分；

⑤形势与政策，2学分。

在全国重点马克思主义学院率先全面开设“习近平新时代中国特色社会主义思想概论”课，学分按有关要求执行。

高等职业学校专科课程设置：

①毛泽东思想和中国特色社会主义理论体系概论，4学分；

②思想道德与法治，3学分；

③形势与政策，1学分。

硕士研究生课程设置：

新时代中国特色社会主义理论与实践，2学分。

博士研究生课程设置：

中国马克思主义与当代，2学分。

（2）大学阶段选择性必修课程

各高校结合本校实际，统筹校内通识类课程，围绕马克思主义经典著作，党史、新中国史、改革开放史、社会主义发展史，中华优秀传统文化、革命文化、社会主义先进文化，宪法法律等，开设本科及高等职业学校专科选择性必修课程，确保学生至少从“四史”中选修1门课程；围绕习近平新时代中国特色社会主义思想专题研究、马克思恩格斯列宁经典著作选读、马克思主义与社会科学方法论、自然辩证法概论等，开设硕士、博士研究生选择性必修课程，硕士研究生至少选择1学分课程。各高校要安排选择性必修课程必要学时，充分发挥马克思主义学院统筹审核把关作用。

各高校要规范实践教学，把思想政治教育有机融入社会实践、志愿服务、实习实训等活动中，切实提高实践教学实效[①]。

（二）基本特征

1.时代性与创新性

大中小学思政课一体化课程体系设计会随着时代发展和社会变迁而不断进行调整和更新，以帮助学生塑造符合国家和社会发展现实的世界观、人生观和价值观。进入新时代以来，党的理论发展不断取得新成就，这些成果也被及时、有效地融入大中小学思政课一体化建设

① 参见中共中央宣传部、教育部：《新时代学校思想政治理论课改革创新实施方案》，2020年12月18日。

进程中，推动习近平新时代中国特色社会主义思想进教材、进课堂、进头脑成了各学段思政课教学改革的一大重点。大学阶段，还在全国重点马克思主义学院率先开设了“习近平新时代中国特色社会主义思想概论”课程。2016年，习近平总书记在庆祝中国共产党成立95周年大会上的讲话中指出：“文化自信，是更基础、更广泛、更深厚的自信。在5000多年文明发展中孕育的中华优秀传统文化，在党和人民伟大斗争中孕育的革命文化和社会主义先进文化，积淀着中华民族最深层的精神追求，代表着中华民族独特的精神标识。”[①]大中小学思政课一体化课程体系的设置将这一讲话精神落到了实处，小学、初中阶段将“中华优秀传统文化”作为教学内容融入思政课堂，高中阶段将“中华优秀传统文化、革命文化、社会主义先进文化教育”纳入必修课程，大学阶段也将上述内容纳入选择性必修课程。2013年11月，习近平总书记在致全球创业周中国站活动组委会的贺信中强调：“青年学生富有想象力和创造力，是创新创业的有生力量。”[②]2022年6月，习近平总书记在考察香港科学园时再次指出，要为青年铺路搭桥，提供更大发展空间，支持青年在创新创业的奋斗人生中出彩圆梦。随着创新创业成为新的社会发展趋势，高中阶段也将“就业创业创新教育”纳入课程之中，大学阶段也围绕创新创业设置了一系列课程和竞赛。2021年，中共中央办公厅印发了《关于在全社会开展党史、新中国史、改革开放史、社会主义发展史宣传教育的通知》，对在中国共产党成立100周年之际开展“四史”宣传教育作出重要部署，各学段也将“四史”教育融入思政课程，大学阶段还规定要确保学生至少从“四史”中选修1门课程。此外，为紧跟时代潮流，不断推动思政课程的创新发展，不同学段都针对社会时事和社会实践设置了相关课程，高中阶段设有“当代国际政治与经济”选择性必修课程及时

①《习近平谈治国理政》第二卷，外文出版社2017年版，第36页。

②《论党的青年工作》，中央文献出版社2022年版，第49页。

事政策教育，大学阶段开设了“形势与政策”课程，还设置了社会实践、志愿服务、实习实训等实践教学环节。

2. 目标导向的一致性

2019年3月，习近平总书记在学校思想政治理论课教师座谈会上强调：“青少年是祖国的未来、民族的希望。我们党立志于中华民族千秋伟业，必须培养一代又一代拥护中国共产党领导和我国社会主义制度、立志为中国特色社会主义事业奋斗终身的有用人才。”[①]这说明不管怎样结合时代创新发展，大中小学思政课课程体系的设置都以“立德树人”为最终目标，虽然大中小学不同阶段的课程设置会根据学生成长成才规律和教育教学规律进行调整，在内容侧重和理论深度上也会有所不同，但其对于人才培养的目标导向是一致的，都是为了培养德智体美劳全面发展的社会主义建设者和接班人，解决好“培养什么人、怎样培养人、为谁培养人”的问题。大中小学思政课都从培养学生的“政治认同、道德修养、法治观念、健全人格、责任意识”出发进行课程设置，采用理论教学与实践教学相结合的方式，注重学生的素质培育和全面发展，潜移默化地对大中小学生进行世界观、人生观和价值观的塑造。比如，在培养“政治认同”这一核心素养上，小学和初中阶段设置的相关课程中包含“中国特色社会主义”和“中华优秀传统文化”等教学内容，高中阶段设置了“中国特色社会主义”和“政治与法治”等课程，大学阶段设置了“毛泽东思想和中国特色社会主义理论体系概论”和“中国近现代史纲要”等课程。大中小学一以贯之的思政课课程体系的构建思路就是要使大中小学学生通过不同阶段的学习，愈发坚定对马克思主义的信仰、对中国特色社会主义的信念、对实现中华民族伟大复兴中国梦的信心，最终成长为能够“立大志、明大德、成大才、担大任”的社会主义时代新人。大中小学思政课一体化建设的课程目标贯穿于各学段思政课全过程，具有

① 《习近平谈治国理政》第三卷，外文出版社2020年版，第328—329页。

长期性、持续性和稳定性，影响着一体化建设的全局，也影响着新时代人才培养事业。只有坚持好大中小学思政课目标导向的一致性不动摇，才能在循序渐进中完成思政课铸魂育人的使命，培养出符合国家和社会发展需要的人才，也才能在飞速发展的新时代和不断创新的教育改革中把握主线、站稳脚跟，不致迷失方向。

3.广度与深度的平衡性

思政课的总体目标是进行一体化顶层设计的关键，学生的成长发展阶段特质决定了思政课教育教学的广度和深度。横向来看，每一阶段的思政课课程设置都会充分考虑学生的身心发育程度，在学生可接受的范围内尽可能安排足够丰富的内容，然后随着学段的上升不断拓展思政课教学的广度和深度。首先，各学段思政课课程设置都会包含政治认同、道德修养、法治观念、健全人格、责任意识等多方面内容，不会因为低龄学段的学生接受能力有限，就减少部分内容的安排，降低培养目标的多样性。其次，在单一培养目标的达成上，也会设计十分丰富的理论知识和拓展内容。纵向来看，在具体安排上又会充分考虑学生的认知水平，对理论知识的深度进行精准把控，让学生有获得感，不至于在不同学段陷入理论知识的简单重复，不至于学起来太困难，对新知识的吸收产生无力感。比如，同样是培育爱国主义精神，小学阶段会向学生介绍国旗、国徽、基本国情等，使学生在个人情感上逐步形成身为中国人的身份认同感；初中阶段会带领学生初步了解党史、新中国史、改革开放史、社会主义发展史，知道党的百年奋斗重大成就和历史经验，使学生能够以恰当的方式弘扬爱国主义精神；高中阶段会带领学生理解我国的基本政治经济制度，还会了解世界上其他国家的政治经济制度，使学生在更宏大的世界格局中认识中国，理解我们要走的道路，牢固树立“四个自信”；大学阶段会带领学生认识我们所处的时代，以及新时代中国要走的发展道路，了解中国精神，掌握做新时代忠诚爱国者的必备条件，培养学生的责任感和使命感，使学生能自觉将个人的成长发展同国家民族的命运联系起来，用实际行动为推动实现中华民族伟大复兴注入不竭动力。不同阶段的思政课都有各自的特点和侧重，只有遵循教育教学规律，在总体上和各阶段都平衡好课程体系设计的广度和深度，才能发挥出思政课的最大功效，为中国特色社会主义培育出德智体美劳全面发展的人才。

第三章
大中小学思政课一体化建设的课程内容体系

课程内容是指教育和教学活动中的教学内容，包括教学目标、教学内容、教学方法、教学形式等方面。它是教育和教学的核心，与教育和教学的其他方面密切相关。课程内容的重要性在于它能够直接影响学生的学习效果，因此，课程内容也就成为课程建设的核心和重点。大中小学思政课一体化建设，必然要求各学段思政课程内容同步甚至先行实现一体化。在现有思政课课程教材建设与管理体制机制下，我们对大中小学思政课课程内容一体化建设的讨论，主要还是基于现行最新版教材来展开。课程建设要服从学科专业建设的目标要求，要从具体意义上促进和支持人才培养目标的实现，由此决定了课程教学的目标要求既是课程内容编写的根据，也是教材内容向教学内容转化的根据。因此，本章主要针对不同学段思政课教材内容分别进行综述，进而基于学生成长成才规律以及思想政治教育教学规律，提出相应教学目标要求。

第一节　义务教育阶段思政课课程内容及其衔接统一

一、“道德教育”课程内容及其教学目标与要求

（一）教材内容及其体系结构

1—6年级道德教育的基本内容主要有简单规则意识、基本是非观念、感恩助人意识、家乡情感、基本道德规范、情绪管理与人际沟通、传统美德、劳动观念、社会责任感、合作意识、集体主义精神、公共生活秩序意识等。“我们在一起”“让我试试看”“我会努力的”“面对成长中的新问题”“完善自我 健康成长”等单元，教育和引导学生要做事认真，有始有终，学习分辨是非，犯错勇于承认和改正，善于欣赏他人的优点，关心他人，乐于合作分享，懂得感恩，乐于助人，引导学生自主选择、合理规划课余生活，掌握正确有效的沟通交流方法，教育学生学会尊重自己和他人，做到和而不同、宽容待人，养成反思习惯，主动反思优缺点；“我们的班级”“我们的学校”“我和我的同伴”“与班级共成长”“同伴与交往”“我们是班级的主人”等单元，引导学生初步认识班级生活规则，合作参与班级装扮等活动，教育学生尊重老师，学会和同学平等相处、相互尊重、友好交往，关心集体，积极参加集体活动，维护集体荣誉，积极参与班级建设；“家是最温暖的地方”“为父母分担”“我们一家人”等单元，正确引导学生了解、理解父母之爱，关心家庭生活，主动分担家务劳动，引导学生与家人主动交流沟通，互相理解，主动担当家庭责任，学习和传承优秀家风；“我们生活的地方”“我在这里长大”等单元，引导学生了解家乡的风景名胜和主要物产，关注家乡的发展变化，爱

护家乡环境，感受邻里温暖，明白邻里互助与包容理解的重要性；“我们在公共场所”“我们的公共生活”“公共生活靠大家”等单元，教育学生遵守公共秩序，爱护公共设施，维护公共利益和公共秩序，在社会生活中友善待人、文明有礼，服务社区，参与公益活动；“做聪明的消费者”，帮助学生了解购物常识，培育维权意识，引导学生合理消费，减少浪费；“美好生活哪里来”，通过教育学生认识衣食之源，进而认识到劳动的重要性和劳动者值得尊重，并尝试体验不同劳动；“我们好好玩”，教育引导学生如何健康游戏、安全游戏等；“绿色小卫士”，引导学生亲近自然，感受自然的美，保护动物，爱护一草一木，保护自然环境。

7—9年级道德教育的基本内容主要是培育学生道德品格，帮助其形成正确世界观、人生观、价值观和服务社会、奉献社会意识。“友谊的天空”单元，帮助学生正确认识友谊的力量和作用，引导学生善于建立和呵护友谊，尤其是正确认识和处理网络交友问题；“师长情谊”单元，引导学生正确认识师生关系、家庭关系，为和谐家庭建设尽责出力；“在集体中成长”单元，引导学生正确认识集体的力量和温暖，在集体生活中涵养品格、发展个性，同时正确认识个人意愿与集体规则的关系，在共建中尽责，在担当中成长；“走进社会生活”“遵守社会规则”“勇担社会责任”等单元，引导学生主动认识社会，积极融入社会，在社会课堂中成长，在社会实践中锻炼、发展，同时理性利用互联网，做网络生活的主人，引导学生自觉遵守规则，坚定维护规则，积极改进规则，与规则同行，在社会生活中尊重他人，以礼待人，诚实守信，努力做社会主义道德的践行者，引导学生正确认识社会责任和社会角色，增强责任感和责任心，自觉自愿承担责任，用真诚的态度、积极的行动，在服务他人、奉献社会中收获快乐。

（二）教学目标与要求

在“道德与法治”课程中，道德教育这一主题的教学应当坚持以下目标定位：以社会主义核心价值观为引领，将国家、社会、个人层面的道德要求贯穿于学生道德培养的各个方面，以主流价值观构建道德规范、强化道德认同、指引道德实践，引导学生明大德、守公德、严私德，把道德规范内化于心、外化于行。

在“道德与法治”课程中，道德教育这一主题的教学应当具体把握好以下基本要求。

第一，教育和引导青少年全面掌握和深刻理解个人品德教育的基本内容，践行以爱国奉献、明礼遵规、勤劳善良、宽厚正直、自强自律为主要内容的道德要求，在日常生活中养成诚实守信、团结友爱、热爱劳动等个人美德和优良品行。

第二，教育和引导青少年全面掌握和深刻理解家庭美德教育的基本内容，践行以尊老爱幼、男女平等、勤劳节俭、邻里互助为主要内容的道德要求，做家庭的好成员。

第三，教育和引导青少年全面掌握和深刻理解社会公德教育的基本内容，践行以文明礼貌、相互尊重、助人为乐、爱护公物、保护环境、遵纪守法为主要内容的道德要求，做社会的好公民。

第四，教育和引导青少年全面掌握和深刻理解职业道德教育的基本内容，树立劳动不分贵贱的观念，理解以爱岗敬业、诚实守信、办事公道、热情服务、奉献社会为主要内容的职业道德，做未来的好的建设者。

二、"生命安全与健康教育"课程内容及其教学目标与要求

（一）教材内容及其体系结构

1—6年级生命安全与健康教育的基本内容包括：交通与安全标识、安全隐患、饮食卫生习惯、爱护环境、挫折教育、人际交往、自主学习、化解消极情绪、保护隐私、烟酒与毒品危害、自然灾害、自我保护知识与技能。"家中安全与健康""我的好习惯""我爱我家""我们的班级""我们在公共场所""我们好好玩""绿色小卫士"等单元，分别介绍了家中、学校和公共场所等可能存在的各种安全隐患，帮助学生认识道路交通安全标志，掌握报警的基本常识，教育学生养成良好的饮食和个人卫生习惯，做到爱护家庭、学校和公共环境卫生；"安全护我成长""多样的交通和通信"等单元，教育学生珍惜生命，呵护生命，帮助学生树立安全自律意识，学会自我保护技能，远离危险；"快乐学习""面对成长中的新问题"等单元，引导学生形成自主学习的习惯，感受学习的快乐，正确看待学习中的挫折与困难，引导学生正确认识烟酒毒品的危害，教会学生拒绝的方法，增强防范意识；"信息万花筒"单元，通过网络安全知识教育，引导学生防止沉溺于网络和游戏；"爱护地球 共同责任"单元，系统教授学生自然灾害类型与危害后果等相关知识，提高学生防灾避险意识、自救自护的知识和能力，结合救灾实践和感人事迹，让学生认识和体会一方有难、八方支援、不屈不挠、团结互助的抗灾精神。

7—9年级生命安全与健康教育的基本内容包括：青春期生理与心理、自我认同、情绪调控、情感体验等。"成长的节拍""走进社会生活""勇担社会责任"等单元，帮助和引导学生准确、全面、客观地认识和对待自己的长处和不足，形成理性客观的自我认同，教导学生正确看待友谊，掌握交友的智慧和技巧；"生命的思考""走向未来的

少年”等单元，通过对生命价值与意义的思考，引导学生正确看待生命，让学生尊重和敬畏生命，热爱生活，珍惜生活，引导学生畅想未来，提升生命的质量，延展生命的宽度；“青春时光”“做情绪情感的主人”等单元，引导学生正确理解和认识青春期生理和心理变化，学习青春期性心理知识，正确对待青春期男女两性关系和异性情感，引导学生正确认识青春期喜悦欢乐和忧愁烦恼等情绪，学会接纳和调适情绪，引导学生通过体味美好情感，创造正面情感体验，传递情感正能量。

（二）教学目标与要求

在“道德与法治”课程中，生命安全与健康教育这一主题的教学应当坚持以下目标定位：教育和引导青少年能够正确认识生命的意义和价值，珍爱生命，热爱生活；初步具有自尊自强、坚韧乐观的心理素质和道德品质；具有理性平和的心态，能够建立良好的同伴关系、师生关系和家庭关系，树立正确的合作与竞争观念，具有团队意识和互助精神；具备积极向上、锐意进取的人生态度，能够适应变化，不怕挫折。

在“道德与法治”课程中，生命安全与健康教育这一主题的教学应当具体把握好以下基本要求。

第一，教育和引导青少年正确了解自己，学会悦纳自己；正确对待挫折和困难，增强抗挫折能力；正确认识顺境和逆境的关系，学会调控情绪，能够正确看待生活中的挫折，具备迎接挑战的能力；掌握良好的人际交往技能，学会倾听和表达，学会团结和包容，养成礼貌友好的交往品质，形成合群而独立的健康人格。

第二，教育和引导青少年初步感受学习知识的乐趣，能够自主参与各种活动，养成自主学习的习惯；正确对待学习中的困难，学会化解消极情绪。引导青少年正确认识自我、学会学习、学会生活、学会合作，养成积极的心理品质，提高适应社会、应对挫折的能力。

第三，教育和引导青少年认识到生命只有一次，理解生命的珍贵，懂得珍惜生命，呵护生命；珍爱生命，远离烟酒，拒绝毒品，形成良好的生活方式和健康的生活习惯；树立正确的世界观、人生观和价值观，尊重和敬畏生命，热爱生活，追求生命高度，成就幸福人生。

第四，教育和引导青少年树立安全自律意识，学会自我保护技能，远离危险；知道保护隐私的重要性，能够识别陌生环境，谨慎与陌生人交往；了解和识别性侵害、欺凌行为的危害，学会自我保护和寻求帮助，预防和远离性侵害、欺凌和拐骗。

第五，教育和引导青少年了解公共卫生事件、社会管控措施和个人行为要求，初步树立社会安全意识和遵守公共卫生规则的意识；了解突发公共卫生事件、地震、洪水等抗疫抗灾的伟大实践，认识“把人民群众的生命安全与身体健康放在第一位”的价值理念。

三、“法治教育”课程内容及其教学目标与要求

（一）教材内容及其体系结构

1—6年级法治教育的基本内容包括：规则意识、国旗国徽、诚信意识、程序意识、平等意识、宪法和法律、公民权利与义务、未成年人权利。“校园生活真快乐”“我们的节假日”“我们的班级”“我们在公共场所”“我们的公共生活”“与班级共成长”“我们是班级的主人”等单元，引导学生知道学校生活有规则，应树立规则意识，做到讲信用，守约定，承诺的事情要做到，懂得爱护国旗、国徽，知道法律不允许毁损、涂画国旗、国徽；通过了解班级与社会中规则，以及参与班规制定，了解制定规则要遵循一定的程序，树立参与意识和规则意识，通过集体生活和社会公共生活，帮助学生树立民主、平等观念，

积极参与民主管理，在集体生活中平等待人，通过选举班委会和协商班级事务，引导学生认识民主、自由、平等、公正对社会生活的意义，培育学生初步具备民主参与、责任担当意识。“面对成长中的新问题”等单元，通过对烟酒毒品危害的介绍，引导学生认识未成年人不良行为的危害，知道违法要承担法律责任，自觉抵制不良行为，主动预防未成年人犯罪。“我们的守护者”等单元，引导学生初步认识法律的概念及特征，感受法律对个人生活和公共生活的重要性，养成自觉守法、遇事找法、解决问题靠法的思维习惯和行为方式，初步了解宪法的主要内容，知道宪法是国家根本法、社会主义制度是中华人民共和国的根本制度。“我们是公民”等单元，帮助学生认识公民的内涵，了解公民的权利和义务，树立法律面前人人平等的观念，认识民主、自由、平等、公正对社会生活的意义。“法律保护我们健康成长”等单元，帮助学生了解消费者权益保护、食品安全等法律常识，初步学会运用法律维护自己的合法权益，了解未成年人的权利，增强自我保护的意识，学会自我保护。

7—9年级法治教育的基本内容包括：民法典、国家主权、习近平法治思想、主要政治制度、国家机关与国际组织等。“走进法治天地”“坚持宪法至上”“崇尚法治精神”“民主与法治”“理解权利义务”“走进社会生活”等单元，引导学生认识民法典、犯罪的基本概念、刑罚类型，认识未成年人违法犯罪行为的危害，培育和提高其自我保护的意识和能力，自觉抵制校园欺凌和违法犯罪行为，帮助学生了解宪法基本知识，明确宪法的地位与作用，树立宪法法律至上观念，帮助学生了解习近平法治思想，理解坚持中国特色社会主义法治道路就要坚持党的领导、坚持以人民为中心，初步认识法治的内涵，理解法治是治国理政的基本方式，引导学生辨别媒体中的不良信息，了解在网络环境中如何保护未成年人隐私等合法权益，了解环境保护的法律规定，树立生态文明观念，引导学生认识公民的基本权利和义务，正确行使公民权利，自觉履行公民义务；“维护国家利益”等单元，引导学生认识国家主权的内涵，树立国家利益至上的观念，理解总体国家安全观，自觉维护国家安全，认识国家统一是实现中华民族伟大复兴的历史前提和基本保证，理解“和平统一、一国两制”的重要意义，自觉维护国家统一；“人民当家作主”等单元，引导学生了解人民代表大会制度、中国共产党领导的多党合作和政治协商制度、民族区域自治制度、基层群众自治制度，同时认识主要国家机关；“世界舞台上的中国”等单元，引导学生了解主要国际组织，理解维护以联合国为核心的国际体系的意义。

（二）教学目标与要求

在“道德与法治”课程中，法治教育这一主题的教学应当坚持以下目标定位：教育和引导青少年能够具有基本的规则意识和安全意识，理解宪法的意义，知道与自身生活密切相关的法律，能够初步认识到法律对个人生活、社会秩序和国家发展的规范和保障作用；形成宪法法律至上、法律面前人人平等观念和权利义务相统一观念；遵守规则和法律规范，提高自我防范意识，掌握基本的自我保护方法，预防意外伤害，养成自觉守法、遇事找法、解决问题靠法的思维习惯和行为方式，初步具备依法参与社会生活的能力。

在“道德与法治”课程中，法治教育这一主题的教学应当具体把握好以下基本要求。

第一，教育和引导青少年了解宪法基本知识，知道宪法是国家根本法、社会主义制度是中华人民共和国的根本制度，明确宪法的地位与作用，树立宪法法律至上观念；了解习近平法治思想，理解坚持中国特色社会主义法治道路就要坚持党的领导、坚持以人民为中心；初步认识法治的内涵，理解法治是治国理政的基本方式。

第二，教育和引导青少年认识公民的内涵，了解公民的权利和义务，树立法律面前人人平等的观念；懂得公民的基本权利和义务，正确行使公民权利，自觉履行公民义务；认识民主、自由、平等、公正对社会生活的意义，初步具备民主参与、责任担当意识。

第三，教育和引导青少年认识国家统一是实现中华民族伟大复兴的历史前提和基本保证，理解“和平统一、一国两制”的重要意义，自觉维护国家统一；认识国家主权的内涵，树立国家利益至上的观念，理解总体国家安全观，知道维护国家安全是每个公民的义务，自觉维护国家安全；了解主要国际组织，理解维护以联合国为核心的国际体系的意义。

第四，教育和引导青少年了解人民代表大会制度是我国的根本政治制度，理解全过程人民民主的制度优势；了解中国共产党领导的多党合作和政治协商制度；了解民族区域自治制度对维护和发展平等团结互助和谐的社会主义民族关系的意义；认识基层群众自治制度对保障人民知情权、参与权、表达权、监督权的作用；认识主要国家机关，理解权力是由人民授予的，行使权力必须受法律的约束；认识民法典对保护人身权、财产权的意义。

第五，教育和引导青少年认识犯罪的基本概念，了解刑罚的主要类型；认识未成年人违法犯罪行为的危害，培育和提高自我保护的意识和能力，自觉抵制校园欺凌和预防违法犯罪行为；辨别媒体中的不良信息，了解在网络环境中如何保护未成年人隐私等合法权益；了解环境保护的法律规定，树立生态文明观念。

四、“中华优秀传统文化与革命传统教育”课程内容及其教学目标与要求

（一）教材内容及其体系结构

1—6年级中华优秀传统文化与革命传统教育的基本内容包括：父

母的爱、家庭历史与记忆、优秀家风、传统美德、汉字书法、古代科学、古代技术、四大发明、传统美德、古代文明、文化遗产、多元文化等。“家是最温暖的地方”“为父母分担”等单元，通过对家庭记忆、父母的爱等知识点的学习，引导学生感恩父母长辈，以恰当的方式表达对他们的感激、尊敬和关心，了解自己家庭的历史，知道弘扬优秀家风的意义，帮助学生理解中华民族传统美德，如仁爱、诚信、谦逊等；“感受家乡文化 关心家乡发展”等单元，通过对生肖、传统节日、歌曲、服饰、戏剧、国画等各具地域和民族特色的文化艺术的学习，知道中华优秀传统文化的主要代表性成果，初步感受中华优秀传统文化的魅力；“骄人祖先 灿烂文化”等单元，帮助学生了解中华文化的悠久历史和博大精深，体会中华优秀传统文化的精髓，尤其通过对四大发明的学习，了解中华民族对人类文明的贡献，为中华民族创造的文明成就感到自豪，坚定文化自信；“多样文明 多彩生活”等单元，通过对世界早期人类文明等知识点的学习，知道世界文化的多样性，了解不同文明之间交流互鉴的重要性，尊重不同文化的差异性，以包容的态度看待不同文明之间的交流对话；“百年追梦 复兴中华”等单元，让学生初步了解中国近代屈辱历史，通过对十月革命、五四运动、南昌起义、红军长征、卢沟桥事变、游击战、南泥湾垦荒等历史事件的学习，了解人民军队的革命历史，感受人民军队英勇顽强、不怕牺牲的革命精神，了解中国共产党的成立以及中国共产党带领中国人民取得革命胜利的历史，初步了解马克思主义中国化的发展进程，初步了解中华人民共和国的成立实现了从几千年封建专制政治向人民民主的伟大飞跃，知道中国人民从此站起来了，明确只有社会主义才能救中国，只有社会主义才能发展中国。

7—9年级中华优秀传统文化与革命传统教育的基本内容包括：仁爱诚信等核心理念、荣辱观念、社会风尚、民族精神、爱国情怀、中国梦等。“友谊的天空”“师长情谊”“走进社会生活”“遵守社会规则”“勇担社会责任”等单元，引导学生正确了解和掌握个人在家庭、学校和社会中，与家长、师长、朋友和社会大众的相处方式，树立正确的价值导向，帮助学生理解中华民族孝悌忠信、礼义廉耻的荣辱观念，崇德向善、见贤思齐的社会风尚；“生命的思考”“走向未来的少年”等单元，通过对生活挫折与生命韧性、生命价值和意义的思考与讨论，帮助学生了解中华优秀传统文化修齐治平的理想追求，锤炼高尚人格，引导学生践行中华民族自强不息、敬业乐群、脚踏实地、实事求是的思想；“维护国家利益”等单元，帮助学生正确认识和看待国家利益和个人利益，牢固树立国家利益至上的观念，同时，通过培育学生“少年兴则国家兴、少年强则国家强”的意识，引导学生感悟天下兴亡、匹夫有责的担当意识，厚植爱国主义情怀；“文明与家园”等单元，通过对源远流长、博大精深的中华传统文化中语言文字、文化典籍、科技工艺、文学艺术等具体形态的分析和呈现，弘扬中华优秀传统文化讲仁爱、重民本、守诚信、崇正义、尚和合、求大同的核心理念；“和谐与梦想”等单元，通过对中华民族伟大复兴中国梦的阐释，让学生了解中国共产党领导人民解放思想、锐意进取，创造了改革开放和社会主义现代化建设的伟大成就，实现了人民生活从温饱不足到总体小康、奔向全面小康的历史性跨越，推进了中华民族从站起来到富起来的伟大飞跃，理解中国特色社会主义道路是指引中国发展繁荣的正确道路，了解中国共产党领导人民自信自强、守正创新，创造了新时代中国特色社会主义的伟大成就，中华民族迎来了从富起来到强起来的伟大飞跃，理解确立习近平新时代中国特色社会主义思想的指导地位对新时代党和国家事业发展、对推进中华民族伟大复兴历史进程具有决定性意义。

（二）教学目标与要求

在“道德与法治”课程中，中华优秀传统文化与革命传统教育这一主题的教学应当坚持以下目标定位。

教育和引导青少年热爱家乡，热爱伟大祖国，热爱中华民族，自觉铸牢中华民族共同体意识，有以实现中华民族伟大复兴为己任的使命感；能够初步了解中华优秀传统文化的主要代表性成果，了解中国共产党的历史和革命传统、改革开放和中国特色社会主义的伟大成就，汲取党史、新中国史、改革开放史、社会主义发展史所蕴含的精神力量，热爱伟大祖国、中华民族、中华文化、中国共产党和中国特色社会主义，为自己是中国人而自豪；具有维护民族团结的意识，能够把个人发展和国家命运联系起来，维护国家利益和安全；坚定共产主义远大理想和中国特色社会主义共同理想，增进中华民族价值认同和文化自信。

在“道德与法治”课程中，中华优秀传统文化与革命传统教育这一主题的教学应当具体把握好以下基本要求：

第一，教育和引导青少年了解自己家庭的历史，知道弘扬优秀家风的意义，初步体会中国人的家庭观念；知道中华优秀传统文化的主要代表性成果，初步感受中华优秀传统文化的魅力；理解中华民族传统美德，如仁爱、诚信、谦逊等；知道我们辽阔的疆域是各民族共同开拓的，悠久的历史是各民族共同书写的，灿烂的文化是各民族共同创造的，伟大的精神是各民族共同培育的。

第二，教育和引导青少年学习中华优秀传统文化讲仁爱、重民本、守诚信、崇正义、尚和合、求大同的核心理念；理解中华民族孝悌忠信、礼义廉耻的荣辱观念，崇德向善、见贤思齐的社会风尚；践行中华民族自强不息、敬业乐群、脚踏实地、实事求是的思想。了解中华优秀传统文化修齐治平的理想追求，锤炼高尚人格；感悟天下兴亡、匹夫有责的担当意识，厚植爱国主义情怀。

第三，教育和引导青少年了解中华文化的悠久历史和博大精深，体会中华优秀传统文化的精髓；了解中华民族对人类文明的贡献，为中华民族创造的文明成就感到自豪，坚定文化自信；了解不同文明之间交流互鉴的重要性，尊重不同文化的差异性，以包容的态度看待不同文明之间的交流对话。

第四，教育和引导青少年了解中国产生了共产党，这是开天辟地的大事变，知道全心全意为人民服务是中国共产党的宗旨，激发其热爱中国共产党的情感；理解伟大建党精神的内涵，领悟伟大建党精神是中国共产党的精神之源。了解人民军队在不同时期称谓的演变，了解人民军队的革命历史、英雄人物，感受人民军队英勇顽强、不怕牺牲的革命精神。

第五，教育和引导青少年了解中国共产党领导人民浴血奋战、百折不挠，创造了新民主主义革命的伟大成就，实现了从几千年封建专制政治向人民民主的伟大飞跃，理解中国人民从此站起来了，中国发展从此开启了新纪元。

第六，教育和引导青少年了解中国共产党领导人民自力更生、发愤图强，创造了社会主义革命和建设的伟大成就，实现了一穷二白、人口众多的东方大国大步迈进社会主义社会的伟大飞跃，理解只有社会主义才能救中国，只有社会主义才能发展中国。

第七，教育和引导青少年了解中国共产党领导人民解放思想、锐意进取，创造了改革开放和社会主义现代化建设的伟大成就，实现了人民生活从温饱不足到总体小康、奔向全面小康的历史性跨越，推进了中华民族从站起来到富起来的伟大飞跃，理解中国特色社会主义道路是指引中国发展繁荣的正确道路。

五、“国情教育”课程内容及其教学目标与要求

（一）教材内容及其体系结构

3—6年级国情教育的基本内容包括：地理位置、行政区划、名山

大川、名胜古迹、家乡发展与变化、生态文明意识、国土风光、中华民族、国际组织、和平理念。“我在这里长大”等单元，引导学生通过中国地图了解我国的地理位置、领土面积、海陆疆域、行政区划，知道台湾是中国不可分割的一部分，祖国的领土神圣不可侵犯，了解祖国的名山大川和名胜古迹，为生活在中国而自豪；“我们的国土 我们的家园”等单元，引导学生进一步认识和了解国土疆域、地形地貌、山水风光、生活方式的多样性，同时，引导学生认识到民族间应该互相尊重、守望相助，增进中华民族认同感和凝聚力；“感受家乡文化 关心家乡发展”等单元，帮助学生了解家乡的风俗文化和民间艺术，感受近年来身边的变化，了解家乡的发展，对祖国的未来充满信心；“让生活多一些绿色”等单元，帮助学生了解环境污染、变废为宝、低碳生活等知识，初步树立生态文明意识，领悟“绿水青山就是金山银山”的道理；“爱护地球 共同责任”等单元，教育学生了解地球气候、资源、生态，认识到生态环境的脆弱性，培育人与自然生命共同体意识，树立保护自然的责任意识；“让世界更美好”等单元，教育学生认识重要的国际组织及其功能，通过战争与和平的比较认识和平的重要性，同时了解中国为世界和平作出的贡献。

7—9年级国情教育的基本内容包括：国家发展成就与挑战、改革开放、共同富裕、科技创新、美丽中国、中国梦、人类命运共同体、中国与世界等。“富强与创新”等单元，教育引导学生为伟大祖国取得的辉煌成就感到由衷骄傲和自豪，同时也引导他们积极主动肩负起实现中华民族伟大复兴中国梦的光荣使命，带领学生回顾改革开放的伟大进程，认识中华民族从站起来、富起来到强起来的伟大飞跃，了解共同富裕的提出背景和实现路径，同时帮助学生牢固树立创新是引领发展第一动力的观念，认识科教兴国、人才强国、创新驱动发展等战略，引导学生树立创新意识和创新精神；“文明与家园”等单元，教育学生正视我国经济发展遇到的人口、资源和环境等挑战，了解节约资源和保护环境的基本国策，走绿色发展道路和建设生态文明的必要性；“和谐与梦想”等单元，帮助学生了解我国的民族政策和方针，认识到各族人民之间同呼吸、共命运、心连心，引导学生了解“一国两制”理念与实践，让学生深刻认识到解决台湾问题、实现祖国完全统一，是全体中华儿女的共同愿望，教育学生认识到中国梦是中华民族团结奋斗的最大公约数，实现中国梦，必须走中国道路、弘扬中国精神、凝聚中国力量，引导学生成为对国家有认同、对文化有底气、对发展有信心的自信中国人；“我们共同的世界”“世界舞台上的中国”等单元，教育学生正确认识纷繁复杂的世界和风云变幻的时代，引导学生从和平与发展、全球问题与共同挑战的角度认识构建人类命运共同体的必要性和重要性，通过了解中国在国际事务上的积极作为与担当、贡献的中国智慧与力量，认识到中国的发展离不开世界，世界的繁荣稳定也离不开中国。

（二）教学目标与要求

在“道德与法治”课程中，国情教育这一主题的教学应当坚持以下目标定位。

教育和引导青少年初步了解中国的基本国情，了解中国共产党的历史和革命传统、改革开放和中国特色社会主义的伟大成就；明确中国共产党的核心领导地位，充分认识中国共产党领导是中国特色社会主义最本质特征，是中国特色社会主义制度的最大优势，坚定拥护中国共产党领导，坚持中国特色社会主义道路；了解习近平新时代中国特色社会主义思想是当代中国马克思主义、二十一世纪马克思主义，是中华文化和中国精神的时代精华；培育青少年对中国特色社会主义的情感，打牢认同中国特色社会主义的思想基础，强化做社会主义建设者和接班人的思想意识。

在“道德与法治”课程中，国情教育这一主题的教学应当具体把握好以下基本要求。

第一，教育和引导青少年知道马克思主义在意识形态领域指导地位的根本制度，初步树立共产主义远大理想和中国特色社会主义的共同理想；初步理解社会主义核心价值观的内涵，并在日常学习和生活中践行和弘扬社会主义核心价值观；以实现中华民族伟大复兴为己任，树立“劳动光荣、创造伟大”的观念，进行合理的生涯规划，坚定为实现远大理想而奋斗的信念。

第二，教育和引导青少年了解改革开放以来我国所取得的伟大成就，明确中国特色社会主义道路是指引中国发展繁荣的正确道路，理解只有走中国特色社会主义道路才能够实现中华民族伟大复兴。了解我国决胜全面建成小康社会取得的决定性成就和全面建设社会主义现代化强国的新征程；理解中国梦的内涵，树立为中华民族伟大复兴而奋斗的理想。了解中国特色社会主义制度的优越性，坚定道路自信、理论自信、制度自信、文化自信，能够在生活和学习中自觉维护国家主权、尊严和利益。

第三，教育和引导青少年知道中国特色社会主义进入新时代，初步了解习近平新时代中国特色社会主义思想，明确习近平新时代中国特色社会主义思想的指导地位；了解中国特色社会主义新时代中国社会的主要矛盾发生了新变化，理解中国发展的历史方位；了解我国以国内大循环为主体、国内国际双循环相互促进的新发展格局，推动高质量发展，知道统筹推进经济建设、政治建设、文化建设、社会建设、生态文明建设的“五位一体“总体布局。

第四，教育和引导青少年初步感受百年未有之大变局和世界发展大势，了解全人类共同价值的内涵，能够举例说明和领悟构建人类命运共同体的意义。

六、义务教育阶段思政课课程及其与其他学段思政课课程在内容体系上的衔接和统一

青少年学生的身心成长规律、学习规律均要求不同学段思政课程在内容体系上要保持衔接和统一。义务教育阶段的思政课程，在内容体系上尤其需要保持与高中阶段的紧密衔接和有机统一。

义务教育阶段思政课程主要包括道德教育、生命安全与健康教育、法治教育、中华优秀传统文化与革命传统教育、国情教育等五个具体主题。其他学段，尤其是与义务教育紧密相连的高中阶段，在课程设置上同样涉及上述五个主题。但是义务教育阶段和高中阶段，在相关内容分布和分配上采取了各自不同的方式。在义务教育阶段，集中程度较高的教学内容以一个单元或者一课的篇幅来集中呈现某一主题内容，集中程度较低的教学内容则以知识点的方式融合不同主题内容于一课中；高中阶段相关教学内容的分布和分配则与此不同，高中阶段必修和选择性必修共包括七册教材，每册教材基本上集中讲述了某一相关主题内容。义务教育阶段和高中阶段在教学内容安排和设置上的不同方式，显然揭示和适应了不同学段学生年龄特征、生活经验、知识储备的阶段性特征。对比分析义务教育阶段和高中阶段的思政课程内容体系，可以发现：知识由易到难，体量由少到多，理论由浅到深。这种梯次递进规律正是教学内容体系紧密衔接的体现。

在道德教育方面，不同学段的教学内容所服务的教学目标依次递进、各有不同，小学阶段重在启蒙道德情感，引导学生形成爱党、爱国、爱社会主义、爱人民、爱集体的情感，具备做社会主义建设者和接班人的美好愿望；初中阶段重在打牢思想基础，引导学生把党、祖国、人民装在心中，强化争做社会主义建设者和接班人的思想意识；高中阶段重在提升政治素养，引导学生衷心拥护党的领导和中国特色社会主义制度，形成做社会主义建设者和接班人的政治认同；大学阶

段重在增强使命担当，引导学生矢志不渝听党话跟党走，争做社会主义事业合格建设者和可靠接班人[①]。

道德教育的统一性和衔接性同样体现在，小学阶段侧重对小学生进行日常道德认知与生活道德实践教育，中学阶段侧重对中学生进行道德认同以及体验式道德实践教育，大学阶段侧重对大学生进行体系化、深层次的道德阐释以及常态化的道德实践教育[②]。

在生命安全与健康教育方面，义务教育阶段和高中阶段相应教学内容体系是紧密衔接和有机统一的。不同学段间生命安全与健康教育内容设置，都统一于促进学生树立正确的生命观和健康观。同时，不同学段间生命安全与健康教育知识内容，又是彼此衔接、依次递进的。第一学段（1—2年级）生命安全与健康教育的任务主要是帮助学生养成良好的安全和卫生生活习惯，初步掌握基本的安全保健常识。第二学段（3—4年级）生命安全与健康教育的重点在于引导学生学会认识自己，形成积极情绪，正确面对挫折，远离不良嗜好，知道珍爱生命。第三学段（5—6年级）生命安全与健康教育的重点是引导学生养成健康的生活、卫生习惯，自觉保持终身健康行为，为一生的健康奠定坚实基础[③]。第四学段（7—9年级）的生命安全与健康教育，根据初中生的年龄特征，增加了与青春期相关的内容，如正确认识青春期，正确对待两性关系等。高中学段生命安全与健康教育相关内容集中于《法律与生活》第一课“在生活中学民法用民法”中，主要从民法的角度帮助学生更加深刻了解和认识生命权、身体权和健康权。由上可见，在义务教育阶段，生命安全与健康教育更集中于生活常识和

① 参见韩震:《推进德育一体化的时代背景、内涵要求与实践进路》,《思想政治课教学》2021年第3期,第5—6页。

② 参见季卫兵、李子贵、王宾:《以学生为主体的大中小幼德育一体化进路探究》,《教育探索》2023年第4期,第3页。

③ 参见韩震、万俊人主编:《义务教育道德与法治课程标准解读》,高等教育出版社2022年版,第152页。

社会经验层面，高中阶段则聚焦在法律层面。

法治教育不同学段间的衔接统一，体现为法治教育遵循学生成长规律、教育规律、贴近学生、贴近生活，循序渐进引导学生不断丰富法律知识、增强法治意识、提升法治素养。小学阶段法治教育内容主要是法律规则和常识，主要引导学生养成遵法守法的行为习惯。初中阶段要增加宪法教育的内容，强化学生对国家的认同，筑牢建设社会主义法治国家的思想基础。高中阶段法治教育内容需要增添法治精神、法治原则的内容，引导学生认同中国特色社会主义法治的价值，形成正确的法治观，同时引导学生思索知识背后的深层含义。大学阶段要引导学生熟知全面依法治国等相关制度安排，将理论学习和实践探索相结合，坚定走中国特色社会主义法治道路的信心和决心①。综上，法治教育内容的衔接性体现为从义务教育阶段的“是什么”到高中阶段的“为什么”再到大学阶段的“干什么”的递进发展过程。

小学阶段中华优秀传统文化与革命传统教育居于基础性地位，由启蒙教育入手，以培育学生对中华优秀传统文化与革命传统的亲切感和感受力为重点。初中阶段，重点是培育学生对中华优秀传统文化与革命传统的理解力。高中阶段，重点是培育学生对中华优秀传统文化与革命传统的理性认知和实践能力②。大学阶段，重点是培育学生对中华优秀传统文化与革命传统的认同感。

义务教育阶段国情教育的教学内容集中体现为国情基本知识，包括自然国情知识、历史国情知识、现实国情知识和比较国情知识等。高中阶段国情教育主要集中于《中国特色社会主义》《经济与社会》《政治与法治》《当代国际政治与经济》等若干册教材中。在义务教育

① 参见马福运、卢晓涵:《大中小学法治教育一体化建设的问题及对策》,《学校党建与思想教育》2023年第7期,第45页。

② 参见《革命传统和中华优秀传统文化教育走进中小学课程》,《云南教育》2021年第3期,第20页。

阶段学习国情基本知识的基础上，高中阶段以专题形式帮助学生更好认识和理解中国特色社会主义、当代中国经济与社会发展状况、政治与法治状况及国际政治与经济问题，以帮助学生联系国内外实际更好认清国情的阶段性特征。

第二节　普通高中思政课课程内容及其衔接统一

一、“中国特色社会主义”课程内容及其教学目标与要求

（一）教材内容及其体系结构

《中国特色社会主义》教材共包括四课。

第一课“社会主义从空想到科学、从理论到实践的发展”分为两个部分：“原始社会的解体和阶级社会的演进”“科学社会主义的理论与实践”。前一部分回溯了人类社会形态从原始社会、奴隶社会、封建社会到资本主义社会依次更替的发展历程，阐述了人类社会发展规律，揭示了资本主义必然灭亡、社会主义必然胜利的历史趋势。后一部分介绍了科学社会主义的理论与实践。科学社会主义是在资本主义的发展和工人运动的浪潮中应运而生的，是马克思、恩格斯在批判地吸收德国古典哲学、英国古典政治经济学和法国空想社会主义思想成果的基础上创立的。它经历了从理论到实践、从一国实践到多国实践的发展过程。虽然20世纪80年代末90年代初世界社会主义运动遭遇严重挫折，但从人类社会发展的长远趋势看，社会主义终将代替资本主义。

第二课“只有社会主义才能救中国”分为两个部分：“新民主主义革命的胜利”“社会主义制度在中国的确立”。前一部分回顾了中国

共产党领导人民进行新民主主义革命的艰苦而光辉的历程，介绍了新民主主义取得胜利的重要历史意义和政治意义。后一部分“社会主义制度在中国的确立”阐述了在中国建立社会主义制度的重大意义，即实现了中华民族有史以来最为广泛而深刻的社会变革，揭示了党在社会主义革命和建设中取得的巨大成就为在新的历史时期开创中国特色社会主义提供了宝贵经验、理论准备、物质基础。

第三课“只有中国特色社会主义才能发展中国”分为两个部分：“伟大的改革开放”和“中国特色社会主义的创立、发展和完善”。前一部分介绍了党的十一届三中全会以来我国改革开放的历史进程和主要内容，指明了改革开放给中国带来的深刻变革，阐明了改革开放和中国特色社会主义的关系以及改革开放对中华民族的伟大意义。后一部分通过回顾邓小平理论、“三个代表”重要思想、科学发展观以及习近平新时代中国特色社会主义思想的创立，明确了中国特色社会主义是把马克思主义基本原理同中国国情相结合的产物，经历了一个从创立到发展、从发展到不断完善的过程，指明了改革开放取得成绩和进步的根本原因，就是中国共产党带领全国人民开辟了中国特色社会主义道路，形成了中国特色社会主义理论体系，确立了中国特色社会主义制度，发展了中国特色社会主义文化。

第四课“只有坚持和发展中国特色社会主义才能实现中华民族伟大复兴”分为三个部分。第一部分“中国特色社会主义进入新时代”指明经过长期努力，中国特色社会主义进入了新时代，阐述了进入新时代的依据、新时代的科学内涵、进入新时代的意义。第二部分“实现中华民族伟大复兴的中国梦”明确了中国梦的本质是国家富强、民族振兴、人民幸福，新时代中国共产党的初心和使命就是为中国人民谋幸福，为中华民族谋复兴，指出为了实现伟大梦想必须进行伟大斗争、建设新的伟大工程、推进中国特色社会主义伟大事业。第三部分“习近平新时代中国特色社会主义思想”阐明了习近平新时代中国特色社会主义思想的核心要义、主要内容、历史地位和指导意义等。

（二）教学目标与要求

“中国特色社会主义”课程教学应当坚持以下目标定位：使学生了解人类社会发展的一般过程和基本规律；确信社会主义终将代替资本主义是不可抗拒的历史趋势；懂得中国特色社会主义是科学社会主义的成功实践，是中国近代历史发展的必然选择；理解坚持和发展中国特色社会主义，是实现中华民族伟大复兴中国梦的必由之路；坚定中国特色社会主义道路自信、理论自信、制度自信、文化自信，坚定中国特色社会主义共同理想，树立共产主义远大理想。

“中国特色社会主义”课程教学应当具体把握好以下基本要求。

第一，教育和引导学生从整体上了解原始社会解体和阶级社会演进的过程，深入了解不同社会形态的特点和主要矛盾，懂得人类社会不断从低级形态向高级形态发展的内在原因和一般规律，了解科学社会主义产生的历史条件及其创立、发展的过程，深刻把握社会主义代替资本主义的历史趋势，自觉树立共产主义理想。

第二，教育和引导学生了解中国共产党带领中国人民进行新民主主义革命的光辉历程和取得的巨大成就；理解新中国的成立从根本上改变了中国社会的发展方向，为实现国家富强、民族振兴展示了美好前景；了解在中国建立起社会主义制度，实现了中华民族有史以来最为广泛而深刻的社会变革，理解只有社会主义才能救中国的道理。

第三，教育和引导学生了解我国改革开放的伟大历程，理解改革开放是坚持和发展中国特色社会主义的必由之路，是决定当代中国命运的关键一招，也是实现中华民族伟大复兴中国梦的必由之路；理解改革开放以来，我国取得的一切成绩和进步的根本原因，归结起来就是：中国共产党带领全国人民，开辟了中国特色社会主义道路，形成了中国特色社会主义理论体系，确立了中国特色社会主义制度，发展了中国特色社会主义文化，进一步坚定“四个自信”。

第四，教育和引导学生明白中国特色社会主义已经进入新时代，把握新时代的科学内涵；了解中国梦的本质是国家富强、民族振兴、人民幸福；了解新时代中国共产党的历史使命就是为中国人民谋幸福，为中华民族谋复兴；理解习近平新时代中国特色社会主义思想是当代中国马克思主义、二十一世纪马克思主义，是中华文化和中国精神的时代精华，实现了马克思主义中国化时代化新的飞跃。

二、“经济与社会”课程内容及其教学目标与要求

（一）教材内容及其体系结构

《经济与社会》教材分为两个单元，每个单元有两课。

第一单元是“生产资料所有制与经济体制”，包括两课：第一课“我国的生产资料所有制”和第二课“我国的社会主义市场经济体制”。第一课又有两个部分：“公有制为主体 多种所有制经济共同发展”和“坚持‘两个毫不动摇’”。前一部分重点阐明了我国实行以公有制主体、多种所有制经济共同发展的必要性和重要性，介绍公有制主体地位的主要体现和非公有制经济的几种形式，揭示了公有制经济和非公有制经济相辅相成、共同发展的内在关系。后一部分指明了“两个毫不动摇”的内涵，阐述了如何毫不动摇巩固和发展公有制经济，如何毫不动摇鼓励、支持、引导非公有制经济发展。第二课也有两个部分：“充分发挥市场在资源配置中的决定性作用”和“更好发挥政府作用”。前一部分阐述了市场调节、市场体系的含义，介绍了运用市场调节、建立市场体系的重要作用及局限性。后一部分说明了更好发挥政府作用的理由、手段、途径，指明了科学的宏观调控、有效的政府治理是社会主义市场经济体制优势的内在要求，明确要将有效市场和有为政府更好结合起来，不断完善社会主义市场经济体制。

第二单元是“经济发展与社会进步”，包括两课：第三课“我国的经济发展”和第四课“我国的个人收入分配与社会保障”。第三课有两个部分：“贯彻新发展理念”和“推动高质量发展”。前一部分首先指明了以人民为中心的发展思想是贯彻新发展理念必须始终坚持的原则；其次阐述了新发展理念的内涵，指出新发展理念是以创新、协调、绿色、开放、共享为基本要求的发展理念。后一部分阐明了我国经济已经由高速增长阶段转向高质量发展阶段，高质量发展是全面建设社会主义现代化国家的首要任务；指出推动高质量发展要加快构建以国内大循环为主体、国内国际双循环相互促进的新发展格局。第四课也包括两个部分“我国的个人收入分配”和“我国的社会保障”。前一部分指明了我国坚持公有制为主体、多种所有制经济共同发展决定了分配制度必然是按劳分配为主体、多种分配方式并存，阐述了按劳分配原则的基本内容和要求，阐明了实行其他多种分配方式的积极意义，揭示了完善个人收入分配的方法。后一部分介绍了社会保障的作用和形式，提出要按应保尽保原则，加快健全覆盖全民、统筹城乡、公平统一、可持续的多层次社会保障体系。

（二）教学目标与要求

“经济与社会”课程教学应当坚持以下目标定位：使学生能够初步运用中国特色社会主义政治经济学的基本观点，观察和分析经济社会现象；了解社会主义基本经济制度的内涵、特色和优势；了解和贯彻新发展理念，推动高质量发展的必要性；了解我国的分配制度和社会保障制度，尝试对促进社会公正、实现共同富裕、营造良好社会风尚、完善社会保障的政策提出建议。

“经济与社会”课程教学应当具体把握好以下基本要求。

第一，教育和引导学生理解公有制为主体、多种所有制经济共同发展，按劳分配为主体、多种分配方式并存，社会主义市场经济体制等社会主义基本经济制度，既体现了社会主义制度优越性，又同我国社会主义初级阶段社会生产力发展水平相适应，是党和人民的伟大创造；懂得我国的社会主义市场经济既能充分发挥市场在资源配置中的决定性作用，又能更好发挥政府作用，要推动有效市场和有为政府更好结合，激发各类市场主体活力，为经济高质量发展提供体制保障。

第二，教育和引导学生了解和坚持以人民为中心的发展思想，把实现人民幸福作为发展的目的和归宿，牢固树立和切实贯彻创新、协调、绿色、开放、共享的新发展理念，理解推动高质量发展的重要性和必要性，把握高质量发展的要求，了解按劳分配为主体、多种分配方式并存的分配制度，了解完善个人收入分配的途径，了解我国的社会保障制度和完善社会保障体系的原则和有关要求。

三、“政治与法治”课程内容及其教学目标与要求

（一）教材内容及其体系结构

“政治与法治”教材有三个单元，每单元分三课上完。

第一单元是“中国共产党领导”，下面三课分别为：第一课“历史和人民的选择”、第二课“中国共产党的先进性”和第三课“坚持和加强党的全面领导”。第一课通过回顾历史说明其他政治力量都不能带领中国实现独立和富强，只有中国共产党能够救中国、发展中国。第二课从性质、宗旨、执政理念和指导思想等方面说明了中国共产党的先进性。第三课阐发了坚持和加强党的全面领导的重大意义，指出中国共产党领导是中国特色社会主义最本质的特征，是中国特色社会主义制度的最大优势，揭示了全面建设社会主义现代化国家、全面推进中华民族伟大复兴关键在党的道理。

第二单元是“人民当家作主”，下面三课分别为：第四课“人民民主专政的社会主义国家”、第五课“我国的根本政治制度”和第六

课“我国的基本政治制度”。第四课阐述了人民民主专政的本质即人民当家作主，指出社会主义民主是最广泛、最真实、最管用的民主，指明了坚持人民民主专政的路径和意义。第五课介绍了我国的人民代表大会制度这一根本政治制度，阐述了人民代表大会这一国家权力机关的性质和职能，强调了人民代表大会制度的优势。第六课阐明了中国共产党领导的多党合作和政治协商制度是具有中国特色的基本政治制度，民族区域自治制度是符合我国国情的基本政治制度，基层群众自治制度是我国人民依法直接行使民主权利的基本政治制度。

第三单元是“全面依法治国”，下面三课分别为：第七课“治国理政的基本方式”、第八课“法治中国建设”和第九课“全面推进依法治国的基本要求”。第七课回顾了我国法治建设的历程，明确了全面推进依法治国的总目标，即建设中国特色社会主义法治体系、建设社会主义法治国家，阐明了全面推进依法治国的原则。第八课阐述了法治国家、法治政府、法治社会各自的内涵，指明全面推进依法治国，要坚持依法治国、依法执政、依法行政共同推进，坚持法治国家、法治政府、法治社会一体建设。第九课阐述了科学立法、严格执法、公正司法、全民守法的内涵和基本要求，指明了实现全面推进依法治国的总目标，必须做到科学立法、严格执法、公正司法、全民守法。

（二）教学目标与要求

“政治与法治”课程教学应当坚持以下目标定位：使学生了解中国共产党的性质、宗旨和指导思想，深化对中国共产党先进性的认识，明确党的执政地位是历史和人民的选择；了解中国特色社会主义政治制度的基本内容、鲜明特点和主要优势；了解全面推进依法治国的总目标，知道科学立法、严格执法、公正司法、全民守法的基本要求；懂得走中国特色社会主义政治发展路，必须坚持党的领导、人民当家作主、依法治国有机统一。

“政治与法治”课程教学应当具体把握好以下基本要求。

第一，教育和引导学生深刻理解中国共产党的成立是开天辟地的大事变，深刻改变了近代以后中华民族发展的方向和进程，深刻改变了中国人民和中华民族的前途和命运，深刻改变了世界发展的趋势和格局；深刻理解中国共产党的先进性，深刻体认中国共产党领导是中国特色社会主义最本质的特征，是中国特色社会主义制度的最大优势，从而自觉坚持和维护党的全面领导。

第二，教育和引导学生认识我国是人民民主专政的社会主义国家，而人民民主专政的本质是人民当家作主；深刻认识人民代表大会制度是与我国人民民主专政的国体相适应的政权组织形式，坚持和完善人民代表大会制度，是发展社会主义民主政治的重要内容；深刻认识中国共产党领导的多党合作和政治协商制度、民族区域自治制度、基层群众自治制度是我国的基本政治制度，这些制度与我国的根本政治制度相适应，是中国特色社会主义民主政治的重要组成部分。

第三，教育和引导学生深刻理解依法治国是我国治国理政的基本方式，保障人权、维护社会和谐、实现长治久安、推进国家治理现代化，都要求实行法治；深刻理解建设法治中国是一个系统性工程，全面推进依法治国，要坚持依法治国、依法执政、依法行政共同推进，坚持法治国家、法治政府、法治社会一体建设；深刻认识实现全面推进依法治国的总目标，必须做到科学立法、严格执法、公正司法、全民守法。

四、“哲学与文化”课程内容及其教学目标与要求

（一）教材内容及其体系结构

“哲学与文化”教材有三个单元，每单元分三课上完。

第一单元是“探索世界与把握规律”，下面三课分别为：第一课“时代精神的精华”、第二课“探究世界的本质”和第三课“把握世界的规律”。第一课回顾了哲学的起源，说明哲学是系统化理论化的世界观，阐明了哲学的基本问题，指出马克思主义哲学是科学的世界观和方法论，阐述了马克思主义哲学的基本特征，介绍了马克思主义中国化时代化的重大理论成果。第二课阐明世界是物质的，物质是运动的，运动是有规律的。人们在客观规律面前不是完全被动的，他们可以认识规律、把握规律、利用规律为自己服务，应当坚持一切从实际出发，实事求是，把发挥主观能动性和尊重客观规律结合起来。第三课阐明世界是普遍联系、永恒发展的，而且事事、时时包含着矛盾，应当用联系的观点、发展的观点、对立统一的观点看问题。

第二单元是“认识社会与价值选择”，下面三课分别为：第四课“探索认识的奥秘”、第五课“寻觅社会的真谛”和第六课“实现人生的价值”。第四课阐释了实践是认识的基础，指明了与时俱进，开拓创新，在实践中认识和发现真理，在实践中检验和发展真理，是人类永恒的使命。第五课阐释了社会生活在本质上是实践的，指出生产关系一定要适合生产力状况，上层建筑一定要适合经济基础状况，是在任何社会中都起作用的普遍规律。在这一规律作用下，社会发展呈现出前进的、上升的总趋势。在社会历史进程中，人民群众是历史的创造者。必须坚持群众观点和群众路线，发挥人民的主人翁精神。第六课阐释了价值观对人们认识和改造世界的活动具有重要导向作用，要培育和践行社会主义核心价值观，自觉站在最广大人民的立场上，把人民群众的利益作为最高的价值标准，努力创造和实现更大的人生价值。

第三单元是“文化传承与文化创新”，下面三课分别为：第七课“继承发展中华优秀传统文化”、第八课“学习借鉴外来文化的有益成果”和第九课“发展中国特色社会主义文化”。第七课阐释了文化的内涵和功能，阐明了中华优秀传统文化的主要内容、特点和当代价值，指出必须弘扬中华优秀传统文化和中华民族精神，实现中华优秀传统文化的创造性转化和创新性发展。第八课阐释了文化的民族性和多样性原理，阐明了人类历史上不同文化相互交流、彼此融合的历史和重要意义，提出了立足中国国情，坚守中华文化立场，吸收外来有益文化，推动当代中国文化发展的要求和任务。第九课阐释了中国特色社会主义文化源自中华民族五千多年文明历史所孕育的中华优秀传统文化，熔铸于党领导人民在革命、建设、改革中创造的革命文化和社会主义先进文化，植根于中国特色社会主义伟大实践，必须立足时代之基，融通古今中外各种资源，坚定文化自信，建设文化强国。

（二）教学目标与要求

"哲学与文化"课程教学应当坚持以下目标定位：使学生了解马克思主义哲学的基本原理并运用这些基本原理认识自然界、人类社会、人类思维，确信实践是检验真理的唯一标准；使他们能够客观观察和分析各种复杂的社会现象，在实践中作出科学的价值判断和行为选择；引导他们自觉继承中华优秀传统文化和革命文化，发展社会主义先进文化，尊重世界文化多样性，增强中国特色社会主义文化的自觉和自信，基本形成正确的世界观、人生观、价值观。

"哲学与文化"课程教学应当具体把握好以下基本要求。

第一，教育和引导学生了解哲学是系统化理论化的世界观，是对自然、社会和思维知识的概括和总结，了解思维和存在的关系问题是哲学的根本问题，深刻认识马克思主义哲学是科学的世界观和方法论；理解自然界和人类社会本质上都是物质的，意识是物质世界长期发展的产物，整个世界都处于普遍联系和永恒发展之中，学会用联系、发展、全面的观点观察和解决问题，反对用孤立、静止、片面的观点看问题。

第二，教育和引导学生正确理解认识与实践的关系，懂得实践是认识的基础，坚持在实践中追求和发展真理，深刻认识社会生活本质上是实践的；掌握社会存在决定社会意识的原理，把握社会历史发展的规律和趋势，深刻体认人民群众是历史的创造者，树立群众观点，坚持群众路线；形成正确的价值观，在个人和社会的统一中、在砥砺自我中创造和实现价值。

第三，教育和引导学生了解文化的内涵和功能，把握中华优秀传统文化的主要内容、特点和当代价值，自觉弘扬中华优秀传统文化与民族精神；了解文化的民族性和多样性，认识文化交流的重要意义，把握文化交融的趋势和规律，坚守中华文化立场，吸收外来有益文化，推动当代中国文化发展；深刻理解发展中国特色社会主义文化，必须坚持以马克思主义为指导，发展面向现代化、面向世界、面向未来的，民族的科学的大众的社会主义文化，立志建设文化强国，坚定文化自信。

五、“当代国际政治与经济”课程内容及其教学目标与要求

（一）教材内容及其体系结构

“当代国际政治与经济”教材有四个单元，共九课。

第一单元是“各具特色的国家”，包括两课，这两课分别为：第一课“国体与政体”和第二课“国家的结构形式”。第一课阐释了国家、国体、政体、政党和利益集团的含义，介绍了我国实行的人民代表大会制度和西方国家实行的民主共和制和君主立宪制、议会制和总统制，揭示了国家的本质，阐述了国家管理形式的多样性。第二课阐述了现代国家主权统一与政权分层原理，阐明了什么是国家主权、什么是国家的结构形式，介绍了单一制国家和复合制国家的特点，指明了维护国家统一、捍卫国家主权的重要意义。

第二单元是“世界多极化”，包括三课，分别为：第三课“多极化趋势”、第四课“和平与发展”和第五课“中国的外交”。第三课引用有关数据论述了世界多极化深入发展的趋势，介绍了美国、中国、欧盟、俄罗斯、日本、印度等几大世界主要力量，阐述了国际关系的含义及影响国际关系的主要因素。第四课引述有关资料全面阐述了和平与发展是当今时代的主题，既介绍了促进和平与发展的因素，也列举了和平与发展的主要障碍，指明了国际关系民主化的努力方向。第五课揭示了中国外交政策的基本立场和宗旨，阐述了习近平外交思想的形成过程和理论体系，论述了人类命运共同体的内涵以及中国推动构建人类命运共同体的生动实践和重要意义。

第三单元是“经济全球化”，下面有两课，分别为：第六课“走进经济全球化”和第七课“经济全球化与中国”。第六课从生产全球化、贸易全球化、金融全球化等几个方面阐明了经济全球化是不可逆转的历史趋势，探究了经济全球化面临的机遇和挑战，阐释了坚持正确义利观，推动建设开放型世界经济的意义和路径。第七课回顾了我国对外开放的进程，阐述了开放是当代中国的鲜明标识，分析了对外开放与自力更生的辩证关系，指出我国既是经济全球化的受益者，也是经济全球化的贡献者，将始终做全球发展的贡献者、国际秩序的维护者，推动经济全球化朝着更加开放、包容、普惠、平衡、共赢的方向发展。

第四单元是“国际组织”，包括两课，分别为：第八课“主要的国际组织”和第九课“中国与国际组织”。第八课阐释了国际组织的产生、分类和作用，重点介绍了联合国这一当今世界最具普遍性、代表性和权威性的政府间国际组织以及欧洲联盟、亚太经合组织、东南亚国家联盟、非洲联盟等区域性国际组织。第九课回顾了中国与联合国关系的历史演变，阐述了中国在联合国的地位和作用，重点介绍了中国与二十国集团、金砖国家、上海合作组织、亚洲基础设施投资银行等新型国际组织的关系，阐明了中国在促进全球治理、构建新型国际关系中发挥的重要作用。

（二）教学目标与要求

“当代国际政治与经济”课程教学应当坚持以下目标定位：使学生了解当今世界多极化与经济全球化趋势，理解各国相互联系的程度空前加深，越来越成为相互依存的命运共同体；懂得和平与发展是时代主题、合作共赢是时代潮流；理解国际组织在国际事务中的作用，培养融入国际社会的积极意愿和开放态度，自觉维护国家主权、安全、发展利益，为推动构建人类命运共同体积极贡献智慧和力量。

“当代国际政治与经济”课程教学应当具体把握好以下基本要求。

第一，教育和引导学生认识国家是人类社会发展到一定历史阶段的产物，也是阶级矛盾不合调和的产物和表现，了解国家的性质、政权组织形式和结构形式，理解一个国家采用何种政权组织形式和结构形式，是由这个国家的阶级、民族、历史、文化等因素综合作用的结果。

第二，教育和引导学生认识当今世界正处在大变革大调整时期，世界多极化不断发展，国家间相互依赖程度日益加深；了解和平与发展仍然是当今时代的主题，但是也面临着霸权主义和强权政治的挑战；认识中国奉行独立自主的和平外交政策，面对深刻变化的国际形势，攻坚克难，砥砺前行，开创性推进中国特色大国外交，提出并推动构建人类命运共同体，为推动世界和平与发展提供了中国智慧、中国力量和中国方案。

第三，教育和引导学生认识经济全球化的发展趋势，了解经济全球化的主要表现、影响因素、重要载体，以及经济全球化面临的机遇和挑战；认识对外开放是我国的基本国策，认识推动我国经济持续健康发展，必须坚持对外开放，积极参与经济全球化，面向未来，我国将以更加开放的姿态，始终做全球发展的贡献者、国际秩序的维护者，推动建设一个共同繁荣的世界。

第四，教育和引导学生了解国际组织的分类和机构，认识其是当今国际社会日益重要的行为体、全球治理的重要载体、多边外交的重要舞台，了解联合国、欧洲联盟、亚太经合组织、东南亚国家联盟、非洲联盟等重要的国际组织；认识随着国际组织的重要性日益加强，中国不但加强与主要国际组织的联系，而且积极推进新型国际组织的发展，并倡议建立了一些重要的国际组织，推动国际秩序朝着更加公正合理的方向发展。

六、“法律与生活”课程内容及其教学目标与要求

（一）教材内容及其体系结构

《法律与生活》教材有四个单元，共十课。

第一单元是“民事权利与义务”，包括四课，分别为：第一课“在生活中学民法用民法”、第二课“依法有效保护财产权”、第三课“订约履约 诚信为本”和第四课“侵权责任与权利界限”。第一课阐述了民法的重要性和民事法律关系的三个要素，即主体、客体、内容，解析了民法基本原则，即平等、自愿、公平、诚信、守法和公序良俗、绿色等，介绍了生命权、身体权、健康权、姓名权、肖像权、名誉权、荣誉权等几种重要的民事权利。第二课重点介绍了所有权、他物权这两种重要的物权和著作权、专利权、商标权这三种重要的知识产权。第三课介绍了在市场经济中合同的重要性以及订立合同需要遵循的原则、程序和注意的事项。第四课解析了侵权行为所要承担的法律责任和行使民事权利的界限，传达了依法承担责任和正确行使权利的观念。

第二单元是“家庭与婚姻”，包括两课，分别为：第五课“在和

睦家庭中成长”和第六课“珍惜婚姻关系”。第五课阐述了家庭婚姻涉及的法律关系，着重强调了父母有教育和保护未成年子女的义务，成年子女对父母有赡养的义务，介绍了民法典有关继承的规定。第六课重点介绍了民法典有关婚姻的规定，阐述了夫妻地位平等的法律要求，强调夫妻双方应当自由平等、相互欣赏、互谅互让，强调严肃对待婚姻、珍惜婚姻既是对自己负责、对配偶和子女负责，也是对社会负责。

第三单元是“就业与创业”，包括两课，分别为：第七课“做个明白的劳动者”和第八课“自主创业与诚信经营”。第七课主要阐述了劳动法的基本原则和订立劳动合同应当遵循的原则，前者包括保护劳动者的合法权益、劳动者平等竞争和特殊劳动保护等，后者包括合法、公平、平等自愿、协商一致、诚实信用等，介绍了劳动者享有的权利和维权的途径。第八课主要介绍了与创业有关的企业登记、企业信息公示、税收和知识产权保护等基本法律制度，阐述了市场竞争的基本规则，强调了依法经营的必要性和重要性。

第四单元是“社会争议解决”，包括两课，分别为：第九课“纠纷的多元解决方式”和第十课“诉讼实现公平正义”。第九课阐述了调解和仲裁的重要意义，介绍了民事诉讼、行政诉讼、刑事诉讼这三大诉讼的特点和程序。第十课概述了公民的诉讼权利，介绍了起诉和应诉、审理和判决的含义及其程序要求，阐述了不同诉讼中的举证规则，强调证据作为认定案件事实的依据是诉讼的灵魂，任何诉讼都必须遵循以事实为根据、以法律为准绳的基本原则。

（二）教学目标与要求

“法律与生活”课程教学应当坚持以下目标定位：使学生能够结合生活实际，更加全面地认识公民的民事权利与义务；更为具体地理解婚姻家庭中的法律责任，以及与创业和就业相关的法律制度；更为理性地看待生活中的矛盾和纠纷，懂得调解、仲裁、诉讼等不同的纠纷解决机制；进一步提高主动学法的意愿、自觉用法的能力。

“法律与生活”课程教学应当具体把握好以下基本要求。

第一，教育和引导学生认真对待民事权利和义务，积极维护生命权、身体权、健康权等人身权利，了解所有权、他物权等物权，尊重著作权、专利权、商标权等知识产权，认识合同在社会生活中的重要作用，了解有关订立和履行合同的法律规定，做到一诺千金、言而有信，认识责任和权利的界限，在行使权利时必须尊重他人的权利，不逾越权利的边界，不损害公共利益或他人合法权益。

第二，教育和引导学生认识亲属关系也是一种法律上的权利义务关系，在家庭生活中自觉履行赡养父母等义务，了解法定继承的范围和顺序，了解法律关于婚姻的有关规定，理解男女平等、财产共有、救助义务等法律规定为婚姻关系的稳定提供了有力的支持，夫妻双方的理解和包容则是建立良好婚姻关系的关键。

第三，教育和引导学生了解《中华人民共和国劳动法》《中华人民共和国合同法》《中华人民共和国社会保险法》等重要劳动法律，争取将来在职场上明明白白工作、清清楚楚维权，懂得遵守法律规则包括诚信经营、依法纳税等，可以促进经营者自身的发展，有利于保障消费者的合法权益，还可以为国家和社会作出重要贡献。

第四，教育和引导学生了解调解和仲裁的作用、种类和程序，了解民事诉讼、行政诉讼、刑事诉讼三大诉讼的性质、目的、内容和程序，懂得无论在哪种诉讼活动中，当事人都依法享有广泛的诉讼权利，承担相应的诉讼义务，懂得证据是诉讼的灵魂，主张权利靠举证，在涉诉时做到正确行使诉讼权利、严格遵守诉讼程序。

七、“逻辑与思维”课程内容及其教学目标与要求

（一）课程内容及其体系结构

《逻辑与思维》教材有四个单元，共十三课。

第一单元是“树立科学思维观念”，包括三课，分别为：第一课“走进思维世界”、第二课“把握逻辑要义”和第三课“领会科学思维”。第一课介绍了思维的含义、特征、思维形态及其特征，揭示思维在实践中产生和发展，又反作用于实践。第二课阐述了逻辑的含义，介绍了逻辑思维的基本要求，即同一律是思维的确定性要求，矛盾律是思维的一致性要求，排中律是思维的明确性要求。第三课介绍了科学思维的含义和特征，阐述了学习科学思维的意义。

第二单元是“遵循逻辑思维规则”，包括四课，分别为：第四课“准确把握概念”、第五课“正确运用判断”、第六课“掌握演绎推理方法”和第七课“学会归纳与类比推理”。第四课介绍了概念的含义和基本特征，阐述了明确概念内涵和外延的方法。第五课介绍了判断的含义、特征和类型，阐述了正确运用简单判断和复合判断需要注意的事项。第六课介绍了推理的含义、种类和演绎推理的逻辑要义，重点阐述了简单判断和复合判断的演绎推理方法。第七课分别介绍了归纳推理和类比推理的含义和方法。

第三单元是“运用辩证思维方法”，包括三课，分别为：第八课“把握辩证分合”、第九课“理解质量互变”和第十课“推动认识发展”。第八课介绍了辩证思维的含义和特征，阐述了分析、综合及其辩证关系。第九课阐述了质量互变规律和适度的含义，提出了遵循质量互变规律和把握适度原则的要求。第十课指出了简单肯定一切或否定一切的危害，介绍了辩证的否定观，揭示了认识经由“感性具体—思维抽象—思维具体”不断深化的途径。

第四单元是“提高创新思维能力”，包括四课，分别为：第十一课“创新思维要善于联想”、第十二课“创新思维要多路探索”和第十三课“创新思维要力求超前”。第十一课介绍阐述了创新思维的含义和特征，阐述了联想思维的含义和方法，指出联想是创新思维的基础，而迁移和想象则是思维展开联想的重要方式。第十二课介绍了发散思维和聚合思维的方法、功能，阐述了逆向思维的含义和作用，指出在创新思维过程中应综合运用这些思维方法。第十三课阐述了超前思维的含义、特征、方法和意义。

（二）教学目标与要求

“法律与生活”课程教学应当坚持以下目标定位：使学生能够明确科学思维的重要意义，学会遵循逻辑思维的规律，把握辩证思维的方法，提高创新思维的能力，提升自己的思维品质，正确运用科学思维方法观察和理解社会，处理学习和生活中遇到的问题。

“法律与生活”课程教学应当具体把握好以下基本要求。

第一，教育和引导学生了解思维的含义、特征，以及思维形态及其特征，了解同一律是思维的确定性要求，矛盾律是思维的一致性要求，排中律是思维的明确性要求，领会科学思维的含义和特征，认识学会运用科学思维方法，不仅可以帮助我们正确认识事物，提高学习和工作效率，还可以帮助我们树立正确的世界观和人生观，更好地报效国家、服务社会。

第二，教育和引导学生把握概念的含义和特征，了解明确概念内涵和外延的方法，把握判断的含义、特征和类型，学会正确运用简单判断和复合判断，掌握演绎推理的要义，学会正确地运用演绎推理，了解归纳推理和类比推理的含义，学会运用归纳推理寻找事物的规律，同时学会运用类比推理打开创新思维之门。

第三，教育和引导学生把握辩证思维的含义与特征，掌握分析与综合及其辩证关系，认识和遵循质量互变规律，把握适度原则，在思考和处理问题时把握好“分寸”，认识事物内部肯定方面与否定方面的辩证关系，做到在看待事物时不简单地肯定一切或否定一切，体会认识从感性具体到思维抽象再到思维具体的发展历程，达到对认识对象整体本质和规律的认识。

第四，教育和引导学生把握创新思维的含义和特征，了解联想思维的含义和方法，懂得联想是创新思维的基础，迁移和想象是思维展开联想的重要方式，了解发散思维和聚合思维的方法，理解逆向思维的含义和作用，了解超前思维的含义、特征、方法和意义，培养超前意识，提高超前思维水平，利用超前思维的前瞻功能，为个人成长成才和国家社会发展提供重要助力。

八、高中思政课课程及其与其他学段思政课课程在内容体系上的衔接和统一

（一）“中国特色社会主义”课程与义务教育阶段和大学阶段相关课程的衔接和统一

《中国特色社会主义》教材的相关内容散见于义务教育阶段和大学阶段相关教材的不同章节中。比如，在《道德与法治》九年级上册教材中，有“踏上强国之路”“建设美丽中国”“中国人 中国梦”等内容；而在大学阶段《马克思主义基本原理》教材中有“社会主义五百年的历史进程”等内容，《毛泽东思想和中国特色社会主义理论体系概论》教材中有“中国特色社会主义理论体系的形成发展”等内容。通过考察和比较可以看出，义务教育阶段教材的相关内容着重于提高学生对中国特色社会主义的感性认识和情感认同，因而相关章节安排和内容阐述都服从于这一需要，不追求相关内容的完整性和理论的深刻性。大学阶段教材则是把相关内容放在各不相同又相对完整的

理论体系和逻辑结构中进行阐述的，因而这些阐述要服从于各自理论体系和逻辑结构的需要，虽也不追求相关内容的完整性，但从不同角度对相关知识点进行了深化和拓展。

从义务教育阶段、高中阶段和大学阶段相关课程衔接和统一的视角看，《中国特色社会主义》教材内容比义务教育阶段教学内容完整，比大学阶段教学内容浅显。它在义务教育阶段零散介绍相关知识的基础上，比较完整、系统地梳理了中国特色社会主义的发展历程，介绍了中国特色社会主义取得的巨大成就，令人信服地阐明了只有社会主义才能救中国、只有中国特色社会主义才能发展中国的道理，能够让学生进一步坚定中国特色社会主义共同理想和共产主义远大理想，也为其在大学阶段进一步接受更深入系统的思想政治教育打下了坚实基础。

（二）“经济与社会”课程与义务教育阶段和大学阶段相关课程的衔接和统一

《经济与社会》教材的相关内容散见于义务教育阶段和大学阶段不同教材的不同章节中。比如，在《道德与法治》八年级下册教材中有我国的“基本经济制度”等内容，在九年级上册教材中，有“坚持改革开放”“走向共同富裕”等内容；而在大学阶段《中国近现代史纲要》教材中有“把握新发展阶段、贯彻新发展理念、构建新发展格局、推动高质量发展”等内容。仔细考察可以发现，无论是义务教育阶段和大学阶段教材都是因为在阐述其他主题内容时涉及某一方面的内容才对其加以阐述的，《经济与社会》教材则专门且相对完整地阐述了相关内容。

从义务教育阶段、高中阶段和大学阶段相关课程衔接和统一的视角看，在高中阶段安排本课程适得其时。在义务教育阶段，学生已经对我国经济制度和经济运行情况有了一些感性认识，到了高中阶段，学生的思维习惯和行为方式发生了变化，产生了系统了解相关知识的需要，也具备了相应的智力水平。在高中阶段，通过本课程教学既可以帮助学生加深对我国经济制度的了解，满足他们的求知欲，促进他们心智健康成长，也可以帮助他们强化对我国社会主义市场经济体制的认同，培养他们对我国经济发展和社会进步的自豪感和责任感，同时可以为他们在大学阶段在其他主题下更深入系统地学习相关知识打下坚实基础。

（三）“政治与法治”课程与义务教育阶段和大学阶段相关课程的衔接和统一

《政治与法治》教材的相关内容在义务教育阶段《道德与法治》教材中和大学阶段《思想道德与法治》教材中出现频率较高。在《道德与法治》教材七年级下册有“走进法治天地”等内容，八年级上册有“做守法的公民”等内容，八年级下册有“坚持宪法至上”“理解权利义务”“人民当家作主”“崇尚法治精神”等内容，九年级上册有“民主与法治”等内容。在大学阶段《思想道德与法治》教材中，有“社会主义法律的特征和运行”“坚持全面依法治国”“维护宪法权威”“自觉尊法学法守法用法”等内容。

从义务教育阶段、高中阶段和大学阶段相关课程衔接和统一的视角看，义务教育阶段相关课程的主要目标是培养学生对国家政治制度和法律权威的认同，并使其在此基础上获得一些关于国家政治和法律的感性认识；高中阶段相关课程的主要目标是使学生初步具备有序参与国家政治生活和社会公共生活的能力，养成遵守法律的习惯，并在此基础上获得对国家政治制度和法律制度的基本知识；大学阶段相关课程的主要目标是巩固提升学生的政治参与能力和法律素质，并在此基础上形成对国家政治制度和法律制度的理性认同。可见，本课程在内容和目标上都与义务教育阶段和大学阶段课程相衔接，在大中小学思政课程体系中具有承上启下的作用。

（四）“哲学与文化”课程与义务教育阶段和大学阶段相关课程的衔接和统一

《哲学与文化》教材的相关内容，在义务教育阶段主要出现在《道德与法治》教材九年级上册第五课。这一课讲的是“守望精神家园”，有两节内容，分别是：“延续文化血脉”和“凝聚价值追求”。在大学阶段主要出现在《思想道德与法治》第五章第二节“吸收借鉴优秀道德成果”和《马克思主义基本原理》教材第一章“世界的物质性及发展规律”、第二章“实践与认识及其发展规律”、第三章“人类社会及其发展规律”。前者集中概括了中华传统美德的基本精神，后者比较完整地介绍了马克思主义哲学的主要内容。

从义务教育阶段、高中阶段和大学阶段相关课程衔接和统一的视角看，义务教育阶段的相关教学内容旨在激发学生的文化自觉和文化自信，大学阶段的相关教学内容则侧重理论性和深刻性，《哲学与文化》则相对集中地阐述哲学与文化方面的基础知识，比较系统深入地阐述了辩证唯物主义和历史唯物主义基本观点，阐释了文化的内涵、功能、多样性原理，介绍了中华优秀传统文化的基本内容、特点和当代价值。这既对在义务教育阶段学生学习的相关较为零散的知识进行了理性升华和完整概括，也为他们在大学阶段进一步接受相关教育奠定了世界观、人生观、价值观基础。

（五）“当代国际政治与经济”课程与义务教育阶段和大学阶段相关课程的衔接和统一

《当代国际政治与经济》教材的相关内容主要出现在义务教育阶段教材《道德与法治》九年级下册第一课“同住地球村”、第二课“构建人类命运共同体”、第三课“与世界紧相连”、第四课“与世界共发展”。大学阶段教材没有专门设置这方面的内容，只在阐述其他问题时间接提到相关内容。

从义务教育阶段、高中阶段和大学阶段相关课程衔接和统一的视角看，义务教育阶段教材旨在增加学生对相关问题的感性认识，加深学生对国际政治与经济局势的了解，大学阶段教材在习近平新时代中国特色社会主义思想的整体框架下介绍了我国推动构建人类命运共同体的有关情况，《当代国际政治与经济》在义务教育阶段有关课程内容的基础上比较系统地介绍了国体、政体、国家的结构形式、经济全球化、国际组织等专门知识，拓宽了学生的国际视野，为他们在大学阶段进一步学习习近平外交思想等内容打下了坚实的知识基础。

（六）“法律与生活”课程与义务教育阶段和大学阶段相关课程的衔接和统一

《法律与生活》教材的相关内容出现在义务教育阶段教材《道德与法治》七年级下册“走进法治天地”等章节，八年级上册“做守法的公民”等章节，八年级下册“坚持宪法至上”“理解权利义务”“人民当家作主”“崇尚法治精神”等章节，九年级上册“民主与法治”等章节以及大学阶段教材《思想道德与法治》“社会主义法律的特征和运行”“坚持全面依法治国”“维护宪法权威”“自觉尊法学法守法用法”等章节。

从义务教育阶段、高中阶段和大学阶段相关课程衔接和统一的视角看，义务教育阶段教材旨在养成学生的守法习惯，大学阶段相关教学内容旨在从整体上介绍我国社会主义法律和法治的基本情况，《法律与生活》教材在义务教育阶段相关课程内容的基础上比较深入地阐述了民事权利、民事义务、物权、知识产权等概念，比较细致地介绍了家庭、婚姻、就业、创业和社会争议方面涉及的法律知识，有助于学生提高法律素养和培养遇事找法、解决问题靠法的习惯，并为他们在大学阶段进一步系统掌握法律知识、形成对我国法律制度的理性和整体认知提供了坚实的知识基础。

（七）“逻辑与思维”课程与义务教育阶段和大学阶段相关课程的衔接和统一

在大中小学思政课教材中，只有高中教材《逻辑与思维》专门介绍了有关逻辑与思维的知识。义务教育阶段没有相关内容，大学阶段教材《马克思主义基本原理》只是在第二章介绍“认识的本质与过程”时涉及相关内容。这是因为有关逻辑与思维的知识既比较抽象又具有一定的专门性、专业性，学生只有到了高中阶段心智相对成熟的时候才能理解，而到了大学阶段如果不是学习相关专业又没有必要进一步深入学习。

从义务教育阶段、高中阶段和大学阶段相关课程衔接和统一的视角看，义务教育阶段教材虽然没有专门介绍相关内容，但其提供的大量知识为学生在高中阶段学习这些内容打下了扎实基础，大学阶段教材虽然也没有专门介绍相关内容，但深入理解大学教材内容需要储备有关逻辑与思维方面的知识，《逻辑与思维》教材在义务教育阶段有关课程内容的基础上，比较深入地阐述了逻辑思维的内涵、类型、原则、意义等，有助于培养学生的逻辑思维，使他们掌握逻辑与历史相统一的研究方法，透过纷繁复杂的社会政治现象抓住深层运行机理，为他们在大学阶段系统掌握马克思主义理论体系提供思维能力基础。

第三节　大学本科思政课课程内容及其衔接统一

一、“马克思主义基本原理”课程内容及其教学目标与要求

（一）教材内容及其体系结构

《马克思主义基本原理（2023年版）》教材，除导论部分外，一共有七章。

导论部分，具体阐释了马克思主义的内涵、创立与发展、基本特征、当代价值，在逻辑上回答了青年大学生为什么要学习“马克思主义基本原理”问题，进而明确回答了青年大学生应当如何学习和运用马克思主义这个问题，强调了青年大学生在学习和运用马克思主义过程中要有正确的态度和科学的方法。

第一章“世界的物质性及发展规律”，首先具体阐释了唯物辩证法的一系列基本原理，包括物质范畴、世界的物质统一性、主观能动性与客观规律性的辩证统一，以及对立统一规律、量变质变规律、否定之否定规律等联系和发展的基本规律，进而在揭示唯物辩证法的本质特征、认识功能基础上，强调唯物辩证法是科学的认识方法，要以此为指导在实践中不断增强辩证思维、历史思维、系统思维、战略思维、底线思维等思维能力。

第二章“实践与认识及其发展规律”，围绕马克思主义的实践观、认识论和价值论，具体阐释了科学实践观及其意义；实践的本质、基本结构、形式多样性及其对认识的决定性作用；认识的本质与过程、实践与认识的辩证运动及其规律；真理的客观性、绝对性和相对性等基本属性，真理的检验标准，真理与价值在实践中的辩证统一；认识

世界和改造世界的内涵及两者之间的辩证关系，中国共产党的思想路线，实现理论创新和实践创新的良性互动及其方法。

第三章“人类社会及其发展规律”，围绕历史唯物主义基本原理，分别阐释社会存在与社会意识的辩证关系，社会基本矛盾及其运动规律，世界历史的形成与发展，社会进步与人的发展，文明及其多样性；社会历史发展的动力，即社会基本矛盾、阶级斗争和社会革命、科学技术文化等；人民群众和个人在社会历史中的作用，以及群众、阶级、政党、领袖的关系等。

第四章“资本主义的本质及规律”，首先阐释了私有制基础上商品经济的基本矛盾、劳动价值论、剩余价值论等马克思主义政治经济学基本原理及其意义，进而具体阐释了资本主义基本矛盾与经济危机，资本主义政治制度及其本质，资本主义意识形态及其本质等资本主义社会发展特殊规律。

第五章“资本主义的发展及其趋势”，首先分别阐释了私人垄断资本主义的形成及特点，国家垄断资本主义的特点和实质，经济全球化的表现及其影响，进而总结分析了第二次世界大战后资本主义的变化及其实质，当代资本主义变化的新特征，以及世界大变局下资本主义的矛盾与冲突，最后进一步阐释了资本主义的历史地位及其为社会主义所代替的历史必然性。

第六章“社会主义的发展及其规律”，首先全面梳理了社会主义五百年的历史进程，进而具体阐释了科学社会主义基本原则及其与中国特色社会主义之间的关系，最后重点阐释了社会主义建设过程的长期性、社会主义发展道路的多样性，另外还全面总结了社会主义在中国的鲜活实践。

第七章“共产主义崇高理想及其最终实现”，首先具体阐释了预见未来社会的方法论原则，进而具体描述了共产主义社会的基本特征，重点强调了共产主义理想实现的必然性和长期性，最后具体阐释了共产主义远大理想与中国特色社会主义共同理想的关系。

总体上，上述七章分别就马克思主义哲学、马克思主义政治经济学、科学社会主义等基本原理，对马克思主义的基本立场、基本观点、基本方法进行系统性阐释，重点结合垄断资本主义的发展、当代资本主义变化以及我国革命、建设和改革等实际进行科学运用，同时还将马克思主义中国化时代化的理论成果融入其中，由此形成一个各有主题同时彼此内在关联的有机整体，从而完整呈现了“马克思主义基本原理”。

（二）教学目标与要求

“马克思主义基本原理”课程教学应当坚持以下目标定位：教育和引导青年大学生从整体上理解和把握什么是马克思主义，了解马克思主义产生的历史过程和发展阶段，掌握马克思主义的基本特征，深刻认识马克思主义的当代价值，树立科学的马克思主义观，增强学习和运用马克思主义的自觉性，培养运用马克思主义立场、观点、方法认识问题、分析和解决问题的能力，增强使命担当，矢志不渝听党话跟党走，争做社会主义合格建设者和可靠接班人[①]。

“马克思主义基本原理”课程教学应当具体把握好以下基本要求。

第一，教育和引导青年大学生学习和掌握辩证唯物主义基本原理，着重把握马克思主义物质观，理解世界的物质统一性，世界的二重化，物质与意识的辩证关系，事物联系和发展的基本规律、基本环节，坚持科学的世界观和方法论，运用唯物辩证法分析和解决问题，不断增强思维能力。

第二，教育和引导青年大学生学习马克思主义的实践观、认识论和价值论的基本观点，掌握实践、认识、真理、价值的本质及其相互

① 参见本书编写组编:《马克思主义基本原理》,高等教育出版社2023年版,第13页。

关系，树立实践第一的观点，确立正确的价值观，在改造客观世界的同时改造主观世界，坚持守正创新，努力实现理论创新和实践创新的良性互动。

第三，教育和引导青年大学生学习和把握历史唯物主义的基本原理，着重了解社会存在与社会意识的辩证关系、社会基本矛盾及其运动规律、文明及其多样性、社会发展的动力以及人民群众和个人在社会历史中的作用，提高运用历史唯物主义正确认识历史和现实、正确认识社会发展规律的自觉性和能力。

第四，教育和引导青年大学生运用马克思主义的立场观点方法，准确认识资本主义生产方式的基本矛盾，深刻理解资本主义经济制度的本质，正确把握社会化大生产和商品经济运动的一般规律，正确认识和把握资本主义政治制度、意识形态及其本质。

第五，教育和引导青年大学生了解资本主义从自由竞争发展到垄断的进程，科学认识国家垄断资本主义和经济全球化，正确认识第二次世界大战后资本主义的变化及其实质，当代资本主义变化的新特征，世界大变局下资本主义的矛盾与冲突，深刻理解资本主义的历史地位及其为社会主义所代替的历史必然性，坚定资本主义必然灭亡、社会主义必然胜利的信念。

第六，教育和引导青年大学生学习和了解社会主义五百年的发展历程，把握科学社会主义基本原则，认识社会主义建设过程的长期性，了解社会主义发展道路的多样性，明确新时代中国特色社会主义在社会主义发展史上的里程碑意义，遵循社会主义在实践中开拓前进的发展规律，以昂扬奋进的姿态推进社会主义事业走向光明未来。

第七，教育和引导青年大学生学习和掌握预见未来社会的方法论原则，把握共产主义社会的基本特征，深刻认识实现共产主义的历史必然性和长期性，把握共产主义远大理想与中国特色社会主义共同理想的辩证关系，坚定理想信念，积极投身新时代中国特色社会主义事业。

总体上，通过“马克思主义基本原理”课程学习，使得青年大学生在以往思政课学习过程中累积和形成的思想道德、政治法律素养基础上，系统掌握马克思主义基本原理，全面提升运用马克思主义立场、观点和方法认识问题、分析和解决问题能力，不断增强自身使命担当，矢志不渝成为社会主义合格建设者和可靠接班人。

二、“毛泽东思想和中国特色社会主义理论体系概论”课程内容及其教学目标与要求

（一）教材内容及其体系结构

《毛泽东思想和中国特色社会主义理论体系概论（2023年版）》教材，除导论和结束语外，一共有八章。

导论“马克思主义中国化时代化的历史进程与理论成果”部分，首先，阐释了马克思主义中国化时代化问题的缘起、内涵及历史进程；其次，概括说明了马克思主义中国化时代化理论成果——毛泽东思想、邓小平理论、“三个代表”重要思想、科学发展观、习近平新时代中国特色社会主义思想，具体强调了马克思列宁主义、毛泽东思想、中国特色社会主义理论体系三者之间内在关联及其集中表现——都是党和国家必须长期坚持的指导思想，是全国各族人民团结奋斗的共同思想基础；最后明确提出本课程学习的目的和要求。

第一章到第四章分别阐述毛泽东思想及其历史地位、新民主主义革命理论、社会主义改造理论、社会主义建设道路初步探索的理论成果。其中，第一章“毛泽东思想及其历史地位”，是关于毛泽东思想的总论，分别阐释了毛泽东思想形成发展的历史条件、基本过程，毛泽东思想的主要内容、活的灵魂，以及毛泽东思想的历史地位；第二章“新民主主义革命理论”，具体阐释新民主主义革命理论的形成依

据——近代中国国情和中国革命的时代特征、实践基础，主要内容及意义——新民主主义革命的总路线和基本纲领、道路和基本经验；第三章“社会主义改造理论”，具体阐释社会主义改造理论，包括新民主主义社会性质、党在过渡时期的总路线及其依据，社会主义改造的道路和历史经验，社会主义基本制度在中国的确立及其重大意义；第四章“社会主义建设道路初步探索的理论成果”，在全面总结社会主义建设道路初步探索的理论成果具体内容基础上，概括阐释了其重要意义和经验教训。

第五章到第八章分别阐述中国特色社会主义理论体系的形成发展，邓小平理论、“三个代表”重要思想、科学发展观的主要内容和历史地位。其中，第五章“中国特色社会主义理论体系的形成发展”，是关于中国特色社会主义理论体系的总论，分别阐释了中国特色社会主义理论体系形成发展的社会历史条件和总体过程；第六章“邓小平理论”，具体阐释了邓小平理论首要的基本的理论问题和精髓、主要内容和历史地位等；第七章“‘三个代表’重要思想”，具体阐释了“三个代表”重要思想的核心观点、主要内容和历史地位等；第八章“科学发展观”，具体阐释了科学发展观的科学内涵、主要内容和历史地位。

总体上，本教材以马克思主义中国化时代化为主线，充分反映中国共产党不断推进马克思主义基本原理同中国具体实际相结合、同中华优秀传统文化相结合的历史进程和基本经验，集中阐述马克思主义中国化时代化理论成果的形成过程、主要内容、精神实质、历史地位和指导意义。教材内容体系除了整体上呈现总分结构（导论部分是总论，后续八章是分论）外，分论部分也分别按总分模式先后阐释毛泽东思想、邓小平理论、“三个代表”重要思想、科学发展观。需要注意的是，根据现行高校思政课程体系安排，习近平新时代中国特色社会主义思想作为新时代马克思主义中国化时代化的最新成果，作为中国特色社会主义理论体系的重要组成部分，另外在《习近平新时代中国特色社会主义思想概论》教材中进行系统阐述。

（二）教学目标与要求

“毛泽东思想和中国特色社会主义理论体系概论”课程教学应当坚持以下目标定位：教育和引导青年大学生对中国共产党领导人民进行革命、建设、改革的历史进程、历史变革、历史成就有更加全面的了解；对中国共产党坚持把马克思主义基本原理同中国实际相结合、同中华优秀传统文化相结合，不断推进马克思主义中国具体化时代化有更加深刻的理解；对马克思主义中国化时代化进程中形成的理论成果有更加准确的把握；对运用马克思主义立场、观点和方法认识问题、分析和解决问题的能力有更加明显的提升[①]；增强使命担当，矢志不渝听党话跟党走，争做社会主义合格建设者和可靠接班人。

“毛泽东思想和中国特色社会主义理论体系概论”课程教学应当具体把握好以下基本要求。

第一，教育和引导青年大学生深刻认识马克思主义中国化时代化理论成果的时代意义、理论意义、世界意义，全面理解马克思主义中国化时代化理论成果科学内涵、理论体系、思想精髓、精神实质、实践要求，深刻认识中国化时代化马克思主义既一脉相承又与时俱进的理论品质，系统把握马克思主义中国化时代化理论成果所蕴含的马克思主义立场、观点和方法，坚定中国特色社会主义道路自信、理论自信、制度自信、文化自信，增进政治认同、思想认同、情感认同。

第二，教育和引导青年大学生学习把握理论背后的思想，思想之中的战略，以及战略之中蕴含的智慧，从而得到思想的启迪、战略的启蒙和智慧的启示，不断提高思想理论水平，不断提高分析问题、解

① 参见本书编写组编：《毛泽东思想和中国特色社会主义理论体系概论》，高等教育出版社2023年版，第12—13页。

决问题的能力。

第三，教育和引导青年大学生紧密联系党史、新中国史、改革开放史、社会主义发展史、中华民族发展史，紧密结合进行伟大斗争、建设伟大工程、推进伟大事业、实现伟大梦想的伟大实践，紧密结合全面建设社会主义现代化国家的实际，紧密联系自己的思想实际，把理论与实践、理想与现实、主观与客观、知与行有机统一起来，为将来投身中国特色社会主义伟大实践奠定扎实的思想政治理论基础①。

总体上，通过“毛泽东思想和中国特色社会主义理论体系概论”课程学习，使得青年大学生在以往思政课学习过程中累积和形成的思想道德、政治法律素养基础上，系统掌握马克思主义中国化时代化理论成果的主要内容及其形成发展，全面提升运用马克思主义立场、观点和方法认识问题、分析和解决问题能力，不断增强自身使命担当，矢志不渝成为社会主义合格建设者和可靠接班人。

三、“中国近现代史纲要”课程内容及其教学目标与要求

（一）教材内容及其体系结构

《中国近现代史纲要（2023年版）》教材，除导言部分外，一共有十章。

导言部分，分别就中国近代史、中国现代史进行综述后，主要对学习中国近现代史的目的和要求进行具体说明。

第一章“进入近代后中华民族的磨难与抗争”，概括介绍鸦片战争前后的中国与世界，重在说明近代中国社会的半殖民地半封建社会性质以及由此决定的近代中国社会主要矛盾和两大历史任务，简述西方列强对中国的全面侵略，总结反抗外国武装侵略的斗争失败原因。

① 参见本书编写组编:《毛泽东思想和中国特色社会主义理论体系概论》,高等教育出版社2023年版,第13—14页。

第二章“不同社会力量对国家出路的早期探索”，概括介绍太平天国运动的起落、洋务运动的兴衰以及维新运动的兴起和夭折，总结反思农民阶级、地主阶级洋务派以及资产阶级维新派等不同社会力量对国家出路早期探索的失败原因和教训。

第三章“辛亥革命与君主专制制度的终结”，概括介绍辛亥革命爆发的历史条件、三民主义的提出、辛亥革命的爆发与清王朝覆灭、中华民国的建立、北洋军阀统治与旧民主主义革命的失败，充分肯定孙中山先生通过领导辛亥革命、结束了中国延续两千多年的封建君主专制制度，开创了完全意义上的近代民族民主革命，为实现中华民族复兴探索了道路。

第四章“中国共产党成立和中国革命新局面”，概括介绍新文化运动和五四运动、马克思主义广泛传播与中国共产党诞生、民主革命纲领的制定和工农运动的发动、国共第一次合作、大革命的失败及其教训，重在说明中国共产党如何应运而生。

第五章“中国革命的新道路”，概括介绍国民党在全国统治的建立及其性质，土地革命战争的兴起，农村包围城市、武装夺取政权道路的开辟，土地革命战争的发展及其挫折，遵义会议实现伟大历史转折，红军长征胜利和迎接全民族抗战，简要说明中国共产党对革命新道路的探索以及如何在曲折中前进。

第六章“中华民族的抗日战争”，概括介绍了艰苦卓绝的抗日战争，突出说明中国共产党在抗日战争的中流砥柱作用以及中国人民取得抗日战争胜利的伟大意义。

第七章“为建立新中国而奋斗”，概括介绍中国共产党从争取和平民主到击退国民党的军事进攻、全国解放战争的发展和第二条战线的形成、中国共产党与民主党派的团结合作、建立人民民主专政的新中国，全面总结中国革命胜利的原因、意义和基本经验。

第八章“中华人民共和国的成立与中国社会主义建设道路的探

索”，概括介绍中华人民共和国的成立和新生人民政权的巩固、党在过渡时期的总路线及其实施、初步确立社会主义基本制度、全面建设社会主义的良好开端、社会主义道路的艰辛探索和曲折发展，突出说明中国共产党通过进行社会主义革命、确立社会主义基本制度、推进社会主义建设，战胜帝国主义和霸权主义的颠覆破坏和武装挑衅，为实现中华民族伟大复兴奠定了根本政治前提和制度基础，同时深刻反思“文化大革命”内乱的历史教训。

第九章“改革开放与中国特色社会主义的开创和发展”，概括说明历史性的伟大转折和改革开放的起步、改革开放和社会主义现代化建设新局面、把中国特色社会主义推向21世纪、在新形势下坚持和发展中国特色社会主义，重点说明中国特色社会主义现代化建设伟大成就的取得以及中国特色社会主义理论体系的形成和发展。

第十章“中国特色社会主义进入新时代”，概括介绍中国特色社会主义进入新时代后更为广阔的发展前景，习近平新时代中国特色社会主义思想指导地位的确立以及由此把新时代中国特色社会主义不断推向前进，完成脱贫攻坚、全面建成小康社会的历史任务，实现第一个百年奋斗目标，开启全面建设社会主义现代化国家新征程，总结党的十八大以来十年伟大变革，强调实现中华民族伟大复兴进入了不可逆转的历史进程。

总体上，第一章至第七章系统梳理了中国近代史，第八章至第十章全面梳理中国现代史，整体说明近现代中国社会发展和革命、建设、改革的历史进程及其内在规律。

（二）教学目标与要求

“中国近现代史纲要”课程教学应当坚持以下目标定位：教育和引导青年大学生认识近现代中国社会发展和革命、建设、改革的历史进程及其内在规律，认识世情、国情、党情，深刻领会历史和人民是怎样选择了马克思主义、选择了中国共产党、选择了社会主义道路、选择了改革开放，深刻领会中国共产党为什么能、马克思主义为什么行、中国特色社会主义为什么好，培养运用马克思主义立场、观点方法认识问题、分析和解决问题的能力，增强使命担当，矢志不渝听党话跟党走，争做社会主义合格建设者和可靠接班人①。

“中国近现代史纲要”课程教学应当具体把握好以下基本要求。

第一，教育和引导青年大学生了解外国资本-帝国主义同中国封建势力给中国人民和中华民族带来的深重苦难，了解近代以来中国人民为争取民族独立、人民解放和实现国家富强、人民幸福这两大历史任务接续奋斗的历史，懂得新民主主义革命取代旧民主主义革命、人民共和国取代资产阶级共和国的历史必然性，懂得中国共产党领导中国人民走上社会主义道路的历史必然性，深刻理解没有中国共产党就没有新中国、只有社会主义才能救中国的道理。

第二，教育和引导青年大学生了解近代以来中国先进分子和人民群众为救亡图存而进行艰辛探索、顽强奋斗的历程及其经验教训，认识历史和人民怎样选择了马克思主义、选择了中国共产党、选择了社会主义道路、选择了改革开放，懂得红色政权来不易、新中国来之不易、中国特色社会主义来之不易、今天的幸福生活来之不易。

第三，教育和引导青年大学生了解开创和发展中国特色社会主义的伟大进程和重大意义，了解中国特色社会主义新时代的伟大变革和里程碑意义，坚定只有中国特色社会主义才能发展中国、只有坚持和发展中国特色社会主义才能实现中华民族伟大复兴的信念，增强中国特色社会主义的道路自信、理论自信、制度自信、文化自信。

第四，教育和引导青年大学生了解马克思主义中国化时代化的历史进程，深刻认识坚持毛泽东思想、邓小平理论、“三个代表”重要

① 参见本书编写组编:《中国近现代史纲要》,高等教育出版社2023年版,第11页。

思想、科学发展观的重大意义，深刻认识全面贯彻习近平新时代中国特色社会主义思想的重大意义，自觉用中国共产党的创新理论武装头脑、指导实践。

第五，教育和引导青年大学生通过学习中国近现代史，树牢唯物史观，提高运用科学的历史观方法论分析问题和解决问题的能力，明确中国近现代历史的主题主线、主流本质，警惕和反对历史虚无主义①。

总体上，通过“中国近现代史纲要”课程学习，使得青年大学生在以往思政课学习过程中累积和形成的思想道德、政治法律素养基础上，系统了解了中华民族围绕争取民族独立、人民解放和实现国家富强、人民富裕两大历史任务，从站起来到富起来、强起来的光辉历程，全面提升运用马克思主义立场、观点和方法认识问题、分析和解决问题能力，不断增强自身使命担当，矢志不渝成为社会主义合格建设者和可靠接班人。

四、“思想道德与法治”课程内容及其教学目标与要求

（一）教材内容及其体系结构

《思想道德与法治（2023年版）》教材，除绪论部分外，一共有六章。

绪论部分，重点从中国特色社会主义新时代这一历史方位，对当代青年大学生提出的“立大志、明大德、成大才、担大任”的使命和责任，进而提出不断提升思想道德素质和法治素养的学习和成长要求，由此对本课程的属性特征及教学内容、教学目标等进行阐释。

第一章“领悟人生真谛 把握人生方向”，基于马克思主义对人的

① 参见本书编写组编:《中国近现代史纲要》,高等教育出版社2023年版,第11—12页。

本质的正确认识，阐释了什么是人生观及其与世界观、价值观之间的关系；分别从人生目的、人生态度、人生价值层面明确了应该如何树立正确的人生观；具体从如何辩证对待人生矛盾，反对错误人生观，与历史同向、与祖国同行、与人民同在，引导大学生更好实现人生价值，升华人生境界。

第二章“追求远大理想 坚定崇高信念”，分析了理想信念的内涵及重要性；引导和教育青年大学生增强对马克思主义、共产主义的信仰，增强对中国特色社会主义的信念，增强对实现中华民族伟大复兴的信心；基于科学把握理想与现实之间辩证统一关系、坚持个人理想与社会理想有机结合，教育青年大学生将实现个人理想与肩负实现中华民族伟大复兴的中国梦的历史重任密切结合、有机统一。

第三章“继承优良传统 弘扬中国精神”，阐释了中国精神的丰富内涵及历史传承、现实意义；分别就如何弘扬以爱国主义为核心的民族精神、以改革创新为核心的时代精神进行阐释和要求。

第四章“明确价值要求 践行价值准则”，阐释了社会主义核心价值观的概念内涵、基本内容及现实作用；具体阐释了社会主义核心价值观的显著特征；就青年大学生如何践行社会主义核心价值观提出要求。

第五章“遵守道德规范 锤炼道德品格”，具体阐释了社会主义道德的核心和原则；论述社会主义道德的内容体系及其发展源泉；分别从社会公德、职业道德、家庭美德、个人品德四个层面就青年大学生如何投身道德实践提出要求。

第六章“学习法治思想 提升法治素养”，论述了法律的含义及历史发展、我国社会主义法律的本质特征、社会主义法律的运行等一般原理；阐释习近平法治思想的形成、意义和主要内容，以及为何要走中国特色社会主义法治道路，如何建设法治中国，如何维护宪法权威；就青年大学生通过培养社会主义法治思维、依法行使权利和履行义务、不断提升法治素养，成为自觉尊法学法守法用法的模范提出要求。

上述六章内容，分别围绕“思想”（第一章到第四章），“道德”（第四章、第五章），“法治”（第六章）三个主题，具体就青年大学生的人生观、价值观、道德观和法治观进行教育和引导。各章之间在内容及其主题上既有相对独立性，也有内在统一性。这种统一性，不仅基于人生观、价值观、道德观以及法治观之间在知识和价值上的内在关联，也源于个人、社会和国家之间的对立统一。

（二）教学目标与要求

“思想道德与法治”课程教学应当坚持以下目标定位：通过理论教育、价值引领、实践要求及三者有机统一，教育和引导青年大学生懂得为何以及怎样科学确立人生观、价值观、道德观、法治观，增强使命担当，矢志不渝听党话跟党走，争做社会主义合格建设者和可靠接班人。

“思想道德与法治”课程教学应当具体把握好以下基本要求。

第一，教育和引导青年大学生深刻理解人生观的科学内涵及其内在根据，了解正确人生观的取向及要求，树立服务人民、奉献社会的人生目的，保持积极进取的人生态度，学会勇敢面对和正确处理人生矛盾，懂得科学理解和正确评价人生价值。

第二，教育和引导青年大学生深刻理解理想、信念、信心的人生意义以及三者之间内在联系，懂得新时代青年大学生应当坚定什么样的信仰信念和信心，增强对马克思主义、共产主义的信仰，增强对中国特色社会主义的信念，增强对中国共产党的信任，增强对中华民族伟大复兴的信心。

第三，教育和引导青年大学生深刻理解中国精神的丰富内涵及其历史传承和现实意义，深刻认识伟大建党精神和中国共产党人“精神谱系”，懂得如何结合个人成长和未来发展实际，努力弘扬中国精神，真正成为新时代的忠诚爱国者、改革创新生力军。

第四，教育和引导青年大学生深刻理解社会主义核心价值观的科学内涵、基本内容、现实意义及其显著特征，掌握社会主义核心价值观与人类社会共同价值之间关系，深刻认识西方“普世价值”的虚伪性，重点从社会主义核心价值观的理论支撑以及中华民族伟大复兴的使命要求角度，明晰新时代青年大学生应该如何践行社会主义核心价值观。

第五，教育和引导青年大学生深刻理解社会主义道德的立场、理念和原则，系统认知社会主义道德的发展源泉及发展路径，更加自觉做到崇德向善。

第六，教育和引导青年大学生深刻理解社会主义法律的本质特征、运行规律等基本原理，明确习近平法治思想的实践逻辑和重要地位，掌握习近平法治思想的内容体系及核心要义，懂得如何自觉成为尊法学法守法用法的模范。

总体上，通过“思想道德与法治”课程学习，使得青年大学生在以往思政课学习过程中累积和形成的道德情感、思想基础、政治素养、法治观念基础上，积极构建、致力形成更加全面、具体的理论认知，深刻理解、具体明确新时代新青年的使命担当，矢志不渝成为社会主义合格建设者和可靠接班人。

五、“习近平新时代中国特色社会主义思想概论”课程内容及其教学目标与要求

（一）教材内容及其体系结构

《习近平新时代中国特色社会主义思想概论（2023年版）》教材，除导论和结语部分外，一共有十七章。

导论部分，主要阐释了习近平新时代中国特色社会主义思想创立的时代背景、内容体系、历史地位，以及为什么说习近平新时代中国特色社会主义思想是“两个结合”的重大成果，深刻领悟“两个确立”的决定性意义，学好用好习近平新时代中国特色社会主义思想的目标要求等。

第一章“新时代坚持和发展中国特色社会主义”，主要阐释了中国特色社会主义是历史和人民的选择，中国特色社会主义新时代的科学内涵，新时代伟大变革及其里程碑意义，全面贯彻党的基本理论、基本路线、基本方略，统筹推进“五位一体”总体布局和协调推进“四个全面”战略布局等内容。

第二章“以中国式现代化全面推进中华民族伟大复兴”，主要阐释了中华民族伟大复兴中国梦的内涵，全面建成小康社会的里程碑意义，中国式现代化的中国特色、本质要求和重大原则，以及推进中国式现代化需要正确处理的重大关系等内容。

第三章“坚持党的全面领导”，具体阐释为什么要坚持党的领导——中国共产党领导是中国特色社会主义最本质的特征，怎样理解党的领导是全面的、系统的、整体的，以及为何、如何健全和完善党的领导制度体系，特别阐释党的领导制度是我国的根本领导制度。

第四章“坚持以人民为中心”，具体阐释为什么必须坚持以人民为中心——“江山就是人民，人民就是江山”的深刻内涵，坚持人民至上的实践要求，以及如何全面落实以人民为中心的发展思想，重点阐释扎实推动全体人民共同富裕的原则和思路。

第五章“全面深化改革”，具体阐释新时代全面深化改革开放是一场深刻革命，坚持全面深化改革开放的正确方向，全面深化改革的总目标，全面深化改革开放的正确方法论，以及将改革开放进行到底的主要要求等。

第六章“推动高质量发展”，具体阐释了新发展理念的科学内涵和实践要求，高质量发展的深刻内涵和重大意义，坚持和完善社会主义基本经济制度，构建以国内循环为主体、国内国际双循环相互促进的新发展格局等内容。

第七章“社会主义现代化建设的教育、科技、人才战略”，具体阐释教育、科技、人才是全面建设社会主义现代化国家的基础性、战略性支撑，教育是国之大计、党之大计，科技自立自强是国家强盛之基、安全之要，人才是实现民族振兴、赢得国际竞争主动的战略资源等内容。

第八章“发展全过程人民民主”，具体阐释了坚定不移走中国特色社会主义政治发展道路，全过程人民民主是社会主义民主政治的本质属性，人民当家作主制度体系的主要内容，以及巩固和发展新时代爱国统一战线的重要意义。

第九章“全面依法治国”，具体阐释全面依法治国的重大意义，中国特色社会主义法治道路的核心要义和基本原则，中国特色社会主义法治体系的主要内容，加快推进法治中国建设的主要任务等。

第十章“建设社会主义文化强国”，主要阐释文化自信是实现中华民族伟大复兴的强大精神力量，坚持马克思主义在意识形态领域指导地位的根本制度，培育和践行社会主义核心价值观的基本要求，以及中华文明的突出特性。

第十一章“以保障和改善民生为重点加强社会建设”，主要阐释在发展中增进民生福祉，提高人民生活品质的主要着力点，以及加强和创新社会治理的意义和要求。

第十二章“建设社会主义生态文明”，具体阐释绿水青山就是金山银山的科学内涵，建设美丽中国的主要任务，以及全球环境治理的中国方案等内容。

第十三章“维护和塑造国家安全”，具体阐释国家安全是民族复兴的根基，总体国家安全观的丰富内涵和指导意义，构建统筹各领域安全的新安全格局，以及推进国家安全体系和能力现代化等内容。

第十四章“建设巩固国防和强大人民军队”，具体阐释建设巩固国防和强大人民军队的重大意义，党在新时代的强军目标，以及坚持党对人民军队绝对领导的根本原则和制度。

第十五章“坚持‘一国两制’和推进祖国完全统一”，具体阐释“一国两制”的科学内涵和重大意义，新时代“一国两制”在香港、澳门的成功实践，以及新时代党解决台湾问题的总体方略。

第十六章“中国特色大国外交和推动构建人类命运共同体”，主要阐释当今世界正经历百年未有之大变局，全面推进中国特色大国外交的原则和布局，以及推动构建人类命运共同体的丰富内涵和实践成果。

第十七章“全面从严治党”，具体阐释全面从严治党是新时代党的建设的鲜明主题，以党的政治建设统领党的建设各项工作，反腐败斗争取得压倒性胜利并全面巩固，党的自我革命是跳出历史周期率的第二个答案等内容。

以上各专题在总论习近平新时代中国特色社会主义思想的形成发展、基本问题、内容体系、世界观和方法论、历史地位等内容基础上，根据其内容体系分专题阐释，全面介绍习近平新时代中国特色社会主义思想作为马克思主义中国化时代化的新飞跃，如何从理论和实践结合上系统回答新时代坚持和发展什么样的中国特色社会主义、怎样坚持和发展中国特色社会主义，建设什么样的社会主义现代化强国、怎样建设社会主义现代化强国，建设什么样的长期执政的马克思主义政党、怎样建设长期执政的马克思主义政党等时代课题。

（二）教学目标与要求

“习近平新时代中国特色社会主义思想概论”课程教学应当坚持以下目标定位：教育引导学生系统掌握习近平新时代中国特色社会主

义思想，作为马克思主义中国化时代化最新理论成果，如何从理论和实践结合上系统回答新时代坚持和发展什么样的中国特色社会主义、怎样坚持和发展中国特色社会主义，建设什么样的社会主义现代化强国、怎样建设社会主义现代化强国，建设什么样的长期执政的马克思主义政党、怎样建设长期执政的马克思主义政党等时代课题，更好认识世情、国情、党情，培养运用马克思主义立场观点方法分析和解决问题的能力，增强使命担当，矢志不渝听党话跟党走，争做社会主义合格建设者和可靠接班人。

“习近平新时代中国特色社会主义思想概论”课程教学应当具体把握好以下基本要求。

第一，教育和引导青年大学生系统把握我国发展新的历史方位、全面建设社会主义现代化国家的目标任务，深刻认识中国特色社会主义是实现中华民族伟大复兴的必由之路，全面增强中国特色社会主义道路自信、理论自信、制度自信、文化自信。

第二，教育和引导学生深刻理解中华民族伟大复兴中国梦的内涵，全面建成小康社会的里程碑意义，中国式现代化的中国特色、本质要求和重大原则，以及推进中国式现代化需要正确处理的重大关系。

第三，教育和引导青年大学生深刻理解中国共产党领导是中国特色社会主义最本质的特征，是中国特色社会主义制度的最大优势，坚持党的全面领导是坚持和发展中国特色社会主义的必由之路；党的领导是全面的、系统的、整体的；增强“四个意识”，做到“两个维护”，自觉在思想上、政治上、行动上同党中央保持高度一致。

第四，教育和引导青年大学生深刻理解人民是创造历史的动力，江山就是人民，人民就是江山，党依靠人民创造历史伟业；人民立场是中国共产党的根本政治立场，为中国人民谋幸福是党的初心，我们党为人民的美好生活而不懈奋斗；坚持以人民为中心的发展思想，扎实推动全体人民共同富裕。

第五，教育和引导青年大学生深刻理解改革开放是决定当代中国命运的关键一招；科学认识全面深化改革的总目标，全面深化改革开放的正确方法论，以及将改革开放进行到底的主要要求。

第六，教育和引导青年大学生深刻理解如何把握新发展阶段、贯彻新发展理念、构建新发展格局，及其与高质量发展、坚持和完善社会主义基本经济制度之间的关系。

第七，教育和引导青年大学生深刻理解教育、科技、人才是全面建设社会主义现代化国家的基础性、战略性支撑，教育是国之大计、党之大计，科技自立自强是国家强盛之基、安全之要，人才是实现民族振兴、赢得国际竞争主动的战略资源；懂得如何实现科教兴国战略、人才强国战略、创新驱动发展战略有效联动；深刻认识新时代新青年何以成大才、担大任。

第八，教育和引导青年大学生深刻认识人民民主是社会主义的生命，是全面建设社会主义现代化国家的应有之义，全过程人民民主是社会主义民主政治的本质属性，是全链条、全方位、全覆盖的民主，是最广泛、最真实、最管用的社会主义民主；全面了解人民当家作主制度体系的主要内容，以及巩固和发展新时代爱国统一战线的重要意义。

第九，教育和引导青年大学生深刻理解全面依法治国的重大意义，中国特色社会主义法治道路的核心要义和基本原则；全面了解中国特色社会主义法治体系的主要内容，加快推进法治中国建设的主要任务；努力提升自我法治素养，为建设社会主义法治国家做出应有贡献。

第十，教育和引导青年大学生深刻理解文化自信是实现中华民族伟大复兴的强大精神力量，坚持马克思主义在意识形态领域指导地位的根本制度，培育和践行社会主义核心价值观的基本要求，以及中华文明的突出特性；明晰文化传承与创新的使命和责任，坚定文化自信，增强文化自觉，坚持走中国特色社会主义文化发展道路。

第十一，教育和引导青年大学生深刻理解民生是人民幸福之基、社会和谐之本；坚持在发展中增进民生福祉，不断提高人民生活品质，实现人民群众对美好生活的向往，是党和国家一切工作的根本目的。

第十二，教育和引导青年大学生深刻理解生态文明建设是关乎中华民族永续发展的根本大计，人与自然和谐共生的现代化是中国式现代化的基本特征之一；增强绿水青山就是金山银山的理念，积极投身生态文明建设。

第十三，教育和引导青年大学生深刻理解国家安全是民族复兴的根基，社会稳定是国家强盛的前提；全面掌握总体国家安全观的内涵和要求；牢固确立安全意识，守住安全底线。

第十四，教育和引导青年大学生深刻理解强国必须强军，军强才能国安；全面增强国防意识，自觉维护国家安全。

第十五，教育和引导青年大学生深刻理解“一国两制”是国家的一项基本国策，是维护香港、澳门长期繁荣稳定的最佳制度；科学把握新时代党解决台湾问题的总体方略，坚决反对任何形式的“台独”分裂和外来干涉的图谋。

第十六，教育和引导青年大学生深刻理解世界百年未有之大变局形势下中国特色大国外交的政策与理念，系统把握构建人类命运共同体的理论依据、丰富内涵和实践要求。

第十七，教育和引导青年大学生深刻理解全面建设社会主义现代化国家、全面推进中华民族伟大复兴，关键在党；全面从严治党是新时代党的自我革命的伟大实践。

总体上，通过“习近平新时代中国特色社会主义思想概论”课程教育，使得青年大学生在以往思政课学习过程中累积和形成的道德情感、思想基础、政治素养基础上，系统掌握作为马克思主义中国化时代化新飞跃的习近平新时代中国特色社会主义思想的主要内容及其形成发展，全面提升运用马克思主义立场、观点和方法分析和解决问题的能力，不断增强自身使命担当，矢志不渝成为社会主义合格建设者和可靠接班人。

六、大学本科思政课课程与中小学思政课课程在内容体系上的衔接和统一

（一）“思想道德与法治”课程是思政课内容体系一体化建设的重要中枢

“思想道德与法治”课程的内容体系具有综合性，而且在大学阶段思政课程体系中具有基础性，处理好本课程教学与其他相关课程之间的衔接与贯通非常关键。

首先，要注意“思想道德与法治”课程与中小学思政课程之间的衔接。该课程所涉及内容主题在之前中小学相关教材中基本都已涉及，如中华优秀传统文化、社会主义核心价值观、中国宪法制度及公民基本权利和义务乃至习近平法治思想，更不用说人生观、道德观等诸多思想道德内容，本就是中小学各学段思政课的重要主题。所以，“思想道德与法治”课程的教学不仅要努力避免教学内容的简单重复，要着重增强主题教学的理论性和实践性，更要突出增强大学生“使命担当”的目标要求。比如，《思想道德与法治》第六章“学习法治思想 提升法治素养”在内容上与义务教育阶段“道德与法治”课程的法治教育部分，以及高中“思想与政治必修3·政治与法治”和“思想与政治选择性必修2·法律与生活”等课程中法治部分，明显具有内容及主题上的相关性和连续性，但作为大学阶段针对非法学专业青年大学生法治教育的重要载体和主体课程，《思想道德与法治》第六

章教学应当严格对照《青少年法治教育大纲》相关要求确定教学目标[①]、组织教学内容[②]。

其次，要注意“思想道德与法治”课程与大学阶段其他思政课程之间的贯通。第一章“领悟人生真谛 把握人生方向”在引导和教育青年大学生确立科学人生观的过程中，要注意基于马克思主义基本原理，特别是其中历史唯物主义基本原理，讲清楚个人与社会和国家之间对立统一关系；第二章“追求远大理想 坚定崇高信念”在引导和教育青年大学生增强对马克思主义、共产主义的信仰，增强对中国特色社会主义的信念，增强对实现中华民族伟大复兴的信心过程中，以及第三章“继承优良传统 弘扬中国精神”在阐释中国精神的内涵及传承过程中，势必要涉及中华民族近现代历史发展及其规律等诸多内容，但这两章教学本身不应当也无法代替“中国近现代史纲要”“毛泽东思想和中国特色社会主义理论体系概论”以及“习近平新时代中国特色社会主义思想概论”等课程相关内容的讲授；第六章“学习法治思想 提升法治素养”在内容上与《习近平新时代中国特色社会主义思想概论》第九讲“全面依法治国”显然存在交叉。习近平法治思

① 参见《青少年法治教育大纲》：高等教育阶段“进一步深化对法治理念、法治原则、重要法律概念的认识与理解，基本掌握公民常用法律知识，基本具备以法治思维和法治方式维护自身权利、参与社会公共事务、化解矛盾纠纷的能力，牢固树立法治观念，认识全面依法治国的重大意义，坚定走中国特色社会主义法治道路的理想和信念”。

② 参见《青少年法治教育大纲》：高等教育阶段“在义务教育和高中阶段教育的基础上，针对非法律专业的学生，根据高等教育阶段法治教育的目的，系统介绍中国特色社会主义法学理论体系的基本内涵；掌握法治国家的基本原理，知晓法治的中西源流；明确全面推进依法治国的战略目标、道路选择和社会主义法治体系建设的内容与机制；了解法治的政治、经济、文化、社会和国情基础，理解法治的核心理念和原则；掌握宪法基本知识，了解中国特色社会主义法律体系中的基本法律原则、法律制度及民事、刑事、行政法律等重要、常用的法律概念、法律规范；增加法治实践，提高运用法律知识分析、解决实际问题的意识和能力”。

想是当代中国马克思主义法治理论最新成果，是法治中国建设的根本遵循，当然是“思想道德与法治”课程中法治教育部分重点内容，并与其中第六章其他内容有机统一。同时，习近平法治思想作为习近平新时代中国特色社会主义思想的重要组成部分，“习近平新时代中国特色社会主义思想概论”课程应当注重系统阐释这一思想体系的整体结构等主题，其中第九讲“全面依法治国”可侧重于阐释习近平法治思想与习近平经济思想、生态文明思想、强军思想、外交思想等之间的内在统一性。

（二）“马克思主义基本原理”课程是思政课内容体系一体化建设的核心和灵魂

2019年3月18日习近平总书记在学校思想政治理论课教师座谈会上指出：“办好思政课，就是要开展马克思主义理论教育，用新时代中国特色社会主义思想铸魂育人。”“党中央对教育工作高度重视，对思想政治工作、意识形态工作高度重视，始终坚持马克思主义指导地位，大力推进中国特色社会主义学科体系建设，为思政课建设提供了根本保证。”“新时代贯彻党的教育方针，要坚持马克思主义指导地位”，“对马克思主义的信仰，对社会主义和共产主义的信念，只有首先在思政课教师心中扎下根，才能在学生心中开花结果”。“思政课要在传播马克思主义立场、观点、方法的基础上用好批判的武器，直面各种错误观点和思潮，旗帜鲜明进行剖析和批判”。所以，“马克思主义是办好新时代思政课的根基，背离马克思主义，思政课就会失去灵魂、走偏方向”①。

“马克思主义基本原理”是针对青年大学生系统性进行马克思主义基本原理教育的思政课程。尽管高中学段“思想政治必修4·哲学

① 刘爱玲：《马克思主义是办好新时代思政课的根基》，《中国教育报》2022年3月24日，第5版。

与文化”“思想政治选择性必修3·逻辑与思维”分别涉及部分马克思主义哲学基本原理（如世界的本质和规律、人的认识、社会历史、科学思维、逻辑思维、辩证思维、创新思维），但只是相对浅层次介绍。另外，就马克思主义理论学习和教育而言，绝非只是“马克思主义基本原理”这一门课程的任务。大学阶段其他各门思政课程的教学过程中，同样需要特别注重教育和引导青年大学生密切联系各个专题的内容学习，自觉运用马克思主义的立场、观点和方法分析和解决问题，这不仅是马克思主义理论教育的重要组成部分，也是学习和运用马克思主义基本原理的目的和要求。

（三）“中国近现代史纲要”课程为思政课内容体系一体化建设提供了历史逻辑和实践逻辑

“中国近现代史纲要”课程因其在内容主题上重在阐释近现代中国社会发展和革命、建设、改革的历史进程及其内在规律，就其在大学阶段思政课程体系中的地位与作用而言，一方面要通过课程学习，教育和引导青年大学生进一步树牢唯物史观，具有运用马克思主义基本原理，特别是要运用科学的历史观方法论，分析问题和解决问题的能力；另一方面，要通过课程学习，教育和引导青年大学生更好认识世情、国情、党情，深刻领会历史和人民是怎样选择了马克思主义、选择了中国共产党、选择了社会主义道路、选择了改革开放，为更好掌握“毛泽东思想和中国特色社会主义理论体系概论”“习近平新时代中国特色社会主义思想概论”等课程内容及其目标要求，也即深刻认识毛泽东思想、中国特色社会主义理论体系，特别是习近平新时代中国特色社会主义思想，何以实现马克思主义中国化时代化，提供历史根据和实践根据。需要说明的是，尽管高中学段“思想政治必修1·中国特色社会主义”课程就中国近现代社会历史发展有一脉络性整体介绍，但整体上还只是片段性、浅层次的，而且是侧重于中国特色社会主义道路、理论和制度的概括阐释。

（四）“毛泽东思想和中国特色社会主义理论体系概论”“习近平新时代中国特色社会主义思想概论”课程，为思政课内容体系一体化建设提供了理论逻辑和价值逻辑

毛泽东思想和中国特色社会主义理论体系作为马克思主义中国化时代化理论成果，特别是习近平新时代中国特色社会主义思想作为马克思主义中国化时代化新飞跃，以此为内容主题的“毛泽东思想和中国特色社会主义理论体系概论”及“习近平新时代中国特色社会主义思想概论”课程，一方面要特别注重阐释毛泽东思想、邓小平理论、“三个代表”重要思想、科学发展观、习近平新时代中国特色社会主义思想在其世界观和方法论等层面是如何坚持和发展马克思主义的，科学运用“马克思主义基本原理”课程所学知识和理论，将马克思主义基本原理贯穿课程教学全过程；另一方面要全面阐释马克思主义中国化时代化理论成果科学内涵、理论体系、思想精髓、精神实质、实践要求，有机结合“中国近现代史纲要”课程相关内容，系统回答中国共产党为什么能、马克思主义为什么行、中国特色社会主义为什么好。通过两门课程的学习和教育，教育和引导青年大学生在高中学段“思想政治必修1・中国特色社会主义”“思想政治必修2・经济与社会”“思想政治必修3・政治与法治”“思想政治选择性必修1・当代国际政治与经济”等课程相关知识学习的基础上，全面提升马克思主义理论素养，系统性掌握中国特色社会主义理论，坚定中国特色社会主义道路自信、理论自信、制度自信、文化自信，增进政治认同、思想认同、情感认同。

第四章
大中小学思政课一体化建设的实践策略

第一节　完善大中小学思政课一体化教材体系建设

完善思政课教材体系是大中小学思政课一体化建设的重要基础。完善一体化思政课教材体系，有利于统一政治立场和教学方向，一体化把握学生成长规律，保证思想政治理论课立德树人这一根本任务的实现。完善一体化思政课教材体系，需要统筹课程标准，弥补课标缺失，实现纵横规划；锚定教学目标，强调结果导向，遵循螺旋上升；整体规划内容，统揽知识体系，防止脱节倒置；丰富教材体系，编写配套用书，发展数字资源；完善编审机制，精准资格认定，畅通反馈机制。

一、统筹课程标准

课程标准是规定某一学科的课程性质、课程目标、内容目标、实施建议的教学指导性文件，体现国家对不同阶段教育教学的基本要求。思政课课程标准的一体化是大中小学思政课一体化建设的关键环节，对于完善一体化思政课教材体系具有根本指导性作用。现行中小学思政课课程标准包括《义务教育课程方案和课程标准（2022年版）》《普通高中思想政治课程标准（2017年版2020年修订）》《中等职业学校思想政治课程标准（2020年版）》，高等教育阶段有《高等学校思想政治理论课建设标准（2021年本）》。总体上来说，随着大中小学思政课一体化建设的深入推进，思政课课程标准一体化建设有一定发展，如在《普通高中思想政治课程标准（2017年版2020年修订）》中强调，初中、高中、大学各阶段思政课要有效衔接，共同承担思想政治教育立德树人的任务。但是，目前各学段思政课课程标准仍属于各自独立状态，整体性、连续性等一体化建设方面仍有较大发展空间。

（一）制定高校课标，弥补课标缺失

高校思政课依托马克思主义理论学科，具有完善的理论支撑，但由于课程标准的缺失，仍然存在一些问题。如少数思政课教师对教材内容把握不准，或曲解教材，或照本宣科，影响教学实效；思政课考核标准不明确，无法引起学生重视；思政课教材建设缺少根据，不利于形成符合学情实际的教材体系。因此，制定高校思政课课程标准，是进一步推进大中小学思政课一体化建设的重要前提。高校思政课课程标准应包括课程性质与基本理念、学科核心素养与课程目标、课程结构与课程内容、学业质量与实施建议，且需兼顾原则性与灵活性，明确意识形态，统筹多样学情，丰富教材体系。

（二）打通课程分割，实现纵横规划

思政课课程标准的一体化，需要兼顾“纵”“横”两个方面。一方面，纵向一体化，跨学段对思政课课程标准进行整体规划。首先，各学段的思政课课程标准要保持基本形式的贯通性，便于课标内容的针对性对比。其次，打通学段分割独立，形成大中小学思政课课程标

准同步规划模式，协同形成一体化思政课课程标准。最后，统筹把握各学段学生认知规律，制定由浅入深、螺旋上升的课程标准。另一方面，横向一体化，思政课课程标准建设要多要素统筹设计。首先，思政课课程标准内部要一体化，使其符合系统性、规范性、发展性原则，对教育教学产生良好的指导作用。其次，思政课课程标准要与思政课教材相统一，课程标准为教材发展明确方向，教材彰显课程标准的价值与功能。最后，思政课课程标准要与时代紧密结合，体现时代要求。

二、锚定教学目标

教学目标是教学活动的统摄要素，是教材一体化建设的出发点和落脚点。当前思政课教学目标的结构包括一以贯之的总目标和各学段的分目标，覆盖全面，分层明确。但在实践过程中，由于思政课的复杂性、综合性和长跨度性，会出现总目标落实无力、分目标各自独立的情况，因此要锚定教学目标，贯彻总目标，体现分目标，推动教学目标的有效落实。

（一）凸显思想引领，强调结果导向

思政课教材建设首先要全面贯彻党的教育方针，以“落实立德树人的根本任务……努力培养担当民族复兴大任的时代新人，培养德智体美劳全面发展的社会主义建设者和接班人”[①]这一党的教育总目标为思想引领，将总目标吃透、悟透，使其贯穿于各学段、各年级的每一本教材之中，确保思政课教学目标的统一性。其次要保证总目标落实有力，并且在教学考核中有所体现，不仅要对知识性内容进行考核，还要对教育对象的政治意识、情感态度、价值观念、实践能力等方面进行考核，实现理论知识与价值观念的同步推进。

①《习近平谈治国理政》第三卷，外文出版社2020年版，第328页。

（二）统筹学段衔接，遵循螺旋上升

习近平总书记指出："要针对不同学段，根据思想政治理论教育规律和学生成长规律科学设置具体教学目标。"①思政课教材建设在坚持总目标引领的同时，还需要明确各学段分目标的具体要求，以期符合教育对象的成长规律。"小学阶段重在培养学生的道德情感"，"初中阶段重在打牢学生的思想基础"，"高中阶段重在提升学生的政治素养"，"大学阶段重在增强学生的使命担当"②，坚持循序渐进、螺旋上升，实现由浅入深、由低级到高级、由具体到抽象、由内化到外化的有序过渡。

同时还要注重学段间的衔接问题。在把握各学段分目标过程中，还需要兼顾前后学段，解决学段间"各自为政""目标断层"的问题。前一学段需要提前了解后一学段的教学目标和学生需求，不超越，不遗漏；后一学段要把握前一学段的知识、能力、情感态度价值观的基本状况，不跳跃，不重复，实现相互渗透、协同开展，为大中小学思政课一体化建设奠定基础。

三、整体规划内容

教材内容体现国家意志，教材内容的一体化是思政课教材一体化建设的关键所在，要加强"每门思政课教材内容、不同学段及同一学段各门思政课教材内容的相互关系研究"③。当前思政课教材内容基本能够实现各学段内部的自洽与完备，但学段间的整体性与渐进性依

① 习近平：《思政课是落实立德树人根本任务的关键课程》，人民出版社2020年版，第27页。

② 中共中央宣传部、教育部：《新时代学校思想政治理论课改革创新实施方案》，2020年12月18日。

③ 中共中央宣传部、教育部：《新时代学校思想政治理论课改革创新实施方案》，2020年12月18日。

然有待加强。因此，大中小学思政课一体化建设应遵循整体性与渐进性的双重原则，立体建构教材内容。

（一）统揽知识体系，避免低效重复

要实现大中小学思政课教材内容的一体化建设，需要打破编写“壁垒”，统揽各阶段思政课教学内容，对相同或相近知识点进行对比分析。一是对比重复知识点的价值问题。对于概念语义、基本原理、逻辑关系、政府文件等重复的内容，应综合评估重复价值。对于深化记忆、强化认同的有效重复，要适当保留；而对于低效的简单重复，或给予删减删除，或拓宽叙述角度、增加历史跨度、加深思维深度，实现有效增量。二是教材话语体系的统筹问题。当前网络信息过于庞杂，再加上有问题找网络的行为习惯，容易导致学生话语体系混乱，进而影响正确价值观的树立。而统筹各学段的话语体系，实现话语体系的一致性是提高思政课教学准确度、保证教学思想性的重要基础。因此在对比分析教材内容时，要“重视和加强思政课课程教材建设的基础理论、基本概念、基本规律、重大问题研究”①，避免出现同一概念的不同表述，导致学生对相关概念含糊不清，难以形成有效价值引领。

（二）把握循序渐进原则，防止脱节倒置

内容脱节是指各学段思政课推进过程中存在逻辑空档、内容缺失，影响学生形成完整的知识体系，打乱教学的顺承性和连接性；而内容倒置是指教材内容违背渐进原则，低阶段教材内容过分抽象，学生无法理解只能死记硬背，而高阶段内容又简单无味，降低学生学习兴趣。因此，在教材内容的建设过程中，要持续开展“每门思政课教

① 中共中央宣传部、教育部：《新时代学校思想政治理论课改革创新实施方案》，2020年12月18日。

材内容、不同学段及同一学段各门思政课教材内容的相互关系研究”[①]，既结合学生认知发展规律，针对各阶段的学生特征因材施教，保证教学活动顺利进行；又统筹知识体系，遵循知识递进规律，杜绝脱节倒置，保证各学段教材内容通过合理的方式排列组合，实现逻辑关系和思想深度的循序渐进、螺旋上升，沿着由浅入深、由表及里、逻辑完整、入脑入心的路径实现教学目的。

四、丰富教材体系

丰富教材体系是适应我国国情，拓展教学内容，推进教材质量建设的重要途径。当前，我国教材体系建设采取中小学“一标一本”、大学“一纲一本”的结构形式，保证了思想、内容的高质量，有效推进了思政课教材体系一体化建设的发展。但在这个过程中，如何在保证思政课教材体系一体化建设的同时，又符合学生个性化发展要求，为教师和学生提供更具有特色化、时代化的思政课教材，是丰富教材体系的关键。

（一）因材施教，编写配套用书

配套用书是对教材的补充和扩展，是体现教育公平、实施因材施教的重要立足点。在配套用书的编写过程中，应把握不同学段、不同地区、不同专业学生的思维特点，进行针对性设计。由于我国幅员辽阔，人口众多，风土人情具有多样性，中小学阶段学生流动性较小，同一地区的学生生活环境相似，因此配套用书可根据地域特色，在情景素材方面设计不同内容，帮助学生理解知识点，培养道德情感，激发爱国热情。到了大学阶段，虽然学生已经具有较强的理论学习能力，但由于专业背景的差异，思政课理论学习的状况也存在差异，因

① 中共中央宣传部、教育部：《新时代学校思想政治理论课改革创新实施方案》，2020年12月18日。

此大学思政课配套用书应考虑专业化特点，编写兼具统一性和特殊性的配套用书。另外，针对高二选课后，部分高中学生不再选上思政课的情况，可开发针对性趣味读物，保证这类学生思政课学习的连贯性。

（二）把握时代特征，发展数字资源

信息化的不断进步为教育发展提供了条件，《教育部高等教育司2022年工作要点》提出，高等教育要以数字化为战略引擎。在教材一体化建设过程中，推进发展数字资源，实现数字资源与纸质教材的互通建设，是丰富教材体系的重要手段。一是纸质教材可配套增设云平台，通过二维码获取读者基础信息后，根据对象的不同提供相应配套信息。比如，分设教师资源和学生资源，教师资源可配套上下学段的教材内容、学习目标，为使用本教材的教师提供教学培训，给予教学建议，提升教师教学水平，有效提升教学效果；而学生用书，可配套相关拓展视频、知识点讲解、时事政治、趣味练习等，帮助学生加深知识理解，实现自主学习。二是开发智能教学系统，通过大数据测评，向学生推荐个性化学习路径和学习材料，向教师提供学生的学习数据，形成立体化教学评价体系，综合评测立德树人效果，提高教学效率和教学质量。

五、完善编审机制

2020年12月，教育部大中小学思政课一体化建设指导委员会成立，为教材一体化建设提供了组织保障。但在实际运行过程中，各学段编审人员沟通不足，编审团队主体多元化不足，教材使用的监测评估不够等情况时有发生，还需要进一步完善编审机制。

（一）精准资格认定，团队立体多元

明确编审人员的资格认定标准，是把握教材质量的第一关。思政课教材编审人员只有具备过硬的政治立场、高尚的道德情怀、良好的专业素质，才能在编审过程中保证教材内容坚持正确的政治方向，抵御错误思潮，建设符合新时代要求的思政课教材，实现教材的高质量发展。

在编审团队组建过程中，要使团队成员具有多元性特点，避免身份单一化，防止教材发展陷入思维局限。思政课教材编审团队应包括政治学、教育学、心理学等方面的理论专家，还应包括教研人员、各学段教师、辅导员等一线工作人员，充分发挥各方力量，明确各自任务，责任落实到个人，时常进行联席沟通，跨学段地开展编写工作，推进思政课教材体系一体化发展。

（二）强化调研能力，畅通反馈机制

编审人员的调研能力与思政课教材编写效果密切相关，要“使调研的过程成为加深对党的创新理论领悟的过程，成为保持同人民群众血肉联系的过程”①，这就要求所有编审人员应到课堂、到教研室、到备课会，听课堂效果，听发展需求，获取一线信息，把握当前教材的不足，从而找准编改方向。在教材编审完成及推广使用后，还要建立教材质量反馈机制，进行长效化监测评估，扩大意见征集范围，畅通意见反馈渠道，追踪教材使用效果，倾听教师、学生、教研员等教材使用人员的需求，及时完善修改，保证教材的时代化发展，最终实现大中小学思政课教材体系既体现国家意志，反映社会需求，又贴近学生实际的良好效果。

① 习近平：《在“不忘初心、牢记使命”主题教育工作会议上的讲话》，人民出版社2019年版，第10—11页。

第二节 加强大中小学思政课一体化教研教学建设

教研是教学理论转化为教学效果的催化剂，教学是教研成果的落实途径，加强一体化教研教学建设，有利于突破学段内的思维惯性和资源限制，打破学段壁垒，实现优势互补，整体提升教学水平和工作方法，有效推进大中小学思政课一体化建设。加强一体化教研教学建设需要构建一体化教研机制，推进优势互融，加强备课研讨；创新一体化教学设计，遵循学生认知规律，统筹教学环节；探索一体化教学模式，创新联合教学，注重方法衔接；打造一批示范“金课”，遵循“两性一度”，推动教学资源共享化，拓展实践场所，打破时空局限。

一、构建思政课一体化教研机制

教研在教育教学中发挥着引领和指导的作用。各学段教师互动沟通，开展集体备课，是在飞速发展的时代背景下了解学生成长规律的有效方法，对于不同学段在教学过程中选取情景素材、设计学习活动具有针对性的意义。

（一）推进优势互融，实现整体优化

在一体化教研实践过程中，要充分发挥各学段的教学优势。大学思政课教师凭借自身在理论和科研上的优势，应充分发挥学术力量，为中小学思政课教师提供最前沿的思想动态和教学理念，锚定思政课教学的政治性和方向性，共同提高理论水平；中小学思政课教师在教学方法、教学技能等方面有自身的优势，可以向大学思政课教师提供教学设计和教学方法的优化建议；小学是思想政治教育的初始阶段，小学思政课教师掌握着最新的学生状况，可以为高阶段的思政课教育

提供学情分析。教学优势互融机制，有助于各阶段思政课教学的整体优化。

（二）推进集体备课，加强问题研讨

一体化教研归根结底是解决教学问题，提升教学水平。根据教研内容的不同，可以分为集体备课和问题研讨。集体备课式一体化教研，是围绕同一主题在不同阶段的教学内容，针对教学目标进行教学展示和集体备课，交流教学经验，在帮助各学段思政课教师搞清楚“教什么”的同时，还能搞清楚“教的深度和广度”，厘清各学段的进阶关系，把握跨学段间的衔接问题。问题研讨式一体化教研，是围绕不同教学阶段的教学效果进行集体讨论，探讨具有普遍性的教学问题，如“课堂提问的有效性研究”“小组合作式学习方式研究”“社会实践的方式拓展研究”“教学评价指标研究”等。各学段思政课教师通过思维碰撞，共同解决教学问题，整体提高各学段思政课教师的教研能力，不断推动思政课教学的时代化发展。

二、创新思政课一体化教学设计

教学设计是直接关系教学效果，关乎思想政治教育能否入脑入心，实现学生知行合一的关键环节。大中小学思政课一体化教学设计，需要科学创新规划，聚焦立德树人，贯彻教学目标，把握教学内容，遵循认知规律，统筹教学环节，综合一体化教学的契合度与各阶段教学的针对性，兼顾教学的科学性和艺术性。

（一）小学——形象具体，贴近生活

小学阶段思政课“以学生的生活为基础，主要讲授学生与自我、

家庭、班级、社会、国家、世界、自然等的关系”[1]，因此在教学设计上应以启蒙式教育为主，从小学生看得见、听得到的内容入手，通过形象的图像展示、生动的游戏活动、感人的故事讲述、身边的案例分析来引导学生感受与思考，从而形成良好的道德品质、价值取向和行为习惯，形成做社会主义建设者和接班人的美好愿望。

（二）初中——情景讨论，任务驱动

初中阶段思政课“以学生的体验为基础，主要讲授个人和集体、自我和时代、社会规则和社会秩序、社会责任和社会担当、宪法和法律、国家利益和国家目标、中国和世界等内容”[2]，因此在教学设计上应以体验式教育为主，重视学生的情绪情感，以中学生在现实生活中遇到的问题和矛盾入手，构建理论学习与现实体验之间的联系，让学生对学习内容具有“体验感”，引导学生以理论为指导进行讨论、探究与实践，加强做社会主义事业建设者和接班人的思想意识。

（三）高中——议题探究，比较鉴别

高中阶段思政课“以学生的认知为基础，讲授中国特色社会主义的开创与发展”[3]等内容，这一阶段的学生认知能力不断增强，理性思维不断发展，因此在教学设计上应以常识性教育为主，以社会现象为导入进行议题探究，运用比较鉴别、热点讨论、实践体验等教学方法，发挥学生主体性地位，同时积极引导，突出价值取向，提升科学素养，兼顾知识性和价值性，形成做社会主义建设者和接班人的政治

① 中共中央宣传部、教育部：《新时代学校思想政治理论课改革创新实施方案》，2020年12月18日。

② 中共中央宣传部、教育部：《新时代学校思想政治理论课改革创新实施方案》，2020年12月18日。

③ 中共中央宣传部、教育部：《新时代学校思想政治理论课改革创新实施方案》，2020年12月18日。

认同。

（四）大学——社会调查，逻辑辨析

大学阶段的思政课程各有侧重，重点引导学生系统掌握马克思主义基本原理和马克思主义中国化理论成果，了解党史、新中国史、改革开放史、社会主义发展史，认识世情、国情、党情，深刻领会习近平新时代中国特色社会主义思想，培养运用马克思主义立场观点方法分析和解决问题的能力；自觉践行社会主义核心价值观，尊重和维护宪法法律权威，识大局、尊法治、修美德；矢志不渝听党话跟党走，争做社会主义合格建设者和可靠接班人。在教学设计上应以理论探究性学习为重点，利用社会调查、参观访问、志愿服务等，实现课堂教学向社会的有效延伸，充分发挥第二课堂的作用，帮助学生增强辨别是非的能力，自觉抵御历史虚无主义的侵袭，争做社会主义合格建设者和可靠接班人。

三、探索思政课一体化教学模式

教学模式是教师在一定的教学理论指导下，系统地探讨教育目的、教学策略、课程设计和教材，建立教学活动的基本结构或框架，体现教学过程的程序性的策略体系[①]，具有指向性、操作性、完整性、稳定性、灵活性的特点。优质的教学模式，是发挥思政课主渠道作用的重要保障。然而当前各学段思政课教学依然存在创新度不够，协同性不足的问题，需要积极探索一体化教学模式。

（一）依托信息技术，创新联合教学

信息技术的飞速发展，深刻改变着传统课堂教学模式，尤其是线

① 参见李明霞、李建国主编：《学生为本与高效课堂》，中国轻工业出版社2015年版，第19页。

上课程的开展为思政课的创新提供了技术可能与实践路径。然而，过于丰富的信息技术与形式手段，虽吸引了学生的眼球，却又干扰了学生对知识点的吸收；而单纯的传统教学有时又无法满足学生个性化需求。因此，用好信息技术，融合线上线下资源，是创新教学模式的重要方向。

课前，教师可以提出问题，引导学生主动学习，正确运用信息技术进行信息整理，提高探究能力；课中，教师可以运用多媒体技术创设教学情境，展现与理论知识相关的社会热点，启发学生思考，深化理论逻辑；课后，教师可以运用网络平台鼓励学生遇到问题互相解答，从而强化对知识点的记忆，提高表达能力。除此之外，教师还要主动打造精品化的网络课程，打破课时局限，拓宽课程时空，以满足学生多样化的学习成长需求。

（二）注重方法衔接，形成进阶结构

在应试教育背景下，机械记忆仍是主要学习方法，这导致中小学阶段的学生难以形成批判性思维和自我探究能力，进而无法有效接受和应对大学阶段理论探究式的教学模式，从而影响教学效果。因此，思想政治教育各学段在选择教学模式的过程中，应有意识地形成进阶结构，加强学生能力的衔接和提升。

中小学思政课教师要注意增强学生主体性地位，实施任务驱动，采取问题探究式、自学指导式、目标导控式等教学模式，放手让学生查，大胆让学生说，引导让学生做，同时教师也要提高把握问题的能力，热爱和相信学生，积极应对学生自主探究的各种可能性，及时开展给予强化或补救式教学。而高等学校思政课教师要注重学情分析，锚准教学目标，灵活调整教学模式。一方面，要在较长时段跨度下，比较不同年代大学生的思想状况，开展具有针对性的教学模式创新；另一方面，在学生成长上，要把握不同专业背景学生的知识储备状

况，运用符合学生能力的教学模式，提高思政课的针对性和亲和力。

四、打造一批示范“金课”

2018年6月，时任教育部部长陈宝生在新时代全国高等学校本科教育工作会议上首次提出，要提升大学生的学业挑战度，合理增加课程难度，拓展课程深度，扩大课程的可选择性，激发学生的学习动力和专业志趣，真正把“水课”变成有深度、有难度、有挑战度的“金课”[①]。同年11月在第十一届中国大学教学论坛上，时任教育部高等教育司司长吴岩进一步总结“金课”的建设目标为“高阶性、创新性和挑战度”，即“两性一度”[②]。虽然“金课”及“两性一度”是针对本科教育提出的建设目标，但在大中小学思政课一体化建设上依然具有指导性意义。因此，打造一批示范“金课”是大中小学思政课一体化建设的重要方面。

（一）加强高阶培养，引导综合发展

高阶性是指“知识、能力、素质的有机融合，培养学生解决复杂问题的综合能力和高级思维”[③]。思政课要想把道理讲深、讲透、讲活，要求教师要深化内功，厚植理论，充分发挥学生的主体作用，从学生的视角入手，梳理清楚每一个知识点“是什么”“为什么”“怎么办”的逻辑链条，找到理论与实践的结合点。对于学生遇到的现实问题，大到“世界怎么看”，小到“我该怎么办”，都应直面看待，运用马克思主义的立场观点和方法引导学生认识世界、改造世界，培养使命担当的历史思维和实践能力。

---

① 参见陈宝生:《坚持“以本为本” 推进“四个回归” 建设中国特色、世界水平的一流本科教育》,《时事报告》2018年第5期,第18—30页。

② 吴岩:《建设中国“金课”》,《中国大学教学》2018年第12期,第5页。

③ 吴岩:《建设中国“金课”》,《中国大学教学》2018年第12期,第5页。

（二）推进创新教学，强化思辨能力

创新性是指课程内容反映前沿性和时代性，教学形式呈现先进性和互动性，学习结果具有探究性和个性化[①]。把“有意义”讲得“有意思”，是提高思政课创新性的实践方向。一方面，教师要学会转变教学语言，将严谨的理论转变为生动的道理，用亲切鲜活的话语拉近与学生的距离；另一方面，要与时俱进地学习教学技术，打造沉浸式教学体验，适应学生求新求变的心理，在润物无声中达到教学目的。但同时也要注意不要为了创新过分娱乐化，浮光掠影式的“快餐知识”会剥夺学生独立思考的习惯和辩证思维的能力，与思政课“金课”建设的初心背道而驰。

（三）勇于设置挑战，师生共同发展

挑战度是指课程要有一定难度，需要学生和老师一起，跳一跳才能够得着，对教师备课和学生课下有较高要求。思政课的难度不在于对知识点的理解与背诵，而在于培养认知、坚定信念、塑造灵魂。因此，教师要认识到，挑战度首先是自身要面对的挑战度，要不断提升人格魅力，以自身的政治信仰、情感认知、胸怀格局吸引学生，以真理的力量感召学生，帮助学生形成信念认同，铸就精神力量；其次，教师应树立过程式、立体化的评价标准，将考核内容贯穿课堂、延伸课外，搭建多平台的实践活动，由“行”考察“信”，以“信”反应“知”，综合考查学生的学习情况及思想状态。

五、推动大中小学思政课教学资源共享化

对于思政课来说，丰富的教学资源是教师提高教学质量，更好完

① 参见吴岩:《建设中国“金课”》,《中国大学教学》2018 年第 12 期,第 4—9 页。

成教学目标的重要保证，“加大思想性、理论性资源供给”[①]是思政课改革创新的重要方向。而当前各地区、各学段、各学校教学资源相对独立，优势互融尚不明显。在大中小学思政课一体化建设的背景下，要实现教育资源的最优化配置，优质资源的最大程度利用，需要教育部门有效调动各方力量，建立合作共赢的共享观念，多主体共同搭建线上线下资源共享平台，调节资源配置，促进教育公平。

（一）共享线下资源，拓展实践场所

首先，大中小学应共同组建人力资源库，建立人力资源共享机制，发挥各阶段思想政治教育的特点和人才优势，形成交流互动共同体，促进大中小学各阶段思政课教学的衔接性和一体化。其次，大学应将中小学教育发展作为自身社会服务的方向之一，向其充分开放实验室、图书馆、体育馆等硬件设施，实现资源共享。最后，大中小学还可以在实践资源上实现共享，可互为实践场所，互助开展志愿服务，或者共享已经建立联系的社会资源，尤其是大学与政府部门、社会组织、企事业单位之间的产学研合作紧密，能够为中小学提供丰富的实践资源[②]。

（二）共享线上资源，打破时空局限

新媒体背景下，网络资源杂乱，系统性不强，可建立优秀课例展示平台、教学素材库等线上资源共享平台，打破实体资源共享的时空局限性，提高教学资源的共享范围与共享力度，提升思政课教师一体化教学理念和教学意识。首先，线上资源共享平台的建设要注重技术

① 中共中央办公厅、国务院办公厅：《关于深化新时代学校思想政治理论课改革创新的若干意见》，《光明日报》2019年8月15日，第1版。

② 参见李凡：《大中小学德育资源一体化机制建设探究》，《黑龙江高教研究》2016年第5期，第91—94页。

支持，吸收使用者的反馈信息，运用大数据分析技术，循序渐进不断优化，让共享效果落到实处。其次，要适当制定共享激励机制，对于独创性素材，可适当给予物质或评优奖励，激发共享主动性和创作积极性，促进线上资源共享平台长久建设、持续发展。最后，要注重建立资源审查机制，保证教学资源的政治性、思想性和时代性，坚决抵制敌对势力利用网络渗透青少年。

第三节 健全大中小学思政课一体化教师队伍建设

教师是立教之本、兴教之源。习近平总书记指出："教师要时刻铭记教书育人的使命，甘当人梯，甘当铺路石，以人格魅力引导学生心灵，以学术造诣开启学生的智慧之门。"[①]这充分表明，人的因素是我国教育事业的决定性因素。教师队伍建设直接关系到大中小学思政课一体化建设得如何，能走多远。那么，依据一体化的发展逻辑，在具体论述教材体系和教学教研这些基本问题之后，从人才队伍建设的角度来进一步探求大中小学思政课一体化建设就显得十分必要。

一、提升思政课教师专业化素养

专业化素养是衡量教师教学与研究工作的重要标准。就思政课而言，专业化素养是指大中小学思政课教师所具有的马克思主义理论与思想政治教育方面的知识、理论及教学技能、管理能力、育人能力、转化能力、沟通能力等。专业化素养广涉专业知识、专业能力、专业作风、专业素质和专业精神，是一个有机统一体。推进大中小学思政课一体化建设，必须切实提升教师队伍的专业化素养。

必须旗帜鲜明讲政治。讲政治是成为一名合格思政课教师的前提

①《习近平谈治国理政》，外文出版社2014年版，第175页。

和基础，也是我国思政课建设的一条成功经验。在大中小学思政课教师做好教学工作所需的种种能力中，政治能力是排在首位的。思政课教师要想自觉做到在思想上政治上行动上同党中央保持高度一致，就必须具有过硬的政治能力，必须讲政治。就教学对象而言，大学生、中学生和小学生学习思政课，根本上是为了树立正确的世界观、人生观和价值观。这就要求除了教材之外，教师更要赋能思政课教学。从教学效果方面来说，教师的言传身教往往会对学生产生深刻的影响，使学生切实地感受到教师在政治思想、价值观念、个人品德等方面的魅力，并自觉效仿，从而真正做到教与学、师与生、生与生之间的互动，进而做到坚持正确的政治方向，自觉投身于中国特色社会主义伟大实践。

必须高度重视理论学习和传播。党的二十大报告指出，中国共产党为什么能，中国特色社会主义为什么好，归根到底是马克思主义行，是中国化时代化的马克思主义行。大中小学思政课教师作为开展马克思主义理论教育和思想政治教育的中坚力量，与其他学科教师相比，要更加重视马克思主义理论和思想政治理论的学习和传播。一方面，大中小学思政课教师要重视理论学习。思政课教师的专业化素养主要体现在马克思主义这个看家本领上，因此，大中小学思政课教师必须立足本职工作，原原本本地学深悟透马克思主义经典著作，坚持以科学的态度对待马克思主义，并进一步以求真的精神运用马克思主义，在学习和运用中增强对马克思主义的信心和信仰，坚持马克思主义基本原理不动摇。另一方面，大中小学思政课教师要重视理论传播。先进的理论要转化为强大的物质力量，就必须经过人民群众这个中介。传播好马克思主义是大中小学思政课教师上好思政课的题中之义，因此，大中小学思政课教师要用马克思主义的世界观和方法论来教育引导大学生、中学生和小学生，帮助他们扣好人生的第一粒扣子，使之自觉听党话、跟党走。

二、提高思政课教师信息化能力

党的二十大报告强调指出，推进教育数字化，建设全民终身学习的学习型社会、学习型大国。由此不难看出，信息技术应用能力是新时代教师必须具备的能力。那么，大中小学思政课教师如何提升信息技术应用能力，就成为新时代开展思想政治教育工作的重点，也是推动我国教育数字化发展的突破口。推进大中小学思政课一体化建设，必须切实提升思政课教师队伍的信息化能力。

一要积极转变观念。理念是行动的先导。有什么样的理念就会有什么样的行动，先进的理念、紧跟时代的理念就能够产生符合时代要求、符合技术进步的行动，顺势而行，主动作为；落后的理念、守旧的理念则会产生与时代不符，甚至违背社会发展规律的行动，逆势而行，消极被动。当前世界，信息技术日新月异，5G技术、算法技术、元宇宙、区块链等信息技术层出不穷，日益改变着人们的生活状态与生存方式。中国已成为信息技术大国，在这种大的历史背景下，建构信息化的理念来开展教育教学工作就成为一个亟待解决的重大时代课题。因此，大中小学思政课教师必须充分认可信息技术在教学领域中的重要价值，明确信息技术应用能力是一项亟待提升的重要教学能力。此外，从教学对象上讲，当前无论是大学生、中学生还是小学生，都是在互联网上成长起来的，都是网络的原住民，网络化生存是他们的重要特征。这无疑要求大中小学思政课教师必须拥有信息技术应用能力，一方面能够与学生进行同频道交流，另一方面能够以信息技术应用能力来教育引导学生如何在信息大潮下学习得更好、生活得更好。

二要多途径提升信息化能力。首先，大中小学思政课教师要大力提升教学设计能力，要学会在现代网络环境下运用多媒体技术丰富教学内容。具体而言，一方面，教师要善于运用各种办公软件或制图工具，制作符合各学段学情的课件，嵌入与学习主题相关的动画、短视频、图片等，这样既能提升课件质量，也能增添课堂的趣味性，从而提升课堂教学效率和学生的学习兴趣。另一方面，在教学过程中，教师要善于运用智慧课堂、网络教学平台等与学生进行课前、课中、课后的教学交互与沟通。比如，小学阶段可以通过学习软件课前布置预习内容，课中与学生进行答题互动，课后布置复习作业并开展线上交流；中学阶段可以通过学习软件进行作业布置、提交和批阅；大学阶段则可以通过网络教学平台等创建课程、布置作业、开展课堂讨论、设置考试等。其次，大中小学思政课教师要积极参加信息化能力提升培训，不断增强个人对信息技术、教学软件等的运用和转化能力，能够熟练运用各种信息化工具进行知识的获取、保存、共享和应用，为教学奠定信息化基础。最后，要积极参加思政课的各类公开课比赛、说课比赛、信息化教学大赛等，主动提升运用信息技术进行教学的能力，积极吸收同行的信息化教学经验。

三、建构思政课教师协同化机制

分工合作、协同推进是大中小学思政课一体化建设的重要抓手，也是构建思政课教师共同体的关键一招。大中小学思政课一体化建设中的“一体化”，是指把大学、中学和小学的思政课联合起来，组成一个统一的思政课教学组织或教学集体。一体化过程主要涉及教材、教学、教师，其中教师一体化是最为突出也是最为重要的。之所以如此，是因为教师一体化在大中小学思政课一体化建设过程中起着决定性的作用，教材一体化、教学一体化都依赖教师一体化来实现、转化和完成。因此，建构教师协同化机制就成为推进大中小学思政课一体化建设需要解决的一个核心问题。

协同思维是一种寻找事物相似点或相同目标的自组织认知方式，它既是人类各种思维方式之间在相似点上集中的特征，又是创造性思维系统各要素之间的协调合作的效应。大中小学思政课协同化机制不同于大学、中学、小学教师间的一般交流与合作，涉及的也不仅仅是一般的教师间的教学关系。实际上，大中小学思政课协同化机制主要包含两个维度，一个是纵向协同维度，一个是横向协同维度，而且两大维度之间的边界并不是泾渭分明的，而是彼此配合，相互促进的。那么，要建构教师协同化机制就必须立足于这两大维度，在相互区别又彼此协作中共同推动大中小学思政课一体化建设。

第一，建构纵向协同机制。纵向协同机制强化学段协同，推进上下贯通。具体地说，是指建立大学、中学、小学各学段教师在教学、研究、集体备课、实践教学、教学比赛、技能大赛等方面的深入合作机制，既能够充分保持各学段教师的独立价值，又能够不断彰显各学段教学的递进性和互补性。一要建立常态化长效化教师备课机制。明确每月至少要开展一次集体备课活动，围绕小学、中学、大学教材中的某一个知识点，或某个重点、难点、疑点、交叉点、热点话题进行备课，可以由某个学段教师主讲，其他学段教师根据自身教学情况补充完善。在此基础上，将相对成熟的课件积极运用于各学段的教学之中。二要开展常态化教学研究活动。教学研究是日常课堂教学工作的重要补充，是提升课堂教学质量的关键。大学思政课教师在科研方面具有相对优势，可以在教学研究活动中发挥引领作用，主动分享科研成果、科研心得、科研技巧等。一方面带动小学、中学思政课教师开展科研活动，另一方面将科研成果贯穿到各学段的教学过程中。三要大力开展实践教学。实践教学是“第二课堂”，各学段教师必须上好“第二课堂”，这也是建构教师协同化机制的重要阵地。大中小学思政课教师要互相分享实践教学基地，并主动参与其他学段的实践教学活动，加强和其他学段教师之间的沟通，引导学生发现问题、研究问题和解决问题。

第二，建构横向协同机制。横向协同机制强化段内协同，推进左右贯通。具体地说，是指建立各学段间即大学与大学、中学与中学、小学与小学同学段内教师在教学、研究、集体备课、实践教学、教学比赛、技能大赛等方面的深入合作机制，在充分发挥各学段教师能力的基础上，又能够凸显学段间的差异性优势。一要建立常态化沟通机制。选择各学段中某一所或两所学校共同牵头，其他同学段学校共同参与，定期组织召开研讨会议，围绕思政课教学中的重点问题、热点话题及其存在的其他问题进行研讨、沟通，努力提高同学段学校的协作能力和水平。二要建立竞赛机制。以赛促教、以赛促研、以赛促学，是竞赛机制建构的出发点，也是落脚点。通过举办说课比赛、教学技能比赛、多媒体技术运用技能比赛等，鼓励、支持同学段内学校教师积极参与，提升教学技能与教学效果，同时充分利用竞赛的影响力，联合开展各学段间的教学竞赛。

四、培塑思政课一体化的骨干教师

培养思政课教师中的“关键少数”是加强大中小学思政课一体化建设的重要突破口。培塑骨干教师是在尊重教师个体性和差异性基础上，以突出先进、以先进带动整体进步为目标的一种提质增效的管理行为。这种行为不仅可以充分发挥先进教师群体的带头作用，还能够在此过程中不断形成示范效应，从而推动整个思政课教师群体共同进步，最终形成人人争优、争当先进的良好工作氛围。值得一提的是，就大中小学思政课一体化建设而言，培塑骨干教师还存在一定的特殊性。这主要体现在教师群体是由大学、中学、小学共同组成的，在日常工作中，由于工作单位的原因，他们沟通与交流次数相对偏少，形成的群体性力量相对薄弱，从而在一定程度上影响骨干教师的培养。那么，规避这个问题，培塑骨干教师，就需要采取适宜的策略以充分发挥“关键少数”的作用。

第一，必须加强政治学习。大中小学思政课骨干教师要加强政治学习，包括学习贯彻党的二十大精神、学习贯彻习近平新时代中国特色社会主义思想，还包括最新版思政课教材的集中培训学习等。学习可以采取线上线下相结合、自学与培训相结合、个人学习和集中学习相结合等方式。学习过程中需要建立学习—考核机制，打造学习型教师队伍，进一步提高教师学习和培训工作的针对性和实效性。具体地说，结合大学、中学和小学日常教学工作实际，按照人人参加培训的原则，紧紧围绕服务思政课教学和教师自身发展，合理确定政治学习内容，在每次学习后组织专题研讨，建立包括学习态度、理论水平、运用能力等要素在内的考核机制并强化考核结果运用，不断提高大中小学思政课教师的理论素养和政治忠诚度，从而坚定其政治信仰，为又好又快促进大中小学思政课一体化建设提供政治保证和人才保证。

第二，必须加强师德师风教育。良好师德师风是评价大中小学思政课教师的第一标准。大中小学思政课教师必须深入学习领会习近平总书记关于教育的重要论述，尤其是关于师德师风的重要论述，结合政治学习，坚守为党育人、为国育才，涵养高尚师德。具体而言，包括善于从全国教育系统师德先进典型中学习，从而汲取正能量；认真学习贯彻《新时代高校教师职业行为十项准则》《新时代中小学教师职业行为十项准则》等文件精神，练就业务能力精湛、师德师风过硬的看家本领；加强教育教学管理，加强对教学过程的监督和管理，保证教学质量和教学效果。

第三，必须加强理论学习。强化大中小学思政课骨干教师的马克思主义理论和思想政治教育理论学习，努力提高骨干教师的理论水平。通过理论学习，切实提高骨干教师的专业化水平和专业素质，使他们努力做到既有专业化功底和丰富的知识体系，又有较高的科研能力，从而能够熟练运用教材教法，并能够以科研活动促进教学工作，以教学工作支撑科研活动。

第四，其他做法。每学期组织大中小学思政课骨干教师开展示范课；组织教学经验丰富的教师进行听课评课并给出意见和建议；邀请相关专家就思政课教学与科研、教法与创新对骨干教师进行集中学习培训；推进“导师制”“老带新”工作，促进思政课青年教师快速成长；每学期开展教学基本功比赛，对优质课堂、优秀教法、优秀教案等进行评比。

第四节　大中小学思政课一体化建设的运行保障机制

要想确保大中小学思政课一体化建设的效果，就要完善一体化思政课教材体系，加强一体化思政课教研教学建设，健全一体化思政课教师队伍建设，使得各环节能够充分发挥各自的作用，从而从整体上推动大中小学思政课一体化建设。而要实现这一目标，除了各环节各自的内部作用得到充分发挥之外，建立外部保障机制也至关重要。这是因为合适的保障机制不仅能够保证各环节的正常运行，而且还能产生合力，发挥整体效用。

一、组织领导

大中小学思政课一体化建设能否顺利进行，首先取决于是否有健全的组织领导。目前，全国的大中小学思政课一体化建设主要由教育部社科司负责。2022年12月，教育部办公厅发布的《关于开展大中小学思政课一体化共同体建设的通知》，提出要统筹推进大中小学思政课一体化建设，切实发挥思政课立德树人关键课程作用。这是从国家层面发出的号角，为大中小学思政课一体化建设提供了组织保证。这就要求在大中小学思政课一体化建设的过程中，必须时刻认真学习贯彻相关文件精神，不断健全完善工作机制，深入推进大中小学思政课一体化建设，增强思政课的针对性、有效性。

省级教育部门是教育部指定开展大中小学思政课一体化共同体建设的地域指导单位，与各地大中小学、省级以下教育部门、教育研究机构共同组成指导建设机构。如果说教育部是从宏观层面给大中小学思政课一体化建设提供方向，那么，省级教育部门则负责在具体建设过程中解决所遇到的实际问题。所以，省级教育部门必须注重结合本地特色、教育情况和已有工作基础，瞄准工作定位，明确目标任务，聚焦建设过程中遇到的难点、痛点、堵点，强化精细管理。从功能的维度看，实际上，省级教育部门发挥着承上启下、上传下达的枢纽作用。它将国家层面的政策转化为地方的实践，同时又通过地方的实践来支撑和完成国家层面指定的任务。由此可见，地方教育部门在大中小学思政课一体化建设过程中作用发挥得如何，职责履行得如何，都直接关系到一体化建设完成的广度和深度。因此，地方教育部门必须高度重视大中小学思政课一体化建设，用认真的态度对待一体化，用执着的精神打造一体化。

要充分发挥大中小学思政课一体化建设成员单位，特别是牵头高校的基础性作用。理论或理念的生命力在于实施。在教育部提出开展大中小学思政课一体化共同体建设这个重大创新理念之后，如何落实就成为关键所在。而要完成这个任务，务必要大中小学思政课一体化共同体建设成员单位积极履行职责，务必要大中小学思政课一体化共同体建设牵头高校开拓创新，务必要成员单位与牵头高校合理分工、共同协作。共同体成员单位由牵头高校和部分大学、中学、小学，以及与思想政治教育工作相关的研究中心共同构成，在省级指导单位的引领下，共同推进一体化共同体建设的各项工作。不难看出，共同体成员单位是共同体这个生命体中最基础的细胞，某种程度上它决定了整个共同体的生死存亡。基础细胞活跃、形态正常、状态好，共同体就体态完整，充满活力与生机。因此，成员单位必须坚持问题导向、目标导向、效果导向，注重三者有机结合，以点带面，加强协同合作。共同体牵头高校，必须发挥牵头单位的引领作用，不断提高共同体建设整体水平，切实提升大学、中学、小学各学段思政课的育人实效。

二、督导检查

督导检查工作能够确保大中小学思政课一体化建设不走样、不跑偏。督导检查工作基于刀刃向内、自我检查的理念，对大中小学思政课一体化建设过程中存在的问题、隐患、效果进行全面审视，在检视问题中发现问题并及时纠正，在解决问题中提升建设质量。因此，必须高度重视督导检查工作，积极主动地推进大中小学思政课一体化建设落地见效。

一要夯实日常监督。大中小学思政课一体化建设的督导检查工作需要久久为功。首先，共同体指导单位必须强化日常监督，通过对标对表，审视成员单位工作的进展情况和完成效果。教育部办公厅发布的《关于开展大中小学思政课一体化共同体建设的通知》是大中小学思政课一体化建设的行动指南，各地在大中小学思政课一体化建设的过程中，要以通知中的“工作目标”为最高任务，以“工作要求”为实施准则，以努力完成这些目标和准则为最高使命，锲而不舍。具体而言，在大中小学思政课一体化建设过程中，指导单位通过以此对照成员单位的建设情况，同时注重对比一体化共同体中的标杆共同体，寻找成员单位存在的差距，查找不足，并严格要求成员单位及时进行整改，提出对策。

二要强调重要工作监管。根据主要矛盾和次要矛盾，矛盾主要方面和次要方面的原理，在大中小学思政课一体化建设过程中需要加强对重要工作的监管力度。重要工作不仅是确定大中小学思政课一体化建设工作重点的根据，而且是评判推进大中小学思政课一体化建设发展阶段的根据。因此，必须强调对大中小学思政课一体化建设中重要工作的监管，确保成员单位扎实开展工作。具体而言，紧盯目标任务不放松。在实施一体化的过程中，各牵头高校要建立重点工作台账，对完成工作的时间、任务安排、相关责任人等详细记录，并保存这些重要信息，明确责任目标，细化任务分工，有效管理工作进度，实时跟进工作进度，确保一体化建设过程中各项重点工作得到全面、高效、有序、精准推进。强化监督问责不放松。当前，大中小学思政课一体化建设正处于起步阶段，对重要工作的监管是否到位事关一体化建设的基础和发展，对放松思想、畏难情绪、等靠心理、保守心态要严格防范和处理，对发现的问题也要建立台账，并要求一一处理，对不主动作为或慢作为的责任主体要进行约谈提醒，压紧压实相关责任，强力把大中小学思政课一体化建设工作落实落细。

三要加强队伍建设。专业化的督导检查队伍能够最大程度保证大中小学思政课一体化建设不流于形式，注重内涵建设。可以组建由教育部、省级指导单位和成员单位共同构成的督导检查队伍，或者组建各级督导检查队伍，坚持问题导向，聚焦大中小学思政课一体化建设中的重要工作和存在的问题，扎实推进一体化建设走深走实。要加强一体化督导检查队伍思想建设，提高督导人员的综合素质，这是做好一体化督导检查工作的基础，高质量的一体化建设离不开高质量的督导检查和管理。要认真制定工作方案，引领各个共同体单位提升建设站位，从严从细从实推动各项工作。要充分发挥成员单位督导检查队伍作用，逐步建立专业化一体化建设督导检查队伍，不断提高责任意识，在能力提升和建设管理两方面发力，有目标、有计划地开展督导检查工作，提升督导检查质量。

三、平台支撑

强有力的平台支撑是大中小学思政课一体化建设行稳致远的推进器，因此必须高度重视大中小学思政课一体化平台建设，夯实基础，释放动能。

一要充分发挥省级思政课教师研学基地的平台支撑作用。思政课教师研学基地通过提供丰富的研修内容和形式，提升新时代思政课教师的教学与研究能力，促进思政课教师成长发展，从而打造出一支政治素质过硬、业务能力精湛的高素质思政课教师队伍，为完成思政课立德树人根本任务奠定基础。这就要求省级思政课教师研学基地在设计研修内容时，要充分考虑并掌握大学、中学、小学各学段教师的实际情况，坚持做到既能够贯通各学段的教学内容，又可以针对性地提升各学段思政课教师的教学能力。

二要大力建设市级大中小学思政课一体化建设交流研讨平台。基于地域限制和对常态化开展工作要求的考虑，要保证大中小学思政课一体化建设效果，就必须建设市级研讨平台。举办由市委宣传部牵头的市级大中小学思政课一体化建设交流研讨会，通过邀请各学段思政课教学名师就大中小学思政课一体化建设作经验分享，邀请各校思政课教学负责人就如何打造高素质思政课教师队伍作经验分享，等等。

三要搭建大中小学思政课一体化建设备课平台。大中小学思政课一体化建设备课平台不是简单进行集体备课，不是各学段思政课教师各自根据课程内容、教学目标等进行备课，而是基于大中小学思政课一体化开展备课活动，它的出发点和落脚点在于一体化。因此，必须突破单一学段的视域限制，就共性问题进行针对性备课，注重解决内容重复、递进关系不明、规范性缺失、结构性不突出等问题。

四要建立大中小学思政课一体化建设互听互评平台。取长补短，相得益彰，是构建大中小学思政课一体化建设互听互评平台的出发点。如果说备课平台是探讨教学内容及教学规律，那么，互听互评平台则是在发现问题中提升教学效果。互听互评平台可以让任何一名思政课教师深入同学段或其他学段思政课教师的课堂进行听课和评课，考察这名教师是否妥善处理了本学段教学内容及与其他学段教学内容的衔接，是否抓住了教学的主要内容和侧重点，是否符合本学段内学生的认知情况和接受能力，等等。为确保互听互评平台的正常开展，大中小学思政课一体化建设的牵头高校要切实履行好牵头作用，协调各学段学校制订互听互评计划，合理安排时间。

五要构建网络平台。我国是一个网络大国，搭建大中小学思政课一体化建设网络平台有利于各学段思政课教师及时进行学习、分享、研讨和交流。各学段思政课教师随时可以将相关教学成果和资源在大中小学思政课一体化建设网络平台上传、展示和分享，日常的备课、评课、研讨等也可以通过网络平台开展。在网络平台，教师还可以建立个人档案，以便其他教师可以全方位了解某位教师的教学情况和研究成果，使得思政课教师之间可通可联，不断提升自身教学能力。

四、协同联动

推动大中小学思政课一体化建设是一项系统工程，除了要大力搞好大中小学思政课教学之外，还要求思政课与其他资源协同配合，形成育人合力。

一是增强大中小学思政课与其他学科课程之间的协同。坚持用“课程思政”理念开展教学研究。课程思政旨在使各类课程与思政课同向同行，将思想政治教育的知识、价值理念等融入各类课程中，形成协同效应，合力完成立德树人根本任务。一方面，要深入挖掘各类课程中内嵌的思想政治教育资源，充分释放其中所蕴含的思想政治教育价值理念，最大限度发挥这些课程的育人功能。另一方面，要用出色的思政课教学影响、引导、带动其他学科课程的教学，思政课教师不仅要帮助学生树立正确的世界观、人生观和价值观，也要帮助其他课程的教师树立思政育人的理念，提高政治站位，最大限度发挥主观能动性，有效挖掘课程中的思想政治教育资源，做好育人工作。值得注意的是，以上两个方面相辅相成，必须注重它们之间的有效联动，形成协同效应。

二是建强马克思主义理论学科。马克思主义理论是科学的理论，是彻底的理论，是能说服人的理论。加强马克思主义理论学科建设，能够充分发挥马克思主义理论的思想政治教育作用，把越来越多的人聚集在马克思主义理论旗帜下，帮助他们现实地改造社会，推动世界进步。马克思主义理论学科与思政课之间互相支撑，彼此配合。其中，马克思主义理论学科对思政课具有最基础的支撑作用，它不仅是思政课的核心内容来源，还是思政课得以发展的动力源泉，能够全方位提升思政课建设水平。思政课又是马克思主义理论学科的重要载体，是马克思主义理论外化、说服人的主要渠道。由此可见，建设马克思主义理论学科是大中小学思政课一体化建设的重要抓手，对于立德树人、做好思想政治教育工作具有重要理论意义和现实价值。必须大力发挥马克思主义理论学科对思政课的支撑作用，建强马克思主义理论学科，助力大中小学思政课一体化建设。值得强调的是，大中小学思政课一体化建设成员单位及其领导必须加强马克思主义理论学科的引领意识，自觉将一体化建设与马克思主义理论学科建设同向同行。

三是增强大中小学思政课与育人资源的协同。大中小学思政课一体化教学实践基地建设是一体化建设的重要补充，是将思政小课堂与社会大课堂有机结合起来的重要纽带，必须充分挖掘社会实践资源。一方面，借助和进一步盘活其他学科建设的实践基地，开展大中小学思政课一体化教学，依托现有资源使实践基地教学效果最大化。另一方面，通过建设建强红色基地，包括博物馆、革命纪念馆、革命遗址等教育基地，打造红色实践教学课堂，充分挖掘社会实践资源。在此过程中，需要注重针对大学、中学、小学不同学段的学情，有计划有目的地设计社会实践目标、任务要求，与各学段的教学内容充分衔接起来。当实践育人资源得到充分利用，大中小学思政课一体化建设就获得了科学发展的手段，有利于形成协同育人格局。

第五章

大中小学思政课一体化建设的效果评价

第一节　评价导向与评价原则

评价导向与评价原则的科学确立，是大中小学思政课一体化建设效果评价科学系统、全面完善的前提与基础。

一、评价导向

在大中小学思政课一体化建设的效果评价中，评价导向的明确与先行既是效果评价需要遵循的指挥棒、风向标，又引领着大中小学思政课一体化的建设动向、发展方向和未来趋向。评价大中小学思政课一体化建设成效的过程中必须要锚定一体化建设任务，坚定评价目标育人为本；立足一体化建设主体，克服评价主体错位失衡；围绕一体化建设过程，引领评价环节一体贯通；聚焦一体化建设效果，推进评价体系全面立体。

（一）锚定一体化建设任务，坚定评价目标育人为本

习近平总书记在学校思想政治理论课教师座谈会上指出，思想政

治理论课是落实立德树人根本任务的关键课程。这既高度凸显了思政课在党和国家教育体系中的重要地位，也鲜明揭示了思政课“立德树人”的任务使命。习近平总书记更是强调：“要把统筹推进大中小学思政课一体化建设作为一项重要工程。”[①]推进大中小学思政课一体化建设是一项系统复杂的工程，在大中小学遵循循序渐进、螺旋上升原则建设思政课非常必要，这是培养一代又一代社会主义建设者和接班人的重要保障。因此，在大中小学思政课一体化建设效果评价中必须锚定一体化建设任务，坚定评价目标育人为本。

第一，必须从立德树人根本任务出发，做到学段内目标坚决贯彻，学段间目标显效贯通。思政课“唯学段”建设发展与成效评价结构形成已久，即以大中小学阶段作为独立自然单位，分段育人、各自成营，这就导致各学段的衔接性较为不显，在回答“培养什么人？怎样培养人？为谁培养人？”这一根本问题时贯通性不足。为此，大中小学思政课一体化建设效果评价必须以课程目标的一体化为导向，必须从立德树人根本任务出发，做到学段内目标坚决贯彻，学段间目标显效贯通。要以立德树人根本任务指导大中小学思政课一体化建设顶层设计，坚持普遍性与特殊性辩证统一，针对不同学段学生的特点与共性分学段逐项落实，充分尊重并发挥学生的主体性，遵循人的思想道德发展的客观规律，遵循学生成长成才规律，用外部教育激发学生内部感悟，既符合每个学段学生的成长实际，又体现大中小学思政课一体化育人的融会贯通。

第二，必须从立德树人根本任务出发，明确课程体系的目标统领，确立教材体系的关键原则。立德树人是发展中国特色社会主义教育事业的核心所在，是培养德智体美劳全面发展的社会主义建设者和接班人的本质要求。课程是教育思想、教育目标和教育内容的主要载

① 习近平：《思政课是落实立德树人根本任务的关键课程》，人民出版社2020年版，第27页。

体，集中体现国家意志，是学校教育教学活动的基本依据，直接影响人才培养质量。因此，要以“立德树人、培根铸魂”为大中小学思政课课程体系的目标统领，只有建立贯通衔接、螺旋上升的思政课课程体系，才能保证思政课培根铸魂目标的实现。在全国教育大会上，习近平总书记指出：“要把立德树人融入思想道德教育、文化知识教育、社会实践教育各环节，贯穿基础教育、职业教育、高等教育各领域，学科体系、教学体系、教材体系、管理体系要围绕这个目标来设计，教师要围绕这个目标来教，学生要围绕这个目标来学。”[①]思政课是落实立德树人任务的关键课程，必须把坚持中国共产党的领导，坚持社会主义方向，坚定“四个自信”作为基本原则，充分体现思政课的理论根基和学科特色。

（二）立足一体化建设主体，克服评价主体错位失衡

大中小学思政课一体化建设中各学段思政课教师无疑是主体，但这并不意味着只有教师才是主体。习近平总书记在全国高校思想政治工作会议上指出：“各级党委要把高校思想政治工作摆在重要位置，加强领导和指导，形成党委统一领导、各部门各方面齐抓共管的工作格局。”[②]这表明，各级党委、各部门也是大中小学思政课一体化建设的主体。同时，学生既是教育实践活动的客体，又是学习活动的主体。因此，在大中小学思政课一体化建设中，同样需要发挥学生的主体作用。但长久以来，思政课“唯教师”的单一评价主体偏差较为固化，因而在大中小学思政课一体化建设效果评价中必须消解这种偏差，构建多元主体协同共建的均衡格局。

第一，形成党委+部门+教师+学生协同共建格局。首先，按照

①《全面建设小康社会重要文献选编》(下)，人民出版社、新华出版社2022年版，第1076页。

②《习近平谈治国理政》第二卷，外文出版社2017年版，第379页。

“谁主管、谁负责”的原则，对照中央和教育部对大中小学思政课一体化建设的要求，一件一件梳理，一项一项细化，制定责任清单，将责任压给学校、划分到人。其次，充分发挥大中小学思政课教师的主体评价作用。习近平总书记指出：“办好思想政治理论课关键在教师，关键在发挥教师的积极性、主动性、创造性。”[①]发挥思政课教师对不同学段教学目标、教学方法、教学难点等的把控力与主导力，将大中小学思政课一体化建设的效果评价贯穿于每一节课。最后，激发学生主体意识，激发大中小学学生学习思政课的积极性，使其成为大中小学思政课一体化建设评价的真正主体，针对不同学段思政课教育目标与导向，引导学生循序渐进地展开自我评价与反思。

第二，构建政府+学校+社会+家庭合作评价机制。统筹推进大中小学思政课一体化建设，是一项十分重要的系统工程，在探索推动思政课建设内涵式发展的前进道路上，地区政府、学校、社会及家庭要协同合作，持续深化大中小学思政课一体化建设长效机制，形成“政府+学校+社会+家庭”合作评价机制，将评价视域从课堂延展到学校、社会及家庭，将部门管理度、教师配合度、学生参与度及家长满意度贯通融合。

（三）围绕一体化建设过程，引领评价环节一体贯通

如何有效推进大中小学思政课一体化建设，是当前思政课建设面临的重要时代课题。大中小学思政课一体化建设过程中，既要在纵向上从顶层设计、平台资源、机制保障等维度入手，将教学目标、教学内容、教学资源、教学评价等有机衔接、一体贯通，又要在横向上对教学过程中监管、教学、学习等不同环节进行实时反馈，把握大中小学思政课一体化建设的每一个过程。

① 习近平：《思政课是落实立德树人根本任务的关键课程》，人民出版社2020年版，第27页。

第一，纵向上聚焦一体化建设的核心维度。首先，顶层设计统筹推进。大中小学思政课一体化建设具有系统性和复杂性的特点，需整体设计、统筹推进。既要遵循思想政治教育工作规律，又要遵循青少年学生成长成才规律，适应新时代社会发展要求，整体统筹，科学规划各教育阶段的教育目标、具体内容，避免各学段“各自为政”，实现大中小学思政课整体性发展。其次，平台资源共建共享。需要充分汇聚、共享全国以及所属区域内的思政课实践资源，为思政课教学提供丰富的养料。再次，培训交流常效落实。习近平总书记指出，办好思想政治理论课关键在教师。大中小学思政课一体化建设的关键在于师资队伍综合素质的提升，将大中小学思政课教师的全员培训、轮训和培养作为提升教师综合素养和建强教师队伍的重要举措。最后，保障机制确保运行。建立有效的保障机制是大中小学思政课一体化建设有效衔接推进、保持长效建设的重要保障、监督及激励机制。

第二，横向上聚焦一体化建设的关键向度。首先，围绕部门监管过程、教师教学过程、学生学习过程创设一体贯通的评价环节。群众满意度是检验一切工作的根本标准，是大中小学思政课一体化建设的第一追求，也是衡量一体化建设成效的重要标尺。构建部门监管引导度高不高、学生参与度高不高、教师配合度高不高、家长满意度高不高的一体化评价。教育行政部门是一体化建设的重要主体，具有落实国家政策要求及顶层设计引导的主体责任，引导度强不强直接关联一体化建设的成效。教师是一体化建设的关键主体，“大中小学思政课教师应形成共识，充分认识到思政课是立德树人的关键课程，从立德树人的高度、党和国家事业后继有人的高度、中华民族伟大复兴的高度来认识思政课的重要性、特殊性和不可替代性”①。因此，教师配合度直接影响一体化建设的成效。学生是一体化建设中主体与客体的统一，学生的主体地位决定了学生参与度在一体化建设效果评价中的

① 徐川:《打造贯通大中小学思政金课》,《光明日报》2022年11月1日,第14版。

重要地位、显著效用及核心价值。社会及家长是一体化建设的重要反馈主体，是检验一体化建设成效不可忽略的主体。其次，围绕教学课前阶段、教学课中阶段、教学课后阶段创设一体贯通的反馈机制。大中小学思政课一体化建设成效需要及时反馈。一体化建设在完成教学目标、教学内容、教学实施及教学资源的顶层设计与有机衔接后，如何落实衔接则转变为每一学段每一节思政课的重要任务，这便要求及时反馈的评价环节。第一课堂、第二课堂、第三课堂要联系起来，线上线下、课内课外要联系起来，课前、课中及课后也要联系起来。

（四）聚焦一体化建设效果，推进评价体系全面立体

《新时代学校思想政治理论课改革创新实施方案》中指出，要对大中小学思政课课程目标进行一体化设计，引导学生坚定“四个自信”，做德智体美劳全面发展的社会主义建设者和接班人。这便要求大中小学思政课一体化建设要从认识、价值、实践等层面实现视域统摄、理念构筑和举措联动。从认识层面来看，立足“拔节孕穗期”的关键阶段，科学引导青少年茁壮成长，对学生进行马克思主义理论教育；从价值层面来看，聚焦个体层面的“立德树人”和社会层面的“实现中华民族伟大复兴”目标，帮助学生从小牢固树立“四个自信”，厚植爱国主义情怀；从实践层面来看，大中小学思政课一体化建设最终需要引导学生将思想政治教育内化于心，外化于行，注重能力的培养，在实践过程中成为德智体美劳全面发展的社会主义建设者和接班人。因此，衡量大中小学思政课一体化建设成效必须构建学习成效、价值增值及实践功效一体贯通的全面立体评价体系。

第一，大中小学思政课一体化建设的学习成效评价。《深化新时代教育评价改革总体方案》指出，有什么样的评价指挥棒，就有什么样的办学导向。这就开启了教育评价“指挥棒”的全面转向，全力破除教育评价“唯论文、唯帽子、唯职称、唯学历、唯奖项”。《深化新

时代教育评价改革总体方案》还指出，“改进结果评价，强化过程评价，探索增值评价，健全综合评价”，这成为新时代各阶段、各主体开展教育评价改革的新方向与新内容。大中小学思政课一体化建设的学习成效评价应当遵循总结性评价与生成性评价的统一，既要通过具体指标的设定与实施对不同学段思政课教学状况、教学水平、教学成效及学生反馈进行量化分析，又要立足不同学段学生成长规律及学习规律，不断革新评价标准的适应性与科学性，侧重过程评价的动态性与发展性。

第二，大中小学思政课一体化建设的价值增值评价。“思想政治教育增值评价以教育对象思想品德素质起点和结果的增量为核心进行考量，对思想政治教育工作者价值的输入与输出之差值加以审视。”① 可见，大中小学思政课一体化建设中在考查学生对课程内容的理解接纳水平的同时，更需要动态把控教育过程的渐进发展与学生思想品德形成的增值走向。在价值增值这一坐标原点上，客观把握学生的道德素养、价值取向、心理素质、情感态度等。

第三，大中小学思政课一体化建设的实践功效评价。内化与外化是思想政治教育的重要范畴。内化是指课堂教学的思想观念、价值取向、行为规范转化为个体内在的过程。外化是指学生的内在思想和个体意识转化为外在的实际行动的过程。因此，大中小学思政课一体化建设成效的检验必须要以学生实践成效为目的和归宿。一方面，需要发挥学生、家长、学校、教育行政部门等不同评价主体的作用，加强各评价主体之间的沟通协调，通过各个渠道了解学生的思想行为表现，提高评价的全面性、准确性和连续性。另一方面，一体化建设过程中需要重视实践活动的设计与安排，将思想政治教育同社会大课堂有机结合。

① 陈华洲、贠婷婷:《思想政治教育增值评价的理论内涵与实现路径》,《思想理论教育》2022年第6期,第52页。

二、评价原则

大中小学思政课一体化建设效果评价原则是践行评价导向的基本遵循，准确把握大中小学思政课一体化建设效果评价原则是推动评价过程可操作性、针对性及有效性的重要前提。

（一）全面性

大中小学思政课一体化建设是一项复杂系统的工程，要求在建设过程中必须将实现育人目标与遵循思想政治工作规律、教书育人规律、学生成长规律有机结合，把握系统性与层次性的统一，即“既要求各子系统之间呈现纵向的差异性递进，也要求系统中各组成要素之间呈现横向的多向度协同”[①]。而把握系统性与层次性相统一的前提是坚持全局与整体的原则。大中小学思政课一体化建设效果评价的全面性原则是指既要从一体化建设的内部视角观测一体化成效，又要从外部视角审视建设成效；评价内容既要符合思想政治教育规律，又要符合学生成长规律及需求；评价方法既要涵盖一体化全过程各环节，又要适应不同学段的评价等级标准。即在评价这一系统性与层次性相统一的复杂工程中，必须首先坚持评价参与主体的全面性、评价内容的全面性及评价方法的全面性，进而才能在此整体联动基础上做到由浅入深、层级递进。

第一，参与主体的全面性。大中小学思政课一体化建设取得显著成效的重要保障是充分发挥多元主体共同参与的主动性、积极性及创造性。部门监管引导度强不强、学生接受度强不强、教师配合度强不强、家长参与度强不强都将直接影响一体化建设成效，可通过定性评价与定量评价相结合的方法对参与主体的全面性进行效果考核与评

① 徐秦法、张肖：《大中小学思政课一体化评价的五维向度》，《中国高等教育》2021年第C2期，第39页。

价。对于教育管理部门坚持明责要细、压责要实、问责要严；对于教师群体要在一体化理念的认可、一体化教育的培训、一体化课程的设计、一体化课堂的实施等方面进行全面效果考核与评价；对于学生既要从对课程内容的理解接纳程度考查，更需要动态把控教育过程的渐进发展与学生思想品德形成的增值走向；对于家长及社会要通过社会调查、抽样访谈等途径畅通一体化建设效果的反馈机制。

第二，评价内容的全面性。大中小学思政课一体化建设的成效评价不能落入学校层面“唯考核”、教师层面“唯职称”、学生层面“唯分数”的评价窠臼，而是应当聚焦一体化建设的要素、过程及效果，构建以学生为本的全面性评价内容体系。首先，大中小学思政课一体化建设的要素包括目标、内容、主体及方法。目标评价上需要做到立德树人整体总目标与各系统子目标的统一；内容设计上要做到有机衔接、逐层提高、螺旋发展与价值塑造、知识传播、能力培养的统一；主体评价上要侧重考核一体化意识素养、一体化资源建设、一体化交流参与等；方法评价上要侧重考核学段内容差异性与教学方法灵活性的统一，特别是时代性与地域性的创新性挖掘。其次，大中小学思政课一体化建设的过程包括顶层设计、具体实施及反馈评价。顶层设计环节，立德树人目标统领下一体化的基本要求、基本原则、教研机制、教学模式等都是关键的评价内容；具体实施环节，各学段的有机配合、教师课堂活动、学生学习活动、一体化组织领导、一体化保障机制、一体化监督机制等都是关键的评价内容；反馈评价环节，大中小学思政课一体化建设的效果既包括知识传播、能力培养的结果追求，也包括价值塑造的增值追求。通过马克思主义教育、道德与价值观教育、“四史”教育等评价学生的爱国情感、责任担当、法治意识、政治认同等。

第三，评价方法的全面性。大中小学思政课一体化建设效果评价的方法应当避免“唯形式”的单一评价，做到多元并举、全面创新。

首先，定性评价与定量评价的统一。针对不同的评价内容，有针对性地对定性评价与定量评价做出方法区分，对无法量化分析的评价内容进行综合性指标评价，增加评价的客观性与说服力。其次，可比性与可操作性的统一。可操作性要求大中小学思政课一体化建设评价指标清晰明了，同时兼顾可操作性与实用性。最后，线上评价与线下评价的统一，这是评价可操作性的必然要求。

（二）过程性

大中小学思政课一体化建设是一项持久、复杂的工程，要注重评价跟踪的过程性，在推进大中小学思政课一体化的“大思政”格局中，构建多维互动、良性有序的评价机制。通过建立全过程评价监督机制，加强对一体化建设效果的动态追踪，了解一体化建设过程中的实时效果，及时反馈信息与调节改进，进而不断提升一体化建设的实效性与系统性。

第一，坚持联系和发展的观点，强调过程动态跟踪。要在评价中侧重过程动态跟踪，首先，既要对一体化建设中不同学段之间的有机衔接进行动态追踪，又需要关注在一体化建设具体实践中教师教学过程与学生学习过程的动态成效，从而及时发现问题，及时反馈信息与调节改进。其次，要根据一体化建设过程中的实际情况及时更新和修订评价指标，要注重评价指标的发展性，用发展的观点进行动态化多角度的分析，进而保证评价结果的科学性。

第二，坚持系统的观点，强调过程统筹协调。首先，大中小学思政课一体化建设旨在构建不同学段整体性的一体化格局，着力推进教学目标一体化、教学内容一体化、教学设计一体化、教学资源一体化等。这便意味着在评价一体化建设成效过程中要坚持系统的观点。其次，一体化建设过程中还需要努力构建内容方法有层次、资源供给有区分、主体互动相融合的大中小学思政课一体化建设教育体系，这便要求在评价一体化建设成效中还需要分层评价一体化建设的目标、一体化建设中不同阶段的衔接等，进而能够灵活监控大中小学思政课一体化建设的动态效果，及时发现问题，进而有的放矢地对一体化建设的方法和策略进行调整改进。

（三）个性化

大中小学思政课一体化建设并非大中小学思政课统一化建设，具体而言，要在一体化顶层设计、一体化监督管理、一体化教学内容、一体化建设方法上，既要坚持一体化理念，又要分层设计，不能忽视差异化与个性化，防止走向极端的统一化建设。

首先，大中小学思政课一体化建设效果评价要重视顶层设计的统领与均衡。要坚持将立德树人这一根本任务作为大中小学思政课一体化建设的统领遵循，即将一体化建设作为一个大系统工程统领不同子系统的建设过程与环节，但同时必须尊重各子系统的特殊性，要看到不同子系统在不偏离整体统领的前提下可以因势利导、统筹谋划及精准施策的自主权。其次，大中小学思政课一体化建设效果评价要重视监督管理的统一与个性。省情、市情、县情、校情的不同必然导致教育主管部门单位在落实大中小学思政课一体化建设过程中的举措、成效及问题不同。因此，在评价过程中，在量化评价指标与定性评价内容的同时需要掌握共性与个性的关系。再次，大中小学思政课一体化建设效果评价要重视教学内容的递进与衔接。教学内容的设计编排与递进衔接是评价大中小学思政课一体化建设成效的核心内容，关系到一体化建设的具体教学成效。教学内容设计编排既要评价是否紧紧围绕一体化意识，同时又要重点评价是否根据不同学段学生的个性化特征把握“螺旋式上升”这一核心要义，以梯次结构循序渐进，科学安排思政课的教学内容和进度，实现大中小学思政课教学内容的一以贯之和相互衔接。最后，大中小学思政课一体化建设效果评价要重视建设方法的有效与创新。一体化建设过程中必须要充分发挥不同地域、学段、校情等的个性化特征，进行方法的针对性创新，因事而化、因时而进、因势而新，注重挖掘学段特色和地域特色来推进大中小学思政课一体化建设。

（四）生本化

“生本教育”指“一切为了学生，高度尊重学生，全面依靠学生的生本教育理念和实践体系”①，它的深层次意思是指以生命为根本，注重学生的生命本身，以其个性来衡量教学方法，指导学生更好学习。具体到大中小学思政课一体化建设效果评价中，是指要尊重学生的主体性差异与主体性需求。

一方面，大中小学思政课一体化建设需要尊重学生的主体性差异。受教育者必然存在着主体性差异。主体性差异既表现为不同学生因先赋因素导致的学习能力、成长环境、知识背景等存在差异，又表现为外部的教学资源、教学环境等存在差异。这便要求在评价大中小学思政课一体化建设成效时既要评价是否坚持教育层次与认知规律的统一，是否贯彻学生身心特点、成长规律及思政学科内在规律的统一，又要将资源的合理倾斜、区域的创新建设等纳入评价指标。另一方面，大中小学思政课一体化建设需要满足学生的主体性需求。学生既是思政课建设的客体也是思政课建设的主体，习近平总书记指出：“思想政治工作从根本上说是做人的工作，必须围绕学生、关照学生、服务学生。”②满足学生的主体性需求是指既要在一体化建设中始终坚持将课程改革方向贴近实际、贴近生活、贴近学生，使思政课生动深刻，又要在一体化建设中充分发挥学生主体性评价功能，以学生参与

① 郭思乐：《生本教育：最大限度地依靠生命自然——突破东方考试文化圈的一种思路和实践（下）》，《课程·教材·教法》2006年第4期，第18页。

②《习近平谈治国理政》第二卷，外文出版社2017年版，第377页。

度高不高、满意度强不强作为重要评价参考。

第二节　评价体系的建构

一、评价主体

对大中小学思政课一体化建设效果进行评价，是为了更好地促进这项事业的发展。思政课不只是教育系统内部的问题，还是牵涉全局的问题，它关系到国家的发展和民族的未来。课程及其发展是否具有代表性和可持续性，需要多元主体的共同参与。评价主体越广泛，评价结果也就越精准越科学。因此，评价者应当包括各种各样的人，所有与思政课教学、建设有关的人员都有参与的权利和义务。然而，长期以来，各学段思政课评价普遍存在主体过于单一的问题。尤其是在中小学阶段，以班主任和任课教师为主体的评价模式已然固定化。虽然在大学阶段，学生评价已日渐成为衡量思政课教学质量的重要标准，但以教师为单一评价主体的观念依然根深蒂固。

客观来说，相对其他主体，作为教学主体的思政课教师与学生存在着天然联系，对课程的认识最为全面深刻，对课程建设质量最有发言权，也最能提出有关课程改革的针对性意见。因此，将思政课教师作为评价主体具有逻辑合理性和现实可行性。需要指出的是，这种评价主体的单一化设置也曾在特殊历史时期发挥过重要作用，但随着教育的发展和社会的进步，其局限性也越来越明显，突出表现为对课程建设全貌的遮蔽和对课程发展空间的制约①。这是因为从本质上来说，对大中小学思政课一体化建设效果的评价是一种价值判断活动，评价

① 参见孙雯:《高校思想政治理论课课程评价及其模式研究》,哈尔滨工程大学硕士论文2009年。

主体的不同必然会导致评价结果的差异，因此，仅仅依靠单一化的评价主体显然不够客观与科学。这就要求我们在具体的评价过程中，将一元主体的单向度评价转化为多元主体的合作式评价，通过打造一体化的“评价共同体”来消解单一主体造成的评价片面性与狭隘性问题。

所谓“评价共同体”，是指具有相同行动目标的人在共同行为导向下结成的有机团体，它强调的是参与主体的多元性。具体到构建大中小学思政课一体化建设效果“评价共同体”的实践上，也就涉及思政课教师、学生、教育行政及监管部门、家庭和社会等不同主体[①]。尤其值得注意的是，作为一种现代教学评价活动，对大中小学思政课一体化建设效果进行评价，不仅要强调评价对象之外的评价者参与，还要注重评价对象的自我评价。也就是说，评价者与评价对象有时可以是同一个主体。即使是在两者并不统一的时候，评价者也要注意倾听评价对象的意见及其自我评价的结果，并以此作为进一步评价的重要依据。

（一）思政课教师

由于大中小学思政课教师是直接参与一线教学的人员，与学生有着最直接最紧密的联系，能准确把握学生的动态变化，适时反馈信息，因此他们不仅是大中小学思政课一体化建设的教学主体，而且也应当成为一体化建设的评价主体，在相关评价中发挥主导性作用。思政课教师参与大中小学思政课一体化建设效果的评价，可以有效促进教师角色的内化，引导教师自觉提升教学能力，不断优化教学理念，适时改进教学方法，进而获得更加理想的教学效果。习近平总书记强调，办好思想政治理论课关键在教师，关键在发挥教师的积极性、主

① 参见徐秦法、张肖：《破立并举：大中小学思政课一体化评价的理性审思》，《江苏高教》2022年第9期，第81—85页。

动性、创造性。破除教师在大中小学思政课一体化建设效果评价中的单一主体地位，并不意味着教师重要性的降低，只是激励教师从传统课程评价中的“掌权者”转变为学生思想政治素质发展的“引导者”。

首先，思政课教师作为评价主体在教学实施环节要定期进行自我评价，及时发现并更正问题。其次，要保证思政课教师有较多与同行进行交流的机会，利用好同行评价这一资源，形成教师间的互动互评。同行互评能够使思政课教师对自己的专业水平与综合素质有一个客观公正的认识，能够使他们在肯定自身优点的同时重点认识不足，从而不断充实专业知识，提升综合素养，提升教科研能力。最后，定期对学生的课业成绩、思想状况和实践能力做出客观评价，将结果计入学习档案[①]。每年年底再对学生进行一次综合评价，将评价结果及时反馈给学生，让他们在了解自身优点的同时正视问题，明确今后的努力方向。

（二）大中小学学生

大中小学学生是思政课教学实践的全程参与者，他们能够直观感受到课程设置是否合理、课程内容是否重复、课程衔接是否恰当、课程评价是否真实反映了课程全貌等，因此，他们在大中小学思政课一体化建设效果评价方面具有优先发言权，也应当成为评价主体。同时，学生积极参与大中小学思政课一体化建设效果评价还具有诸多益处。第一，可以直接反映思政课教师的教学状态和教学效果，帮助教师提升教学水平，增强师生间的情感交流，维系双方的心理平衡，改善师生关系[②]。第二，可以检验大中小学各学段课程目标与育人实效

① 参见吕晓霞：《大中小德育一体化保障体系研究》，上海师范大学硕士论文2017年。

② 参见顾海良：《改革开放以来高校思想政治理论课程建设论略》，《思想理论教育导刊》2008年第9期，第16—25页。

是否达到有效统一，找出其中的不足与差距，以便指导新一轮的课程改革。第三，学生在评价过程中积极开展自我评价，从每堂课、每次活动到每个学期，通过课程评价养成习惯性自我反思，有效激发学生自我纠偏、自我激励的内生机制，使评价成为学生认识自我、管理自我、激励自我和发展自我的一种手段①。第四，学生学会依据一定标准进行自我认识和自我评价，是培养其自信心和终身学习理念的巨大动力，也是改革应试教育封闭评价方法的有效措施。

让学生成为大中小学思政课一体化建设效果评价的真正主体，首先，就要转变一直以来学生只能被动接受评价的传统观念，动员他们以主体身份参与课程评价，接受自我评价和同学互评。其次，在各学段的衔接上，从小学阶段简单的行为规范自评到中学阶段的思想道德认识，再到大学阶段对践行理想信念的反思，循序渐进引导学生成为思政课课程评价的真正参与者。再次，在评价方式的选取上，要考虑到大中小学学生的心智发展规律和认识规律，以知识的内化程度作为反馈思政课一体化教学实施效果的标准，以发展性评价促进各学段教学目标的实现。最后，立足朋辈群体，广泛开展同学互评。以评价为契机，通过评价结果引导树立朋辈榜样，触发朋辈间的监督、鼓励机制，有效发挥思想行为的价值引领作用。

（三）教育行政及监管部门

通常来讲，教育行政及监管部门担负着从明确一体化建设评价目标、确立一体化建设评价标准、制订一体化建设评价计划、组织一体化建设评价实施、调控一体化建设评价状态到反馈一体化建设评价结果的一系列统筹指导工作，具有高度的综合性和权威性。因此，在统筹一体化评价的过程中，教育行政及监管部门通常应当在多方研讨的

① 参见邢玲：《基于“能力本位”的高职院校思政课评价体系研究》，《中共南京市委党校学报》2014年第6期，第63—66页。

基础上组织实施，保证评价工作的科学性与客观性。如2020年成立的教育部大中小学思政课一体化建设指导委员会担负着重要的评价与督导职能，具体的评价活动可由各级教育行政部门的领导、专家、理论工作者以及依法实施评价工作的机关组织执行和开展。

在广义上，教育行政及监管部门组织开展的大中小学思政课一体化建设效果评价主要包含以下三个层面。一是各级教育行政及监管部门依据国家和地方有关政策文件精神对大中小学思政课一体化建设成效的整体评估，包括对学校坚持社会主义办学方向、贯彻落实党的教育方针、注重学生德智体美劳全面发展以及促进大中小学思政课一体化发展的管理制度、运行机制、保障体系建设情况等方面的综合考察，并作为学校办学能力评估的重要内容。二是学校管理层面对教务处（德育处、思政处）、辅导员、班主任及思政课教师等学校德育部门及人员的岗位绩效考核，包括对教务处（德育处、思政处）有关学生思想政治教育工作及德育工作的常规管理情况、辅导员的学生工作、班主任的班级管理水平、思政课教师的课程育人落实情况以及校园文化建设、主题实践活动开展情况等方面的分类评价。其中，实施思政课教师教书育人“一岗双责”的评价制度，加强对全体思政课教师岗位育人职责的考核评价在大中小学思政课评价体系中尤为重要。通过考核评价可以有效激励思政课教师真正承担起教书育人的责任使命，有助于实现学校德育全员育人、全课育人、全方位育人的思政课一体化建设目标。三是学校对学生思想道德和综合素质发展水平的全面评价，这是大中小学思政课一体化建设评价体系的核心和关键[1]，包括对学生学习思政课所反映的道德认知水平的测评，对学生参与主题教育及社会实践活动所体现的道德实践能力的考察，对学生德智体美劳综合素质发展状况的整体评估。实施学生综合素质一体化评价机

① 参见杨丽翠:《云南民族自治州中小学德育一体化建设研究》,云南师范大学硕士论文2020年。

制，在传统注重道德知识积累的基础上，实现静态的结果性评价与动态的过程性评价相结合，既重视学生道德成长的个体性差异，又注重学生的个性化发展，从而实现对大中小学学生道德品质、行为习惯和综合素养的整体性评价，并通过及时反馈评价信息引导学生不断调适和改进自身的道德观念和行为习惯，最终促进学生思想品德和综合素质的全面提升。

（四）社会

除了上面提到的最重要的三种评价主体之外，社会评价作为衡量大中小学思政课一体化建设成效的有效标准之一，为大中小学思政课一体化建设提供了重要依据。上述四种评价主体密切配合、有机协作，形成评价合力，对于构建更加完善、更加全面的思政课评价模式具有重要意义。尤其是其中的社会评价方面，以往并没有受到应有的重视。

从课程育人的目标和人才培养的宗旨来看，大中小学思政课是为了培养社会主义事业的合格建设者和可靠接班人，其所培养的学生的综合素质要接受社会的检验，得到用人单位的认可。用人单位对毕业生进入社会后的表现评价可以直接反映出高校毕业生的综合素质以及社会对高校毕业生综合素质的要求，进而折射出社会对大中小学思政课教学的需求与评价[①]。

用人单位的评价是一种社会评价。用人单位虽然与大中小学思政课教学不直接发生关联，但是与思政课培养的学生及其综合素质有着密切关系，因此用人单位对学生在校期间所受思想政治教育的实际效果拥有最终评价权。然而，目前对大中小学思政课一体化建设效果具有发言权的用人单位却被排除在评价主体之外，使思政课评价沦为一

① 参见骆郁廷:《论高校思想政治理论课评价之深化》,《思想理论教育》2007年第21期,第44—50页。

种教育系统内部的封闭性自我评价，在一定程度上成为一种脱离社会、脱离实际的评价活动，背离了思政课评价的初衷。

总而言之，建立“思政课教师+大中小学学生+教育行政及监管部门+社会”的评价共同体，不仅全方位整合了学校、用人单位与社会的德育资源，形成强有力的教育合力，同时还能够将思政课评价真正扎根社会、融入生活，引导学生得到更加长远有效的持续发展。

二、评价指标

明确大中小学思政课一体化建设的评价指标是要解决以什么作为客观尺度来衡量大中小学思政课一体化建设效果的问题。在评价指标的确立、选择和运用上，应当注重增强评价标准的全面性、客观性和有效性，能够准确反映一体化建设全貌，尽可能减少评价活动的偶然性和随意性。具体而言，我们要立足人的全面发展，坚持系统思维，打破功利性评价标准，构建以促进学生全面发展为目标的发展性评价指标。在遵循思想政治教育工作内在规律及学生认知规律的前提下，制定多元化评价标准，丰富完善评价内容，特别是要根据不同学段的课程标准、育人目标制定评价指标，充分考虑各学段思政课教师和学生的实际情况，实现评价过程与评价结果并重，做到用全面发展的观点进行科学评价①。

根据上面提到的基本原则和具体要求，本着多元发展的精神，特制定独立完整的大中小学思政课一体化建设效果评价指标。这一指标体系由分属不同方面和不同层次的若干项目构成。这些项目具有特殊的组合方式和层次特点，充分反映了思想政治教育的任务和目标，既体现了评价的广度和深度，又兼顾到评价的多样化和发展性。

① 参见董树军、曹司帅：《四维并举推进大中小学思政课一体化建设》，《湖南日报》2022年12月29日，第7版。

（一）顶层设计一体化指标

搭建一体化的制度空间是大中小学思政课协调发展的前提，是解决当前思想政治教育“各管一段”“各扫门前雪”的有效办法，是使一体化得到长足发展的根本制度支撑。顶层设计一体化指标主要是从制度建设层面考察大中小学思政课一体化建设情况，又可以具体分解为主体责任落实情况指标、相关机制建设情况指标和建设格局拓展情况指标。

主体责任落实情况指标。这一指标主要考察地方各级党委落实思政课建设主体责任的情况。具体来说，主要包括以下五个二级指标。第一，地方各级党委有没有把思政课建设作为党的建设和意识形态工作的标志性工程摆上重要议程。第二，地方各级党委常委会有没有落实每年至少召开一次思政课建设专题会议的要求，以抓住制约思政课建设的突出问题，在工作格局、队伍建设、支持保障等方面采取有效措施。第三，省级党委有没有建立和完善省（自治区、直辖市）党委领导班子成员联系高校和讲思政课特别是“形势与政策”课的制度，各省（自治区、直辖市）党委和政府主要负责同志有没有落实每学期结合学习和工作至少讲一次思政课的要求。第四，地方各级党委和政府有没有把民办学校、中外合作办学院校纳入思政课建设整体布局。第五，地方各级党委有没有把思政课建设情况纳入各级党委领导班子考核和政治巡视[①]。

相关机制建设情况指标。这一指标主要考察高校党委书记、校长带头抓思政课机制的落实情况。具体来说，主要包括以下五个二级指标。第一，相关高校有没有建立健全高校党委书记、校长及职能部门力量深入一线了解学生思想动态、服务学生发展的制度性安排。第

① 参见中共中央办公厅、国务院办公厅：《关于深化新时代学校思想政治理论课改革创新的若干意见》，2019年8月14日。

二，高校领导干部有没有深入基层联系学生工作并兼任班主任。第三，高校党委书记、校长有没有结合自身学科背景和工作经历带头走进课堂听课讲课，带头推动思政课建设，带头联系思政课教师。第四，高校党委常委会有没有做到每学期至少召开一次思政课建设专题会议，高校党委书记、校长有没有做到每学期至少给学生讲授四个课时的思政课，高校领导班子其他成员有没有做到每学期至少给学生讲授两个课时的思政课。第五，高校党委有没有把思政课建设情况纳入学校党的建设工作考核、办学质量和学科建设评估标准体系。

建设格局拓展情况指标。这一指标主要考察有关主体拓展思政课建设格局的情况。具体来说，主要包括以下五个二级指标。第一，有关部门和各地能否保证思政课管理人员配备，确保事有人干、责有人负。第二，有关部门和各地有没有强化中考、高考、研究生招生考试对学生学习思政课的指挥棒作用，将思政课学习实践情况等作为重要内容纳入综合素质评价体系，探索记入本人档案，作为学生评奖评优重要标准，作为加入中国少年先锋队、中国共产主义青年团、中国共产党的重要参考。第三，有关部门和各地有没有坚持开门办思政课，推动思政课实践教学与学生社会实践活动、志愿服务活动结合，思政小课堂和社会大课堂结合，鼓励党政机关、企事业单位就近与高校对接，挂牌建立思政课实践教学基地，完善思政课实践教学机制。第四，有关部门和各地有没有制定关于加快构建高校思想政治工作体系的意见，汇聚办好思政课合力。第五，有关部门和各地有没有加大正面宣传和舆论引导力度，推动形成全党全社会努力办好思政课、教师认真讲好思政课、学生积极学好思政课的良好氛围[①]。

① 参见中共中央办公厅、国务院办公厅：《关于深化新时代学校思想政治理论课改革创新的若干意见》，2019年8月14日。

（二）育人目标一体化指标

大中小学思政课育人目标一体化，是按照循序渐进、螺旋上升的原则，立足于思政课的政治属性，对大中小学思政课课程目标进行一体化设计，在政治认同、家国情怀、道德修养、法治意识、文化修养等方面提出明确要求，引导学生坚定“四个自信”，做德智体美劳全面发展的社会主义建设者和接班人。育人目标一体化指标主要是从课程目标层面考察大中小学思政课一体化建设情况，又可以具体分解为道德情感培养指标、思想基础培养指标、政治素养培养指标和使命担当培养指标。

道德情感培养指标。这一指标主要考查学生道德情感的养成情况，重点在小学阶段。具体来说，主要包括以下五个二级指标。第一，育人主体有没有做到有意识引导学生知晓基本国情，尊敬国旗国徽，会唱国歌。第二，育人主体有没有做到有意识引导学生了解革命领袖和民族英雄生平故事，培养学生对习近平新时代中国特色社会主义思想的情感认同。第三，育人主体有没有做到有意识引导学生知道社会主义核心价值观，初步形成规则意识，知道宪法有关常识，初步具有依据法律维护自身权益的意识。第四，育人主体有没有做到有意识引导学生讲礼貌、守纪律、知对错。第五，育人主体有没有做到有意识引导学生形成爱党、爱国、爱社会主义、爱人民、爱集体的情感，具有做社会主义建设者和接班人的美好愿望。

思想基础培养指标。这一指标主要考查学生思想基础的打牢情况，重点在初中阶段。具体来说，主要包括以下六个二级指标。第一，育人主体有没有做到有意识引导学生初步了解习近平新时代中国特色社会主义思想，感知马克思主义的思想力量和中国特色社会主义的实践成就。第二，育人主体有没有做到有意识引导学生增强国家意识和国情观念，树立民族自尊心、自信心、自豪感。第三，育人主体有没有做到有意识引导学生加深理解社会主义核心价值观，并了解与他们日常生活密切相关的法律常识。第四，育人主体有没有做到有意识引导学生初步形成宪法意识、法治观念等。第五，育人主体有没有做到有意识培养学生明是非、讲规则、辨善恶的能力。第六，育人主体有没有做到有意识引导学生把党、祖国、人民装在心中，强化做社会主义建设者和接班人的思想意识。

政治素养培养指标。这一指标主要考查学生政治素养的养成情况，重点在高中阶段。具体来说，主要包括以下四个二级指标。第一，育人主体有没有做到有意识引导学生初步掌握马克思主义基本原理，了解马克思主义中国化时代化历史进程及其理论成果，理解习近平新时代中国特色社会主义思想。第二，育人主体有没有做到有意识引导学生树立正确的历史观、民族观、国家观、文化观，认同伟大祖国、中华民族、中华文化、中国共产党、中国特色社会主义，积极践行社会主义核心价值观，树立宪法法律至上、法律面前人人平等观念，进一步增强法治意识。第三，育人主体有没有做到有意识引导学生有序参与公共事务，勇于承担社会责任，积极行使人民当家作主的政治权利，明方向、遵法纪、知荣辱。第四，育人主体有没有做到有意识引导学生衷心拥护党的领导和中国特色社会主义制度，形成做社会主义建设者和接班人的政治认同。

使命担当培养指标。这一指标主要考查学生政治素养的养成情况，重点在大学阶段。具体来说，主要包括以下三个二级指标。第一，育人主体有没有做到有意识引导学生系统掌握马克思主义基本原理和马克思主义中国化时代化理论成果，了解党史、新中国史、改革开放史、社会主义发展史，认识世情、国情、党情，深刻领会习近平新时代中国特色社会主义思想，培养运用马克思主义立场观点方法分析和解决问题的能力。第二，育人主体有没有做到有意识引导学生自觉践行社会主义核心价值观，尊重和维护宪法法律权威，识大局、尊法治、修美德。第三，育人主体有没有做到有意识引导学生矢志不渝听党话跟党走，争做社会主义合格建设者和可靠接班人①。

（三）课程教材一体化指标

课程教材是大中小学思政课教学的重要载体，在某种程度上是教师组织教育教学活动的纲领。课程教材一体化能从根本上解决大中小学思政课的内容断层、重复交叉等问题。课程教材一体化指标主要是从课程教材层面考察大中小学思政课一体化建设情况，又可以具体分解为机制建设指标、教材研究指标、教材体系建设指标和教学资源建设指标。

机制建设指标。这一指标主要考察大中小学思政课教材一体化建设机制的构建及运行情况。具体来说，主要包括以下三个二级指标。第一，有关部门有没有建立健全大中小学思政课教材主编和主要编写人员联席沟通制度，定期研究各学段教材编写内容。第二，有关部门有没有建立健全一体化教材建设编审专家库，加强编写人员与审核专家沟通交流，发挥审核专家的指导作用。第三，有关部门有没有建立健全一体化教材建设监测反馈机制，跟踪研判评估教材使用情况，为加强教材研究和修订完善提供支撑。

教材研究指标。这一指标主要考察大中小学思政课教材一体化建设的基础理论、基本概念、基本规律、重大问题研究情况。具体来说，主要包括以下四个二级指标。第一，有关部门有没有针对每门思政课的教材内容、不同学段及同一学段各门思政课的教材内容的相互关系开展相关研究。第二，有关部门有没有针对思政课教材文献资料、学术话语、表述方式、呈现形式等内容开展相关研究。第三，有关部门有没有针对思政课课程与教材、教学评价之间的互动关系开展

① 参见中共中央宣传部、教育部：《新时代学校思想政治理论课改革创新实施方案》，2020年12月18日。

相关研究。第四，有关部门有没有针对如何促进思政课教材的科学性、权威性与针对性、生动性之间的有机结合开展相关研究。

教材体系建设指标。这一指标主要考察大中小学思政课一体化教材体系的构建情况。具体来说，主要包括以下四个二级指标。第一，有关部门有没有加强大中小学思政课教材配套用书的建设和管理，依规进行编审工作。第二，有关部门有没有按现行要求组织编写国家统编的中小学思政课教材的配套用书。第三，有关部门有没有支持、鼓励以及在多大程度上支持、鼓励优秀教案、课件和案例等的研制工作。第四，有关部门有没有采取切实、有效措施推进数字资源和网络信息资源库建设。

教学资源建设指标。这一指标主要考察大中小学思政课教学资源一体化的建设情况。具体来说，主要包括以下三个二级指标。第一，有关部门有没有建立健全共建共享的思想政治教育资源平台，组建思政课一体化建设领导小组，打破不同管理主体和层级间的组织壁垒，畅通跨区域、跨学段、跨学科交流协作。第二，有关部门有没有充分发挥高校马克思主义学院的中流砥柱作用，强化其指导力和辐射力；有没有持续深化一体化集体备课制度，让教师“云端”协作交流；有没有举办常态化学术或教学交流会议，促成跨区域、跨学段的教师取长补短；有没有与所在地教育局结对共建、与中小学结对活动，组建教研共同体，开展一体化重点难点问题和育人合作研究。第三，有关部门有没有加强对民办高校、中职、职高和技校思政课教学的扶持力度，补全一体化建设盲区。

（四）师资队伍一体化指标

办好思政课关键在教师，关键在发挥教师的积极性、主动性、创造性。师资队伍一体化指标主要是从育人主体层面考察大中小学思政课一体化建设情况，又可以具体分解为配比一体化指标、结构一体化指标和素质一体化指标。

配比一体化指标。这一指标主要考察大中小学思政课教师队伍配比的建设情况。具体来说，主要包括以下四个二级指标。第一，各高校有没有严格按照师生配比不低于1：350的比例配足专职思政课教师，各地区中小学有没有按照要求配齐专职思政课教师。第二，有关部门有没有根据思政课现实需要和学生发展需要合理调整大中小学各个学段思政课教师配比，允许思政课教师在大中小学各个学段之间合理流动。第三，有关部门有没有采取切实措施壮大后备思政课教师队伍规模，如通过多种方式招收马克思主义理论专业本科生，鼓励优秀本科生攻读硕士、博士学位，实施“高校思想政治理论课教师队伍后备人才培养专项支持计划”并逐步按需增加招生培养指标，鼓励高校马克思主义理论等相关专业毕业生担任中小学思政课教师。第四，有关部门有没有采取有效措施壮大兼职思政课教师队伍规模，鼓励党政机关、社科研究机构、党校、讲师团等方面专家以兼职形式支援思政课教学，鼓励非民办学校、普通学校思政课教师对口支援民办学校、职业学校思政课教学。

结构一体化指标。这一指标主要考察大中小学思政课教师队伍结构的建设情况。具体来说，主要包括以下三个二级指标。第一，有关部门有没有根据思政课建设需要不断优化专职思政课教师队伍结构，进一步提高专职思政课教师、党员以及具有硕博学位或高级职称的教师和中青年思政课教师等特定群体占比，加快培养思政课名师大家、领军人才和教学骨干。第二，有关部门有没有根据思政课建设需要不断优化兼职思政课教师队伍结构，推动包括地方党政领导干部、社会科学理论界专家、各行各业先进模范和英雄人物、企事业单位管理专家和爱国主义教育基地负责人在内的社会思想政治工作者队伍，包括学校党委书记、校长、党政负责人、名师大家和专业课骨干教师、日常思想政治教育骨干在内的高校思想政治工作者队伍参与思政课教学。第三，有关部门有没有根据思政课建设需要不断完善对兼职思政课教师队伍的管理，将兼职思政课教师纳入思政课教师队伍整体管理体系，建立健全兼职思政课教师准入退出、考核评价、表彰激励、支持保障等体制机制，调动兼职思政课教师的积极性、主动性和创造性。

素质一体化指标。这一指标主要考察大中小学思政课教师队伍素质的建设情况。具体来说，主要包括以下六个二级指标。第一，思政课教师有没有坚定马克思主义信仰，坚定社会主义和共产主义信念，对马克思主义真懂真学真信真用；有没有坚定人民立场，满足人民对公平而有质量的教育的向往。第二，思政课教师有没有保持家国情怀，心里装着国家和民族，把“小家”与国家、民族统一起来。有没有保持时代情怀，认同践行习近平新时代中国特色社会主义思想，汲取中华优秀传统文化的精华精髓，把个人梦与国家梦、民族梦和教育强国梦统一起来；有没有保持人民情怀，坚持思政课为人民服务，以现实的学生为中心，围绕学生的价值观念与价值行为，关照学生的物质需要与精神需要，服务学生的全面发展与彻底解放。第三，思政课教师有没有坚持辩证思维，遵循思政课教育教学规律、教书育人规律、学生成长规律，把辩证法运用于思政课教育教学活动；有没有坚持创新思维，创新教学内容，把习近平新时代中国特色社会主义思想融入思政课教育教学活动，创新教学方法，坚持灌输性和启发性相统一、坚持显性教育和隐性教育相统一；有没有坚持整体思维，认识到思政课教师队伍是一个不可分割的整体，思政课教师队伍整体大于各个学段思政课教师队伍简单相加之和。第四，思政课教师有没有坚持知识视野，掌握马克思主义理论涉及的各个领域、各个方面的知识，把马克思主义理论与中国特色社会主义伟大实践相结合；有没有坚持国际视野，正确认识世界和中国发展大势，正确认识引进来与走出去，正确认识思政课的中国特色和国际比较；有没有坚持历史视野，正确认真学习党史、国史，正确认识思政课教师的历史使命和时代重任，正确认识学生过往教育背景、实际认知水平和未来发展期待。第五，思政课教师有没有做到课上课下一致、网上网下一致、知行一致、人前人后一致，成为塑造学生品格、品行、品位的“大先生”。第六，思政课教师有没有做到用深厚的学识功底、全面的能力结构、深入的情感体验、高尚的品德修养引导学生、掌握学生、赢得学生，自觉做好学生的“四个引路人”[①]。

（五）成效督导一体化指标

完善思政课建设督导运行机制是推进大中小学思政课一体化建设的重要着力点。成效督导一体化指标主要是从成效督导层面考察大中小学思政课一体化建设情况，又可以具体分解为督导理念一体化指标、督导队伍一体化指标和督导制度一体化指标。

督导理念一体化指标。这一指标主要考察大中小学思政课督导理念一体化的落实情况。具体来说，主要包括以下四个二级指标。第一，有关部门有没有树立以“导”为主、督导结合的督导工作理念，进一步深化督导工作的层次和质量。第二，有关部门有没有及时更新督导观念，实现从“管理本位”向“服务本位”的观念转变，以服务教师的教与学生的学为目标。第三，有关部门有没有树立以人为本的督导工作理念，在工作中多从教师角度出发，本着对教师的尊重和向他们学习的态度到教学第一线去了解教师教学的真实情况，去发现好的教学典型，推广成功的教学经验，听取师生对教学工作的意见，并及时予以反馈和沟通。第四，有关部门有没有鼓励教师积极主动地参与教学督导评估，在实践过程中表达自己的观点，发表自己的看法，使自己的思想观念与思政课程理念相互磨合，形成正确、系统的评估

① 参见吴宏政、徐中慧：《论大中小学思政课教师队伍一体化建设》，《现代教育管理》2020年第7期，第15—21页。

观念，借助督导评估发扬自身的长处，弥补存在的缺陷，真正感受到督导评估为自身的发展带来的有益帮助。

督导队伍一体化指标。这一指标主要考察大中小学思政课督导队伍一体化的建设情况。具体来说，主要包括以下四个二级指标。第一，督导队伍年龄结构、职务结构、职称结构、人员来源是否合理，有没有做到专职、兼职、返聘相结合，学术型、管理型、实践型相结合，校内、校外相结合。第二，队伍成员是否熟悉教育教学规律，拥有丰富的教育教学实践经验，熟悉督导评估流程，是否形成相对稳定、成熟的观念，在领域内有一定的威望和影响。第三，队伍成员是否具有相应的组织能力、管理能力，拥有广阔的视野、端正的工作态度、清廉的工作作风，具有团队协作的精神。第四，队伍成员在开展督导评估时有没有做到在评估前做好与评估对象的协调，在评估时做好与评估对象的沟通，在评估后做好信息反馈工作[①]。

督导制度一体化指标。这一指标主要考察大中小学思政课督导制度一体化的建设情况。具体来说，主要包括以下三个二级指标。第一，在督导遴选机制方面，有没有凸显出督导的专业性、实践性；在遴选过程中，有没有注重多元主体参与，而不是仅仅事后参与甚至不参与。第二，在督导评价制度方面，有没有制定科学合理、多层次的评价标准，既有量化评价也有质性评价，评价既体现教学基本规律的一般性，也体现对教师教学个性化的尊重。第三，在督导培训制度方面，在培训内容上有没有进行教学督导的理论讲解与政策解读，以及教学督导实务和教学学术内容的培训。在培训形式上，有没有做到既注重理论学习，又注重实践探究，既注重校内研讨，又注重与其他高校交流。在培训评价上，有没有做到在做好督导培训满意度调查的同

① 参见樊品祎:《新课程下的区域教学督导评估研究》,河北师范大学硕士论文2010年。

时，也注重督导人员获得感的测评①。

三、评价方法

评价方法是指一项具体评价活动的程序和办法，是评价过程中使用的手段或工具，也是大中小学思政课一体化建设的核心所在②。思政课建设效果评价不同于其他课程，它是一项事实判断和价值判断相结合的活动，除了需要以评价指标为依据，还要深入研究学生的思想品德形成规律及特点。因此，除了对大中小学思政课一体化建设评价主体和指标进行优化，还应增进评价方法的适用性，打破传统评价的模式化、形式化倾向，建立多向度、综合性的评价路径，这是提升大中小学思政课一体化建设效果的关键环节③。

（一）结果评价和过程评价相结合

结果评价主要是对大中小学思政课一体化建设质量和建设效果进行总结性评价，其主要目的是衡量思政课建设水平和比较不同学段思政课建设状况。而过程评价则偏向于对思政课建设状况进行动态跟踪，具有一定的灵活性，能及时反映大中小学思政课一体化建设过程中遇到的新问题，并及时调整相关策略。结果评价和过程评价不是绝对的，在一定条件下过程评价是一种结果评价，而结果评价也可以转化为过程评价。新时代大中小学思政课一体化建设效果评价要体现以人为本，根据时代发展、学生思想的新动向适时更新评价指标，逐渐转向侧重过程评价，更加注重学生发展评价，在尊重学生个性和认知

① 参见刘雨：《新时代高校教学督导制度困境及其破解》，《黑龙江高教研究》2020年第9期，第44—48页。

② 参见陈大文、姜彦杨：《大中小学思政课教学评价一体化路径初探》，《思想理论教育导刊》2021年第12期，第96—100页。

③ 参见郭绍均：《统筹推进新时代大中小学思政课一体化建设的理念及路径探究》，《课程·教材·教法》2022年第7期，第90—95页。

特点的基础上进行有效评价[1]。因此，增进效果评价方法的适切性应当将结果评价和过程评价有机结合起来，要以学生长期发展需要为立足点，在不同学段建立立体、有序和互动的综合评价机制，从发展趋势上用长远的观点进行多角度分析，对评价对象的变化和发展过程加以考察，并将之贯穿于学生思想政治教育全过程[2]。将结果评价和过程评价相结合有利于在大中小学思政课一体化建设全过程中详细考察思政课建设质量和效果，能最大限度地真实反映不同学段思政课教育教学成效。

（二）定性评价和定量评价相结合

事物的发展遵循质与量的辩证统一关系，定性评价和定量评价是以大中小学思政课一体化建设效果的质与量为划分依据的。定性评价是指对评价对象整体上进行一个质的综合评价，以综合把握其建设效果情况。定量评价则是指依据大中小学思政课一体化建设评价指标，对评价对象各种量的关系进行收集、整理，进行定量的测定和量化处理，从而做出评价。定性评价相对比较抽象，通常侧重于对性质的评价，比如效果是好的还是坏的，影响是积极的还是消极的，作用是正面的还是负面的。定性评价虽然能把握大中小学思政课一体化建设效果的动态发展，但是存在主观偏差和评价范围针对性相对较弱等不足之处。定量评价则是侧重于对评价对象表现出来的量化关系进行整理分析，可操作性比较强。在采取定量评价时，可以充分利用大数据技术对大中小学思政课一体化建设效果展开实证研究，比如对学生群体的情感信念、思想动机和行为倾向展开研究。但定量评价也存在诸多

① 参见舒永久:《对构建高校思想政治理论课教学评价体系的思考》,《国家教育行政学院学报》2011年第11期,第53—56页。

② 参见王治东:《统筹推进大中小学思政课一体化建设的三个维度》,《中国高等教育》2020年第1期,第10—12页。

局限，比如思政课教学评价较为多元复杂，定量评价所涉及的因素有限等。在对大中小学思政课一体化建设效果的评价中，如果忽视定性评价，就会模糊方向和目标，如果没有定量评价，就会使评价抽象、空洞，只有将定性评价和定量评价有机结合，以定性评价为基础，以定量评价进行量化处理，尽量发挥各自的优势，才能使大中小学思政课一体化建设效果评价更加科学化。

（三）动态评价和静态评价相结合

动态评价和静态评价是以大中小学思政课一体化建设效果评价状态为依据进行划分的。动态评价是要将评价对象及其相关因素进行一个动态评估，既要看到其现状，也要看到其过去和未来发展的潜力和趋势，是对大中小学思政课一体化建设的追踪和预测，也是对思政课建设发展动向的判断。静态评价是传统意义上建设效果评价的主要方法，其优点是简单高效。但在特定时间和空间条件下，人们的思想和行为兼具动态性和静态性，这就要求大中小学思政课一体化建设效果评价必须坚持动态评价和静态评价相结合。思政课与其他课程一样，都是由学生、教师、教学内容和课堂环境等要素构成的动态系统，思政课教学各要素之间、思政课教学与外界环境各要素之间也呈现出动态平衡的趋势。动态评价还包括评价过程的动态化，即对大中小学思政课一体化建设效果的评价不光要考查相关硬性指标，还应考查学生能否适应终身发展和社会发展的需要，是否具备必要品质和关键能力，即对思政课核心素养的评价。当然，我们强调要进行动态评价，并不意味着否定静态评价，思政课建设也会存在相对的暂时的稳定状态。在大中小学思政课一体化建设效果评价中，如果忽视动态评价，就相当于忽视思想变化是一个发展过程，会把思政课评价变得机械僵化。如果忽视静态评价，忽视发展过程中的相对静止，则无法对思政课建设进行客观评价。将动态评价和静态评价紧密结合，才能客观而辩证地进行评价，从而满足大中小学思政课教育教学全过程的评价需求。

（四）线上评价和线下评价相结合

新形势下，大中小学思政课一体化建设效果评价面临诸多新情况。比如以往颇受欢迎的调查问卷越来越少地出现在人们的视野中，相反，“问卷星”“爱调研”等专门性的网络调研工具和调研网站、微博微信等自媒体平台被广泛利用①。与传统的问卷调研相比，这些调研手段充分利用了师生对电子产品及互联网技术的依赖，在完成时间的灵活性、答题空间的自由性、样本覆盖的广泛性、问卷回收及数据整理分析的高效性上，也很好满足了调研参与者和组织者的需求，使调研效率大大提高。这种现象的产生一方面反映出传统评价手段效率不高、覆盖面不够、人力物力成本较高、缺乏全时空性、常态化困难等局限越来越明显，另一方面也说明科学技术的快速发展和互联网的广泛应用为大中小学思政课一体化建设效果评价的手段创新提供了强有力的技术支撑，使思想政治教育工作质量评价手段的现代化成为可能。

新时代大中小学思政课一体化建设效果评价要因事而化、因时而进、因势而新，评价手段就要充分体现出时代性。体现时代性并不是一味地赶时髦，也不是简单地“旧曲谱新词”，一味地赶时髦会大大削弱大中小学思政课一体化建设效果评价本身的教育功能，简单地“旧曲谱新词”则会使思想政治教育工作质量评价错失发展时机②。大中小学思政课一体化建设效果评价要积极适应互联网时代的发展要

① 参见苏雅苹：《一体化教研，提升思政课教师能力与素质》，《福建教育》2021年第12期，第8—10页。

② 参见高静毅：《思想政治教育工作质量评价时代性的实现路径研究》，《学校党建与思想教育》2018年第11期，第11—14页。

求，自觉培养、利用互联网思维和大数据思维，以科学的评价方法、现代化的评价手段、先进的技术保障和合理的评价程序保证大中小学思政课一体化建设取得良好效果。

第三节　保障和反馈机制

通过科学设计评价保障及反馈机制为大中小学思政课一体化建设效果评价的过程保驾护航，做到评价保障有路径可行、反馈监督有机制支撑。

一、保障机制

在大中小学思政课一体化建设的效果评价过程中，评价导向的引领作用、评价原则的贯彻情况、评价主体的参与程度、评价体系的健全丰富及评价路径的具体落实都与监督保障机制的完善成正相关关系。这便要求必须加强评价制度与队伍的保障、评价过程与环节的保障及评价资源与技术的保障。

（一）制度与队伍保障

制度与队伍保障是大中小学思政课一体化建设效果评价扎实推进的前提与基础。

建立健全大中小学思政课一体化建设效果评价的制度保障机制。建立健全大中小学思政课一体化建设效果评价的制度保障机制能够有效提高各级部门对一体化建设的重视，保障评价的顺利进行与程序完整。首先，通过制度建设明确一体化建设效果评价的细化评价标准、评价流程、评价方法等，保障评价结果的科学性与公信力。其次，健全一体化评价多级组织管理机构，明确政府职能部门、评估机构、各级学校、专家学者、教师代表等共同参与评价的分工与权责，保障评价的实施。最后，健全一体化评价绩效考核制度。将大中小学思政课一体化建设中各环节、各主体密切相关的考核指标、资源配置、评奖评优、财政拨款等与建设效果评价挂钩，奖惩结合。

健全大中小学思政课一体化建设效果评价的队伍保障机制。大中小学思政课一体化建设效果评价离不开各评价主体的积极参与、献策反思。首先，教育主管部门及各级学校需要坚定一体化建设政治站位，将一体化建设评价作为一项重要工作常态化推动，在组织实施、政策制定、资金配置、典型奖励等方面发挥积极作用。其次，健全培训机制，提高评价主体的素养。既要保障评价队伍人员充足，又要不断提升评价人员专业素养能力。通过一体化专项能力等级认定评审专家培训班等途径，提高评价队伍评价业务能力，保障一体化评价队伍业务精湛。建立评价队伍的考核机制，不断提高一体化评价队伍的公正性。最后，通过专项资金拨款保障评价队伍评价过程的顺利运行。

（二）过程与环节保障

过程与环节保障是大中小学思政课一体化建设效果评价扎实推进的重点与关键。

完善过程与环节监督制度，确保评价结果的公平公正。首先，增强评价过程与环节的信用度。各级教育主管部门对下级教育行政部门及学校的评价应适时引入第三方独立评价机构，通过对各级管理部门、学校提供的评价材料进行数据标准检查、证明材料核查、公共数据比对、重复数据筛查、重点数据抽查和信息网上公示等，对参评材料进行全面、严格和交错审核，确保数据真实可靠。教育主管部门委派专家组对各级学校一体化建设评价过程中的回避制度与信用名单制度进行完善，专家参与监督评审评估、检查和验收过程中的信用状况，并按信用评级实行分类管理。建立黑名单制度，将有严重不良信用的记录者记入“黑名单”。其次，完善评价过程与环节的申诉与举报程序。受评单位或个人可按规定程序对有异议的评价结果或流程进行举报或申诉，以此强化受评主体对评价过程等环节及评价队伍的监督。

完善过程与环节方法模式，确保评价结果系统客观。首先，系统整合评价模式。以过程模式为典型方式。“过程模式整合了背景评价、输入评价、过程评价和成果评价，具有较强的系统性。”[①]大中小学思政课一体化建设评价中可利用访谈、专家咨询等方法对一体化建设中的课程目标、内容等进行背景性诊断评价；利用观察法、问卷调查法等对一体化建设中的设施条件、人员配备、组织机构等的可能性进行输入评价；利用现场观摩、追踪调研等方法对一体化建设中的教学过程、教学内容衔接程度等进行不间断监督与反馈的过程评价；利用质性分析、量化分析等方法对一体化建设过程中的目标成效与非预期效果进行结果评价与反思。以绩效模式为重要手段。大中小学思政课一体化建设效果评价在一体化主管部门制定目标体系后，依托专业机构建立详细的一体化建设效果评价指标体系，进行有关一体化建设绩效的评估工作，并及时发布一体化评估报告，使各学段学校思政课一体化建设绩效评估的结果成为一体化建设资源有效均衡分配的重要参考。以项目模式为重要依托。大中小学思政课一体化建设效果评价除了依靠主要的质性评价与量化评价，还可以依托学术研究项目进行全过程追踪评价。各级各类大中小学思政课一体化建设科研与教研项目能够拓宽评价视角、丰富评价资源，并有利于对评价进行及时反思。其次，系统整合评价方法。在大中小学思政课一体化建设方案、决策等诊断性评价中，高校、教育主管部门、专家学者等是评价主体，可采用访谈法进行效果评价。通过深度访谈、座谈会等形式了解各级学

① 冯刚：《高校思想政治教育工作质量评价研究》，人民出版社2021年版，第189页。

校一体化建设特色、一体化改革方案等，了解教师对一体化理念的认可度、一体化建设的参与度及一体化成效的满意度等，了解学生对一体化建设的参与感、在一体化建设中的收获等。大中小学思政课一体化建设组织及实施过程评估中，督导部门、高校及相关第三方评估机构是评价主体，可采用观察法、档案袋评价法等进行效果评价。在大中小学思政课一体化建设的成果、影响等终结性评价中，政府、社会、家庭、学生等是评价主体，可采用调查法与量化分析法等进行效果评价。

（三）资源与技术保障

资源与技术保障是大中小学思政课一体化建设效果评价扎实推进的依托与支撑。

大中小学思政课一体化建设效果评价的资源保障主要指评价过程中相关的人力资源、资金资源、设施资源、软件资源等。具体而言，配备齐全充足的高素养评价主体是评价高效展开的人力保障，各级主管部门、学校的专项资金拨款是评价高效展开的资金资源保障，大中小学思政课一体化建设效果评价数据平台、常设办公室等是评价高效展开的设施保障。大中小学思政课一体化建设效果评价的技术保障主要指一体化评价中的评价主体信息技术人力培养、相关数据平台支撑、信息安全保障等。大中小学思政课一体化建设效果评价借助数据智能技术可高效采集、深度挖掘相应的评价数据，多元分析、动态反馈相应的评价结果，使思政课一体化建设效果评价高效科学。首先，借助数据智能技术赋能使大中小学思政课一体化建设过程评价更加立体多维。运用软硬件智能基础设施，可构建大中小学思政课一体化智能化过程评价服务平台，建立横纵交织的评价指标体系，通过全过程伴随式数据采集、多模态数据诊断分析、实时反馈与调控等技术应用服务，使过程评价准确科学、立体多维。其次，借助数据智能技术赋能使大中小学思政课一体化建设增值评价立体多维。“增值评价是一种基于大数据的发展性教育评价模式，大数据从精准性到复杂性、从样本到全体、从因果关系到相关关系的思维模式可以为增值评价带来新的评价思路。”[①]大中小学思政课一体化建设增值评价中，学校与教师的工作业绩、学生的学习成绩与素养水平等可通过数据智能技术连续进行数据采集，进而进行前后增量比较；通过数据智能技术进行多元数据分析，对于前后获取到的评测数据，评价者可以尝试应用增长分数模型、多元回归模型、多水平线性模型、多变量模型等增值评价模型，开展评价结果的多元分析与比较。再次，借助数据智能技术赋能大中小学思政课一体化建设结果评价立体多维。大中小学思政课一体化建设评价是一项复杂工程，包含多种数据，既有海量的结构性数据也有人工无法量化的非结构性数据，例如座谈会音频、沟通图文、师生互动等。数据智能技术可以高效高质完成数据分析与反馈。最后，借助数据智能技术赋能大中小学思政课一体化建设综合评价立体多维。使用数据智能技术建立健全覆盖面广、衡量度精的评价数据体系对大中小学思政课一体化建设进行全维度量化评价，使用数据智能技术实现对大中小学思政课一体化建设横纵多维数据的交叉系统评价，使用数据智能技术实现大中小学思政课一体化建设效果评价模式的可推广化、常态化。

二、反馈机制

反馈控制理论认为，及时取得反馈信息是系统优化的重要条件，把信息输出去，又把这些信息作用的结果反馈回来，对信息的再输出产生影响，从而可以不断纠正偏向与失误，起到调整与控制的作用，

① 张志华、王丽、季凯：《大数据赋能新时代教育评价转型：技术逻辑、现实困境与实现路径》，《电化教育研究》2022年第5期，第35页。

达到预期的目的[①]。具体到大中小学思政课一体化建设效果评价的反馈机制，就是根据所评价的不同客体内容，将部分或全部评价结果反馈给不同对象，进而为决策提供依据或供评价对象修改目标和改进工作。这便要求首先要畅通反馈交流渠道，其次要动态追踪反馈信息进而明确反馈调节目的，充分发挥大中小学思政课一体化建设效果评价的反馈调节功能。

（一）畅通反馈交流渠道

大中小学思政课一体化建设效果评价的结果不能不经梳理单向灌输式公布，而是需要根据评价不同客体的内容，将部分或全部评价结果反馈给不同对象。具体而言，首先是向教育主管部门如大中小学思政课一体化建设指导委员会及各级学校全面反馈大中小学思政课一体化建设成效的有关信息，特别是一体化课程体系、一体化过程衔接等情况，以便于主管部门等在顶层设计上根据实际建设情况进行客观判断与科学规划调整。反馈可以综合报告、年度报告等形式，也可采用专题报告会等方式全面真实反映一体化建设情况，既要有一体化建设的现状总结，也要有相应的对策建议。其次是向一体化建设过程中直接教学活动的参与者即教师与学生反馈相关评价结论，使评价对象能直接迅速了解一体化建设情况。在必要时对相关结论进行解释与分析，并对评价对象提出意见与建议。最后是通过媒体向一体化建设过程中的社会密切关注者进行评价反馈，主要通过广播、报纸、网络等大众媒体公布评价结论中具有公共价值又不涉及保密性的数据和信息，既作为专家学者进行大中小学思政课一体化建设研究的有效资料，又促进不同地区、学校一体化建设过程中相互学习、取长补短，同时，通过数据与事实向社会反馈大中小学思政课一体化建设的成效

① 参见朱月华：《信息反馈与高校知识管理的内在关系》，《教育评论》2005年第2期，第14—16页。

并接受社会监督，进而不断汇聚一体化建设的育人合力[①]。

（二）动态追踪反馈信息

对大中小学思政课一体化建设效果评价反馈渠道进行细分畅通，明确评价反馈流向后，更为重要的是要将反馈信息以科学有效、恰当适宜的方式反馈给相应的接收对象，促使其最大限度地接受评价结果及结果指向的建议。这便要求评价反馈客观全面、动态及时、合理科学。首先，客观全面。大中小学思政课一体化建设效果的评价虽然借助了大数据智能技术，但仍然是以职能部门、领导小组、专家学者、教师学生等为主的评价，即使是算法也会受到算法把关人主观价值的影响，故而评价结果会不可避免地受到主观因素的影响。因此，评价反馈时既不可以为了评优评先“报喜不报忧”，也不能为了争取资源分配而“报忧不报喜”。要客观全面反馈评价结果，并客观全面给出相应建议。其次，动态及时。全过程动态评价是大中小学思政课一体化建设效果评价的原则之一，这是一体化建设的系统性与复杂性的必然要求，因此，及时反馈是十分必要的，这就要求充分发挥效果评价的激励机制，把评价结论及时反馈给不同对象。最后，合理科学。评价本身不是目的，大中小学思政课一体化建设效果评价反馈后，需要通过结果的评价分析提出合理科学的指导性意见。

（三）明确反馈调节目的

调节是反馈的最终目的，即大中小学思政课一体化建设效果评价的最终目的是“以评促建”，充分发挥评价的反馈调节功能。在大中小学思政课一体化建设效果评价过程中，围绕评价的具体目标，结合反馈信息进行研究，进而为决策提供依据或供评价对象修改目标和改

---

① 参见甘泉:《论高校思想政治理论课程评价的反馈调节机制》,《思想理论教育》2007年第23期,第63—66页。

进工作。首先，正反馈调节与负反馈调节相统一。正反馈调节指将系统运动的反馈信息返送回来，加强再输出信息，以扩大系统运动的正效应。负反馈调节是指将反馈信息对照预定目标，对所有偏离目标的因素进行调节和控制，从而使整个系统趋于稳定。大中小学思政课一体化建设效果评价要根据负反馈调节不断完善一体化建设中存在的与规定目标偏离的内容，不断发挥正反馈调节作用，激发有利因素，促进一体化建设改革创新。其次，过程反馈调节与结果反馈调节相统一。过程反馈调节指在大中小学思政课一体化建设效果评价的过程中，坚持联系的观点、发展的观点，加强对一体化建设效果的动态追踪，了解一体化建设过程中的实时效果，及时反馈信息与调节改进，进而不断提升一体化建设的实效性与系统性。结果反馈调节指在大中小学思政课一体化建设效果评价完成后，通过定性与定量分析将评价结果进行反馈，并与预定目标进行比对，并采取措施纠正偏差。

后 记

习近平总书记在学校思想政治理论课教师座谈会上指出，“思想政治理论课是落实立德树人的关键课程”，“要把统筹推进大中小学思政课一体化建设作为一项重要工程，推动思政课内涵式发展”[①]。近年来，大中小学思政课改革在全国各地火热开展，各地各校坚持问题导向与目标导向相结合，坚持守正和创新相统一，全力推动思政课建设内涵式发展，学校思政课建设取得了明显成效，但仍存在一些问题。事实上，学校思政课改革已经到了必须开展“一体化建设”才能取得质的突破的关键时刻，如果不抓“一体化建设”，还是沿用以往思路，必定没有大的成效。所以，为了把习近平总书记的指示落实好，为了使广大思政课教师了解掌握“一体化建设”的相关知识和政策，确保思政课立德树人根本任务的实现，安徽省大中小学思政课一体化建设专家指导组秘书处（主要以安徽财经大学马克思主义学院为主）部分老师利用节假日休息时间编写了《大中小学思政课一体化建设概论》。

刘新跃教授负责撰写本书的大纲以及全书的框架设计与论证、撰

① 习近平：《思政课是落实立德树人根本任务的关键课程》，人民出版社2020年版，第27页。

写指导、审稿和统稿工作。各章执笔人如下：刘新跃（序、后记），徐伟、胡可可（绪论），储成君、刘巍（第一章），郭雪、张斌（第二章），石旭斋、陈杰、雷乐街（第三章），何文校、李楠（第四章），李加武、许庶（第五章）。编写组秘书为储成君和李苗苗。为了保证本书的编写质量，作者查阅了大量的国内外相关文献资料，引用了有关研究成果，在本书即将付梓之际，向所有被引者表示衷心的感谢！

大中小学思政课一体化建设是一项宏大的系统工程，涉及社会、学校、家庭各个方面，由于我们水平和视野所限，本书的疏漏和错误在所难免，恳请各位专家、同仁批评指正。

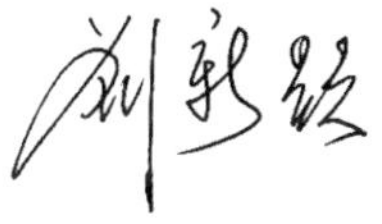

2023 年 7 月 29 日